Zugang zur Theologie

Zugang zur Theologie

Fundamentaltheologische Beiträge

Wilfried Joest
zum 65. Geburtstag

Herausgegeben
von Friedrich Mildenberger
und Joachim Track

Vandenhoeck & Ruprecht
in Göttingen

CIP-Kurztitelaufnahme der Deutschen Bibliothek

Zugang zur Theologie: fundamentaltheol. Beitr.;
Wilfried Joest zum 65. Geburtstag /
hrsg. von Friedrich Mildenberger u. Joachim Track. –
Göttingen: Vandenhoeck und Ruprecht, 1979.
    ISBN 3-525-56150-4
NE: Mildenberger, Friedrich [Hrsg.];
Joest, Wilfried: Festschrift

Einbandentwurf: Karlgeorg Hoefer. – © Vandenhoeck & Ruprecht, Göttingen 1979. – Printed in Germany. Ohne ausdrückliche Genehmigung des Verlages ist es nicht gestattet, das Buch oder Teile daraus auf foto- oder akustomechanischem Wege zu vervielfältigen. – Satz und Druck: Gulde-Druck, Tübingen. – Bindearbeit: Hubert & Co., Göttingen

Wilfried Joest zum 65. Geburtstag

Der theologische Weg von Wilfried Joest ist durch die Verpflichtung auf die lutherische Theologie geprägt. Durch Luther selbst wie durch die Tradition lutherischen Denkens ist die Grundorientierung bestimmt, die seine vielfältige Wirksamkeit in Theologie und Kirche kennzeichnet. Diese Verpflichtung bedeutet bei ihm freilich nicht konfessionelle Enge und ängstliches Festhalten am Gewohnten, sondern Offenheit im ökumenischen Dialog wie in der Begegnung mit der Zeit. Eine umfassende Würdigung seines reichen Wirkens, das vielleicht nicht so spektakulär ist wie das anderer Angehöriger seiner Generation, das aber in der Intensität seiner Bewegtheit durch die Sache der Theologie weit in die Breite und Tiefe geht, soll hier nicht gegeben werden. Nur einiges nennen wir.

Einmal sei hingewiesen auf die Sorgfalt des theologischen Denkens. Schnell hingeworfene und ebenso schnell wieder überholte Konzepte liegen ihm nicht. In der Bemühung um eine zureichende Bearbeitung der anstehenden Probleme ist vielmehr das Hinhören auf andere, auf Zeitgenossen wie auf die Väter, und hier insbesondere auf Luther selbst, ein hervorstechendes Kennzeichen von Wilfried Joest. Das mag ihn hindern, zu den jeweiligen Aktualitäten mit raschen Äußerungen Stellung zu nehmen. Aber es verleiht seinen Überlegungen Gewicht und eine über den Tag hinausweisende Dauer.

Weiter sei genannt die Offenheit dieses Denkens, das sich nicht hinter einmal gefundenen Lösungen verschanzt, darum auch keine Formeln tradiert, sondern an die Probleme selbst heranführt. Dabei werden offene Fragen nicht verdrängt oder mit vorläufigen Auskünften zugedeckt. Wilfried Joest hat den Mut, Aporien auszuhalten und dort auf Lösungsvorschläge zu verzichten, wo ihn diese selbst noch nicht befriedigen.

Solche Sorgfalt und Offenheit, die sich als Zurückhaltung gerade in literarischen Äußerungen zeigt, darf freilich nicht mit Unklarheit oder Wechselhaftigkeit gleichgesetzt werden. Vielmehr ist für Wilfried Joest genauso kennzeichnend die Beharrlichkeit, in der er am Wichtigen festhält. Das verleiht seiner Arbeit Kontinuität und hat ihn gerade auch als theologischen Lehrer für viele zum Vorbild werden lassen.

Wer Wilfried Joest kennt, wird sich mit uns dankbar an die Menschlichkeit erinnern, die sein theologisches Denken durchdringt und in der Einheit von Persönlichkeit und Wirksamkeit die bereichert hat, die ihm begegnen durften.

                                          Friedrich Mildenberger
                                          Joachim Track

Vorwort

In der Neuzeit haben die Fragen zur Grundlegung und Ortsbestimmung der Theologie immer mehr an Umfang und Gewicht gewonnen. Im Anwachsen der Reflexionen zur Prinzipienlehre und Fundamentaltheologie spiegelt sich die Auseinandersetzung der Theologie mit der neuzeitlichen Erkenntnis- und Religionskritik. Auch die jüngste theologische Vergangenheit ist vom Ringen mit diesen Fragen gekennzeichnet. Der kritische Dialog mit der Wissenschaftstheorie beherrscht die theologische Grundlagendiskussion zu Beginn der siebziger Jahre. Gegenwärtig ist nun nach der ersten aktuellen Phase der Auseinandersetzung mit der Wissenschaftstheorie die Diskussion in eine Phase ruhigerer und umfassenderer Reflexion getreten. Dies findet seinen Ausdruck im Erscheinen verschiedenster fundamentaltheologischer Arbeiten, in denen die traditionelle und aktuelle Problematik aufgearbeitet wird. Die Reihe solcher Fundamentaltheologien wurde durch die umsichtige, den Stand der Diskussion zusammenfassende und weiterführende Arbeit von Wilfried Joest eröffnet. So war es von der Diskussionslage her einerseits und von der Absicht, Wilfried Joest zu ehren, andererseits aus naheliegend, in diesem Aufsatzband Probleme aus dem Bereich der Fundamentaltheologie zu thematisieren. In Fortführung und Vertiefung der wissenschaftstheoretischen Debatte widmen sich die hier vorliegenden Aufsätze in unterschiedlichen Zugängen den Fragen nach der Eigenart und Bedeutung von Schrift und Erfahrung im theologischen Begründungszusammenhang. Darüber hinaus werden in sachgemäßer Erweiterung der fundamentaltheologischen Problematik Fragen des ökumenischen Dialogs sowie der Gestalt christlicher Existenz in Kirche und Gesellschaft angesprochen.

Zu danken haben die Herausgeber allen Autoren, die so bereitwillig an diesem Aufsatzband für Wilfried Joest mitgewirkt haben. Die Vereinigte Evangelisch-Lutherische Kirche Deutschlands und die Evang.-Lutherische Kirche in Bayern haben durch ihre Druckkostenzuschüsse das Erscheinen dieses Aufsatzbandes ermöglicht. Herzlichen Dank dafür!

Erlangen
Neuendettelsau, im Februar 1979

Friedrich Mildenberger
Joachim Track

Inhalt

Wilfried Joest zum 65. Geburtstag 5

Vorwort 7

I. Schrift und Erfahrung im theologischen Begründungszusammenhang

FRIEDRICH MILDENBERGER
Systematisch-theologische Randbemerkungen zur Diskussion um eine Biblische Theologie 11

JÖRG BAUR
Weisheit und Kreuz 33

WALTER SPARN
Doppelte Wahrheit? Erinnerungen zur theologischen Struktur des Problems der Einheit des Denkens 53

WILHELM F. KASCH
Erfahrung und Freiheit. Anmerkungen zur Metatheorie einer Grundlegung der Fundamentaltheologie 79

JOACHIM TRACK
Die Begründung theologischer Aussagen. Hinweise zu einem unerledigten Problem der wissenschaftstheoretischen Debatte in der Theologie 102

REINHARD SLENCZKA
Gotteserkenntnis und Gotteserfahrung. Randbemerkungen zu einem dogmatischen Gespräch 130

EDMUND SCHLINK
Theodizee als fundamentaltheologisches Problem 147

II. Christsein in Kirche und Gesellschaft

HEINRICH FRIES
Der Nonkonformismus des Christen. Eine Besinnung zu Röm 12,2 161

JOHANNES BROSSEDER
  Die Anerkennung der Katholizität der Confessio Augustana und ihre ekklesiologischen Implikationen. Historische und fundamentaltheologische Probleme 173

JOACHIM STAEDTKE
  Mut zum Bewahren – Mut zum Verändern 191

KARL RAHNER
  Die unverbrauchbare Transzendenz Gottes und unsere Sorge um die Zukunft. Jenseits von Optimismus und Pessimismus ... 201

BURGHARD KRAUSE
  Bibliographie Wilfried Joest 215

I. Schrift und Erfahrung im theologischen Begründungszusammenhang

FRIEDRICH MILDENBERGER

Systematisch-theologische Randbemerkungen zur Diskussion um eine Biblische Theologie

Auf dem Feld der Biblischen Theologie versammeln sich Probleme, die die Theologie seit langem beschäftigen: Ist das reformatorische sola scriptura nicht überholt, seit die Einheit der Theologie in eine kirchlich orientierte Dogmatik und eine von ihr sich absetzende historisch arbeitende Exegese zerfallen ist? Läßt sich der wissenschaftliche Anspruch gerade der historisch arbeitenden Bibelwissenschaft noch mit dem Interesse des Glaubens an seiner Begründung in der Schrift vereinbaren? Kann sinnvoll nach einer Biblischen Theologie als einheitlicher Größe gefragt werden, nachdem doch seit langem nicht nur die wissenschaftliche Arbeit an der Bibel in die Disziplinen des Alten und des Neuen Testaments aufgegliedert wurde, sondern auch die historische Arbeit immer deutlicher nicht nur die Vielfalt, sondern die Gegensätzlichkeit der im Alten wie im Neuen Testament gesammelten Texte aufgezeigt hat? Nach welchen Prinzipien soll sich eine solche Biblische Theologie als Einheit organisieren, nachdem das biblisch-christliche Geschichtsbild einer Einheit der Geschichte zwischen Schöpfung und Jüngstem Tag der Vorstellung eines kontinuierlichen Geschehenszusammenhangs weichen mußte, der den Rahmen jeder historischen Rekonstruktion abgibt? Wie ist das Verhältnis der Biblischen Theologie zum gelebten Glauben bzw. zur lebendigen Religion zu bestimmen, nachdem der Intellektualismus orthodoxer wie rationalistischer Dogmatik, die beides naiv in eins setzten, als gerade der Bibel unangemessen durchschaut worden ist? Wie verhält sich dann aber die historische wie die dogmatische Denkbemühung zu dem lebendigen Glauben des Theologen selbst wie der kirchlichen Gemeinschaft, in der er steht?

Die Liste der Probleme ließe sich noch verlängern. Daß ihre Lösung nicht in einem noch so elegant entworfenen Programm angezeigt werden kann, liegt auf der Hand. Wir haben nicht nur gelernt, hier mit offenen Fragen zu leben. Gerade Wilfried Joest hat uns darüber hinaus in der behutsam abwägenden Art seines Argumentierens gezeigt, wie wir uns eben darum auch verschiedene Lösungsvorschläge zugestehen können und trotzdem in der Gemeinsamkeit des Fragens bleiben. Nicht daß dadurch die Fragen weniger dringlich und die Lösungen der angezeigten Probleme schließlich gleichgültig würden. Doch soll die sachhaltige Diskussion den Vorrang vor positionellen Festlegungen behalten, die es schwer machen, aufeinander zu hören. Vertiefte Einsicht in die komplexen Probleme führt dazu, unterschiedliche Lösungsansätze auf die gemeinsamen Fragen zu beziehen und von daher zu interpretieren. Vielleicht zeigen sich dann doch an einigen Punkten der gegenwärtigen Diskussion mögliche Konvergenzen.

1.

Die Diskussion zur Biblischen Theologie bekam durch die Beiträge von Hartmut Gese[1] neue Anstöße, insbesondere durch den zuerst 1970 veröffentlichten programmatischen Entwurf „Erwägungen zur Einheit der Biblischen Theologie"[2]. Ausgangspunkt seiner Überlegungen ist die These: „Das Alte Testament entsteht durch das Neue Testament, das Neue Testament bildet den Abschluß eines Traditionsprozesses, der wesentlich eine Einheit, ein Kontinuum ist."[3] Die Bildung des masoretischen Kanons sei stark durch antichristliche Polemik mitbestimmt, ein christlicher Theologe dürfe darum diesen Kanon nicht gutheißen. Diese Beobachtung zur Kanonsbildung, die die Einheit der Bibel in der Einheit des Traditionsprozesses findet, wird dann weitergeführt in der Feststellung, das Alte Testament sei Zeugnis im Traditionsprozeß, und die Theologie des Alten Testaments sei die Darstellung der Traditionsbildung[4]. Unklar bleibt freilich, ob Gese Traditionsbildung und Theologie in eins setzen möchte, so daß dann der Exeget gleichsam in den Traditionsprozeß eintritt und ihn interpretierend nachvollzieht, oder ob er in der Distanz des historischen Beobachters rekonstruiert und darstellt. Beide Möglichkeiten scheinen bei Gese verbunden zu sein, was zu Schwierigkeiten in der Rezeption seines Konzeptes führt[5]. In der Tradi-

---

[1] Vom Sinai zum Zion. Alttestamentliche Beiträge zur biblischen Theologie, BEvTh 64, 1974; Zur biblischen Theologie. Alttestamentliche Vorträge, BEvTh 78 (1977).

[2] ZThK 67 (1970) 417–436 = Vom Sinai zum Zion (Anm. 1), 11–30. Ich zitiere nach ZThK.

[3] A.a.O. 420.   [4] A.a.O. 425.

[5] P. Stuhlmacher, Zum Thema: Biblische Theologie des Neuen Testaments, in: K.

tionsbildung also realisiert sich Theologie, und der biblische Theologe treibt sein Geschäft, indem er selbst solche Theologie nachvollzieht. Dabei wird der Traditionsprozeß als Offenbarungsprozeß kenntlich, in dem sich Gott in seiner Bestimmung aller Wirklichkeit als er selbst erweist, so daß Gese gerade nach der ontologischen Struktur fragen kann, die die Texte aussagen. „Die Geschichte der Traditionsbildung ist in gewisser Weise eine Geschichte des die Offenbarung erfahrenden Bewußtseins, an dem sich eine ungeheure Aufweitung des Wirklichkeitsfeldes vollzieht."[6] Dieser Prozeß vollendet sich im Ereignis von Kreuz und Auferstehung Jesu, „in welchem die Grenzen von Sein und Nichtsein fallen". Indem das Neue Testament dieses Ereignis bezeugt, schließt es das Alte Testament ab; „jetzt war erst ein Ganzes entstanden"[7].

Die in ihrer Geschlossenheit imponierende Konzeption Geses forderte Widerspruch heraus. Wird hier nicht die historische Wirklichkeit unzulässig harmonisiert und vereinfacht? „Der das Alte Testament durchziehende Prozeß ist in sich mehrsträngig, er vollzieht sich oft in gewisser Parallelität, aber wahrscheinlich ebenso oft in großer Strittigkeit und in einem lebendigen Vorwärts und Zurück. Diese Mehrsträngigkeit scheint mir dann auch beim Übergang ins Neue Testament nicht vernachlässigt werden zu dürfen", urteilt Hans Heinrich Schmid[8] über die durch Gese herausgearbeitete Kontinuität des Traditionsprozesses. Daß Schmid seine Beobachtungen zuzugeben sind, wird vermutlich auch Gese nicht bestreiten[9]. Doch trifft die Kritik Schmids nur unter der Voraussetzung, daß Gese dem als Offenbarungsprozeß interpretierten Traditionsprozeß den Vorentwurf historischer Gegenständlichkeit unterlegt, mit dem moderne Historie arbeitet[10]. In diesem Fall wird Kontinuität zur Bestimmung des aller historischen Rekonstruktion zugrunde gelegten hypothetischen Geschehenszusammenhangs, und von dem bibli-

---

Haacker u. a., Biblische Theologie heute, Biblisch-Theologische Studien 1 (1977) 25–60, greift Geses Programm im Sinne eines interpretierenden Nachvollzugs auf. Zum gegensätzlichen Verständnis bei H. H. Schmid und H. J. Kraus s. u. S. 13–15.

[6] A.a.O. 429.
[7] A.a.O. 436.
[8] Unterwegs zu einer neuen Biblischen Theologie? Anfragen an die von H. Gese und P. Stuhlmacher vorgetragenen Entwürfe Biblischer Theologie, in: K. Haacker u. a. (Anm. 5), 75–95. Zit. 81.
[9] So P. Stuhlmacher, a.a.O. (Anm. 5) 54.
[10] Der Kürze halber erinnere ich an Ernst Troeltsch: Über historische und dogmatische Methode in der Theologie, jetzt in: G. Sauter (Hrsg.), Theologie als Wissenschaft (ThB 43), 1971, 105–127. „Die historische Methode führt durch Kritik, Analogie und Korrelation ganz von selbst mit unaufhaltsamer Notwendigkeit zur Herstellung eines solchen sich gegenseitig bedingenden Geflechtes von Betätigungen des menschlichen Geistes, die an keinem Punkte isoliert und absolut sind, sondern überall in Verbindung stehen und eben deshalb nur im Zusammenhang eines möglichst alles umfassenden Ganzen verstanden werden können." (110).

schen Traditionsprozeß als einem Kontinuum kann nur dann zu Recht gesprochen werden, wenn eine Rekonstruktion gelingt, die ein solches Kontinuum in diesen hypothetischen Geschehenszusammenhang einzuzeichnen vermag.

Verfolgen wir diese Voraussetzung in ihren Konsequenzen noch ein Stück weiter. Ist das von Gese behauptete Kontinuum des Traditionsprozesses historisch aufweisbar, dann ist die oben offengebliebene Frage entschieden, ob Theologie den Offenbarungsprozeß interpretierend nachvollziehe oder aus der Distanz des Beobachters heraus rekonstruiere und darstelle. Es kann dann nur diese Distanz des rekonstruierenden Beobachters sein, die als die Haltung des biblischen Theologen vorausgesetzt ist. Aber dann bleibt nicht nur unerklärlich, warum Gese pointiert von „Theologie als Traditionsbildung" redet[11]. Auch seine Behauptung, daß die Geschichte der Traditionsbildung in gewisser Weise eine Geschichte des die Offenbarung erfahrenden Bewußtseins sei, wird dann unverständlich. Denn hier wird ja in der Korrelation von Offenbarung und dem die Offenbarung erfahrenden Bewußtsein eine Einheit gesetzt, die historisch so nicht aufweisbar ist. Das legt es nahe, Geses Beschreibung des Traditionsprozesses als Beschreibung dessen zu nehmen, was der Glaube wahrnimmt; mit dem Ausdruck „Glauben" umschreibe ich dabei „das die Offenbarung erfahrende Bewußtsein". Der biblische Theologe tritt im Vollzug seiner Wahrnehmung der Offenbarung in die Einheit des Glaubens ein, die ihn mit den biblischen Zeugen verbindet. Nur so kann sinnvoll von einem Kontinuum der Traditionsbildung geredet werden, in dem sich die Offenbarung vollziehe[12].

---

[11] A.a.O. 424.

[12] Ernst Käsemann in seiner heftigen Abkanzelung von Hermann Diem (Das Neue Testament als Kanon, 1970, 360ff.) ist ein Schulbeispiel für die Fixierung auf ein Kontinuum, wie er der historischen Rekonstruktion als hypothetische Gegenständlichkeit zugrundeliegt. Er wirft Diem vor, Einhelligkeit gebe es in der Geschichte nur partiell, nicht flächenweise (363), um damit Diems Behauptung zu widerlegen, der Kanon gebe dem Ausleger das Vorurteil mit, daß in den verschiedenen Zeugnissen tatsächlich das einhellige Zeugnis von Christus zu hören sei (Theologie als kirchliche Wissenschaft II, Dogmatik, 1955, 206). Gerade Diems Verweis auf die Predigt als Ausführung der Schrift müßte eigentlich genügend klarmachen, daß diese Einheit nicht der „Historiker" entdeckt, der die neutestamentlichen Texte auf die Fläche eines vorausgesetzten Raum-Zeit-Kontinuums ausspannt wie der Schmetterlingssammler den erlegten Schwalbenschwanz. Sie wird nur dort wahrgenommen, wo wir hörend und bezeugend in die Einheit des Glaubens eintreten. Das aber ist gerade nicht historisch möglich, wie Käsemann wohl weiß, wenn er die unlösbare Verbindung von Christologie und Rechtfertigungsbotschaft als „Kriterium zur Prüfung der Geister auch gegenüber christlicher Predigt in Vergangenheit und Gegenwart schlechthin" bezeichnet (405). Während aber Diem immerhin darauf hinzuweisen vermag, daß wir so in die Einheit des schriftgemäßen Glaubens hineinkommen, daß wir das Evangelium aufgrund der biblischen Texte zu predigen wagen, findet sich darauf bei Käsemann keine andere Antwort als der Hinweis auf die Entscheidung des Glaubens (z. B. Exegetische Versuche und Besinnungen II, 1964, 223, 236 u. ö.).

Gewiß müßte nun im Blick auf Geses Erwägungen gefragt werden, wieweit es einem theologischen Nachvollzug möglich ist, sich in das die Offenbarung empfangende Bewußtsein so hineinzuversetzen, daß von hier aus Offenbarung wahrnehmbar wird. Doch stellen wir diese an Gese zu richtende Frage noch zurück[13]. Zunächst soll der von Hans-Joachim Kraus[14] gegen Gese vehement vorgebrachte Einwand genannt werden. Auch hier geht es um die Frage der Kontinuität, die mit der These von „Theologie als Traditionsbildung" gestellt ist. Doch richtet sich die Kritik hier nicht gegen den Anschein von Harmonisierung und Simplifizierung des historischen Prozesses, sondern gegen die Identifikation von Offenbarung und Traditionsbildung. Ist solche Traditionsbildung ein historisch aufweisbarer Prozeß, der für die historische Rekonstruktion faßbar ist, dann besteht auch der Protest von Kraus zu Recht. Dann wird hier Theologie in Phänomenologie verwandelt[15], und „der spekulativen Konstruktion entspricht der Optimismus des Greifen-Könnens, das einen ontologischen Prozeß zum Objekt hat"[16]. Dann wird „Wort Gottes in die Horizontale eingeordnet", „der Anredecharakter dieses Wortes... abgebogen in die Richtung eines Prozesses"[17]. Doch setzt diese Kritik von Kraus selbst wieder voraus, daß historisches Erkennen grundsätzlich über die Wirklichkeit verfügt, wie das in der Tat für die traditionelle historische Methode angenommen werden kann, und daß Geses Darstellung der Traditionsbildung sich als ein verfügendes historisches Rekonstruieren versteht. Geses Ausführungen in ihrer, zugegeben schwierigen, ontologischen Terminologie zielen aber gerade auf Wirklichkeit, über die das Erkennen nicht verfügt, die sich vielmehr solchem Erkennen, dem die Offenbarung erfahrenden Bewußtsein, selbst zu erkennen gibt. Der Anredecharakter des Wortes Gottes, auf dem Kraus zu Recht besteht, muß also nicht im Widerspruch zu Geses Konzept stehen. Kraus selbst stellt ja die Forderung, daß dort, wo nach der Einheit von Altem und Neuem Testament zu fragen ist, „zuerst und vor allem nach der ‚Selbstidentität' oder ‚Selbigkeit' Gottes in Jesus Christus, u.d.h. nach seiner Verheißungstreue gegenüber der in Israel erschlossenen Schöpfung, zu fragen ist – in der Vielfalt und Disparatheit der in den neutestamentlichen Texten zu erarbeitenden und im Kontext des Alten Testaments zu verstehenden Zeugnisse"[18]. Zielt nicht Geses Konzep-

---

[13] Vgl. u. S. 27.
[14] Theologie als Traditionsbildung? Zu Hartmut Gese, „Vom Sinai zum Zion", EvTh 36 (1976) 498–507 = K. Haacker u. a. (Anm. 5) 61–73. Ich zitiere nach EvTh.
[15] A.a.O. 505.
[16] A.a.O. 507.
[17] A.a.O. 503.
[18] Die Biblische Theologie. Ihre Geschichte und Problematik, 1970, 385.

tion[19] darauf, gerade diese Treue Gottes kenntlich zu machen, die ja nicht abstrakte Behauptung bleiben darf, sondern im Zusammenhalt der biblischen Zeugnisse aufgezeigt werden soll?

Soll die von Gese angestoßene und hier in zwei charakteristischen kritischen Äußerungen diskutierte Fragestellung weitergebracht werden, dann ist die Selbstverständlichkeit zu überholen, in der wir historische Kontinuität zu denken gewohnt sind. Die Kontinuität des Gemeinschaftswillens Gottes, seine „Verheißungstreue", kann sicher nicht in das Kontinuum historischer Gegenständlichkeit eingezeichnet werden. Aber läßt sich das nur in der Negation denken, so, daß die Vertikale des Gotteswortes senkrecht auf die Horizontale des historischen Geschehenszusammenhangs auftrifft? Das kann nicht die Meinung von Kraus sein[20]. Dann aber muß ja gefragt werden, wie sich diese Kontinuität des Gemeinschaftswillens Gottes als eine Geschichte erfassen läßt. Als Problem einer „Heilsgeschichte" ist uns diese Frage geläufig. Bei Gese ist diese Geschichte stärker, als das gemeinhin geschieht, an die biblischen Texte und ihr Verstehen gebunden. Gottes Gemeinschaftswille, der Wirklichkeit erschließt, wird hier als Prozeß der Aufweitung des Wirklichkeitsfeldes für das Offenbarung empfangende Bewußtsein beschrieben. In der Wahrnehmung dieses Prozesses organisieren sich die verschiedenartigen biblischen Texte zu einer Einheit. So scheint die Kontinuität des Gemeinschaftswillens Gottes faßbar zu werden, ohne daß sie in das Kontinuum eingespannt wird, über das historische Rekonstruktion zu verfügen glaubt. Das bedeutet aber, daß hier die geläufige Unterscheidung historisch-deskriptiver und dogmatisch-normativer Fragestellung überschritten wird; vielleicht muß das so sein, wo die Sache der Schrift das Verstehen bestimmt.

2.

Biblische Theologie, wie sie beispielsweise von Gese vorgeschlagen wird, verlangt den gegenwärtigen Einsatz des Glaubens, der die Offenbarung empfängt. Eben damit aber wird die wissenschaftliche Allgemeinheit dieses Projektes zum Problem. Denn diese darf ja nicht die

---

[19] Geses Konzeption wird von Kraus merkwürdig unterschiedlich beurteilt. Die Biblische Theologie (Anm. 18), 381, Anm. 56 nennt Geses Abhandlung über Psalm 22 und das Neue Testament als beispielhaft für die von Kraus intendierte Forschungsweise. Diese Beurteilungsunterschiede zeigen einmal mehr, daß ein Einverständnis eher bei der Arbeit an den Texten als in programmatischen Entwürfen zu erzielen ist.

[20] Allenfalls eine Bultmann-Scholastik mag sich bis auf weiteres mit derartig schlichten Denkmodellen begnügen. Als Beispiel nenne ich G. Klein, Die Fragwürdigkeit der Idee der Heilsgeschichte, in: Friedrich H. Tenbruck, Günter Klein, Eberhard Jüngel, Alexander Sand, Spricht Gott in der Geschichte?, Weltgespräch bei Herder, 1972, 95–153.

Vorgabe des Glaubens fordern[21]. Andererseits aber, das kann als allgemein zugestanden vorausgesetzt werden, läßt sich Interpretation[22] von überlieferten Texten nicht ohne Einsatz des gegenwärtigen Interesses an der Sache der Texte leisten. Muß aber dieses gegenwärtige Interesse notwendig das Interesse des Glaubens sein? Läßt sich dieses Interesse des Glaubens nicht in ein Allgemeineres zurücknehmen, so daß damit zugleich die Interpretation der biblischen Texte allgemeiner zugänglich wird? Diese vom Programm der existentialen Interpretation her geläufige Fragestellung wird neuerdings, freilich in einer gewichtigen Modifikation, in der Diskussion zum Problem der Biblischen Theologie von Hans Heinrich Schmid und Ulrich Luck vertreten[23]. Luck hat in seiner Arbeit „Welterfahrung und Glaube als Grundproblem Biblischer Theologie"[24] das Programm formuliert. Er geht aus von der Frage, warum die Bibelwissenschaften in den letzten zehn Jahren ihren führenden Platz im Rahmen der theologischen Disziplinen verloren hätten. Den Grund sieht er darin, daß die exegetischen Disziplinen anscheinend keinen einsichtigen Beitrag zur „Wirklichkeitserfassung" leisten. Denn die Bibelwissenschaften legen Tradition aus. „Neuzeitliche Wirklichkeitserfassung geschieht dagegen erklärtermaßen gegen die Tradition, sie ist allein an zu verifizierender Erfahrung orientiert. An dieser Wirklichkeitserfassung haben wir alle Anteil, sie macht uns die Beschäftigung mit der Geschichte, der Literatur, der Bibel so schwer, weil uns nur das etwas angeht, was wir heute erfahren. Überlieferung kann daher nur angeeignet werden, wenn sie im Horizont gegenwärtiger Erfahrung faßbar wird."[25] Luck sieht nun den Beitrag der Exegese zur Wirklichkeitserfassung darin, daß sie an den Texten des ihr zur Verfügung stehenden Überlieferungszusammenhangs die spezifische Dimension aufdeckt, die der Glaube in der Erfahrung der Welt und in ihrer Bewältigung zu erfassen in der Lage sei. Als „Grundthese" formuliert Luck: „Die verbindende Einheit der biblischen Überlieferung Alten und Neuen Testaments ist

---

[21] Daß Gese so leicht mißverstanden wird, ist sicher mit durch die Selbstverständlichkeit bestimmt, in der die historisch arbeitenden Bibelwissenschaften sich dieses Postulat der Allgemeinheit zu eigen gemacht haben. Darum mußte Geses Reden von Kontinuität zwangsläufig im Sinne einer allgemeinen Zugänglichkeit historischer Rekonstruktion verstanden werden.
[22] Zu der geläufigen Unterscheidung von Rekonstruktion und Interpretation vgl. R. Bultmann, Theologie des Neuen Testaments, 7. erw. Auflage hrsg. O. Merk (UTB 630), 1977, 599.
[23] Ich nenne H. H. Schmid, Schöpfung, Gerechtigkeit und Heil. „Schöpfungstheologie" als Gesamthorizont biblischer Theologie, ZThK 70 (1973) 1–19 und U. Luck, Welterfahrung und Glaube als Grundproblem biblischer Theologie (ThEx 191), 1976. Weitere einschlägige Arbeiten, insbesondere auch exegetische Ausführungen, bei Luck.
[24] Vgl. Anm. 23.
[25] A.a.O. 8.

die Auseinandersetzung mit der Erfahrung, die der Mensch als Mensch in der Welt macht."[26] Diese Welterfahrung wird dann an Apokalyptik und Weisheit verdeutlicht. Es gehe dabei um die Erwartung, daß die Welt und daher mein Leben durch Gerechtigkeit getragen werde, um das Vertrauen zu der die Welt durchwaltenden Gerechtigkeit, auf das der Mensch angewiesen ist. Nicht eine existentiale Analyse des Daseins, sondern die biblische Überlieferung weist hier die Grundgegebenheit auf, in der ein Verstehen der biblischen Texte möglich wird und in der sich zugleich die Einheit der biblischen Überlieferung fassen läßt: Der Mensch steht in der Auseinandersetzung „zwischen der Lebenserwartung, die auf Gerechtigkeit angelegt ist, und der Welterfahrung, die diese Erwartung in Frage stellt. Es kommt alles darauf an, daß der Mensch an der Gerechtigkeit als der die Welt durchwaltenden Ordnung nicht verzweifelt. Dies würde bedeuten, daß er am Leben selbst verzweifelt"[27]. Die Ausführungen über die biblischen Möglichkeiten, Lebenserwartung und Welterfahrung zusammenzuhalten, sollen hier nicht im einzelnen wiedergegeben werden. Luck faßt abschließend zusammen, indem er Apokalyptik und christlichen Glauben gegeneinander abhebt: „Während der Apokalyptiker angesichts seiner Welterfahrung ausbricht in den kommenden Äon, wird der, der dem Wort Jesu vertraut, mit seinem Geschick in der Welt gehalten. Genau das umschreibt den Sachverhalt dessen, was wir »Glauben« nennen."[28] So läßt sich dann beschreiben, was die Biblische Theologie gerade in der Frage nach Erfahrung und Wirklichkeit leistet. „Sie deckt in dem Überlieferungszusammenhang der biblischen Schriften, an den sie in ihrer Arbeit gewiesen ist, die fundamentale Dimension der Welterfahrung auf: Der Mensch ist in der Erfahrung und im Erleiden der Welt immer schon auf Glauben angewiesen."[29]

---

[26] A.a.O. 15.
[27] A.a.O. 29.
[28] A.a.O. 39.
[29] Ebd. Die Behauptung Lucks, diese Dimension werde von den empirischen Wissenschaften schon im Ansatz übergangen, läßt sich freilich kaum aufrechterhalten. Soziologische Theoriebildung, die das Phänomen religiösen Glaubens funktional zu erklären sucht, erfaßt diese Dimension durchaus, freilich in einer durch den jeweils vorausgesetzten Theorierahmen bestimmten Weise. Ich verweise nur beispielsweise auf Niklas Luhmann, Transformationen der Kontingenz im Sozialsystem der Religion, in: ders., Funktion der Religion, 1977, 182–224 und Friedrich H. Tenbruck, Geschichtserfahrung und Religion in der heutigen Gesellschaft, in: F. H. Tenbruck u. a., Spricht Gott in der Geschichte? (Anm. 20). Tenbruck macht zudem darauf aufmerksam, daß die „Zwangsläufigkeiten, die aus der inneren Handlungsführung die Transzendenz hervortreiben", nur wirksam seien, „wenn die Handlungslagen unabänderlich sind und nicht durch geschichtsimmanente Heilslehren und Hoffnungen überspielt werden können". Darum nehmen Heilserwartungen heute politischen Charakter an (93 f.). Nicht allein die soziologischen Erklärungshypothesen des

Sicher lassen sich gegen dieses Programm wieder eine ganze Reihe von Einwänden vorbringen. Nicht nur wird man auch hier darauf verweisen können, daß die Durchführung eine Vereinheitlichung der differenzierten Textaussagen mit sich bringt, die problematisch ist[30]. Auch für den systematischen Ansatz läßt sich mit einigem Recht behaupten, daß hier „die biblische Theologie . . . nunmehr das Geschäft der inzwischen vielfach gescheiterten natürlichen Theologie vom methodischen Ansatz her zu betreiben beginnt"[31]. In der Tat werden Argumentationsfiguren, deren Problematik in der systematischen Theologie längst diskutiert wird[32], durch Luck aufgenommen. Dabei geht die Reflexion aus von bestimmten vorgegebenen Gesamtanschauungen von Wirklichkeit; in unserem Fall sind das Apokalyptik und Weisheit. Diese werden aber nicht einfach in ihrer faktischen Gegebenheit interpretiert. Gefragt ist vielmehr ein Gemeinsames, Zugrundeliegendes, das hier als „Welterfahrung" bestimmt wird; für diese ist dann noch einmal die Differenz zur „Lebenserwartung" kennzeichnend. In dieser Welterfahrung liege die Frage nach Gerechtigkeit. Soll die Allgemeinheit dieser Frage in unserer gegenwärtigen Situation aufgewiesen werden, dann sollte man allerdings lieber von der Frage nach „Sinn" reden. Von dieser Grundfrage aus werden dann die jeweils vorliegenden Gesamtanschauungen vergleichbar als unterschiedliche Möglichkeiten, diese Frage nach Gerechtigkeit bzw. Sinn zu beantworten. Die Kontingenz bestimmter geschichtlicher Erscheinungen innerhalb der biblischen Überlieferung, wie auch diese biblische Überlieferung insgesamt sind dann zurückgebunden an ein anthropologisch Allgemeines, nämlich dies, daß der Mensch eine Antwort auf die Sinnfrage braucht, wenn er nicht verzweifeln soll[33]. Die Frage nach Gerechtigkeit oder Sinn als notwendige Frage des Menschseins führt also zu verschiedenen möglichen Antworten, wobei der Exeget keinen Zweifel daran läßt, daß für ihn allein die Antwort des christlichen Glaubens die Möglichkeit ist, Welterfahrung als den Ursprung der Sinnfrage durchzustehen[34].

Das hier angedeutete geläufige Reflexionsmodell läßt sich in den programmatischen Ausführungen Lucks ohne Schwierigkeit wiederfin-

---

Glaubensphänomens, sondern gerade auch dieser Hinweis auf die Variabilität der Instanz, an die sich Erwartung richtet, sind geeignet, die Allgemeinheit dessen, was Luck in der Korrespondenz von Welterfahrung und Glauben beschreiben will, zu problematisieren.

[30] Stuhlmacher (Anm. 5), 59.
[31] Stuhlmacher, a.a.O. 59f.
[32] F. Mildenberger, Theologie für die Zeit. Wider die religiöse Interpretation der Wirklichkeit in der modernen Theologie, 1969; J. Track, Überlegungen zum Problem der religiösen Interpretation der Wirklichkeit, KuD 20 (1974) 106–137; Literaturbericht von Walter Niefindt, Religion und Wirklichkeit, VuF 1/1978, 42–54.
[33] A.a.O. 29, o. S. 18 zitiert.
[34] A.a.O. 39.

den[35]. Das hieße, daß hier die Einheit der biblischen Theologie in dem geläufigen Reflexionsmodell der natürlichen Theologie gesucht wird, das Menschsein als die offene Frage interpretiert, auf die dann Jesus bzw. das Neue Testament oder die christliche Überlieferung die unüberbietbare Antwort gibt. Ist das Programm so gemeint, dann ist Stuhlmacher recht zu geben, der sich von einem solchen Versuch wenig verspricht[36]. In diesem Fall sind auch die beiden Neuansätze Biblischer Theologie unvereinbar. Aber genauso wie sich m.E. Geses Entwurf nicht zureichend interpretieren läßt, wenn ihm das geläufige Modell historischer Gegenständlichkeit unterstellt und von da aus sein Reden von Kontinuität interpretiert wird, läßt sich die von Luck (und H. H. Schmid) vorgetragene Fragestellung nicht zureichend würdigen, wenn sie nur eben als Variante des geläufigen Modells natürlicher Theologie gesehen wird[37]. Aber lassen sich die Beobachtungen an den biblischen Texten, bei denen in der Tat so etwas wie eine „Grundaporie" des Menschseins herauskommt, wirklich auf eine allgemeinmenschliche Sinnfrage zurückführen? M.a.W., ist die einzige Möglichkeit einer Interpretation die, geschichtliche Kontingenz hier so zu verstehen, daß sie als Möglichkeit von einer allgemeinen Notwendigkeit her begriffen wird? Sollten wir dieser geschichtlichen Kontingenz nicht gerade hier ihr Recht lassen? Welterfahrung, wie sie im Horizont der Frage nach der Gerechtigkeit ausgearbeitet wird, dürfte dann nicht nur eben als der Fall eines Allgemeinen begriffen werden. Die Fragerichtung liefe nicht dahin, die Besonderheit der biblischen Welterfahrung auf allgemeinere Strukturen hin zu interpretieren. Sie könnte sich vielmehr gerade dem unverwechselbar Besonderen der biblischen Anschauung öffnen[38]. Erst bei einem

---

[35] Terminologisch etwa darin faßbar, daß von der „Grundaporie menschlichen Lebens" die Rede ist (35), daß nach „Möglichkeiten" gefragt wird, um diese extreme Differenzerfahrung zu bewältigen (ebd.).

[36] A.a.O. (Anm. 5) 60.

[37] Freilich macht gerade H. H. Schmid mit seinen Versuchen, über die biblische Überlieferung hinaus in die Religionswelt des Alten Orients auszugreifen, um so die Allgemeinheit der vorausgesetzten Welterfahrung nachzuweisen, eine solche Würdigung nicht gerade leicht (vgl. die in dem Aufsatzband Altorientalische Welt in der alttestamentlichen Theologie, 1974, gesammelten Arbeiten).

[38] Dann ließe sich auch eine beschwerliche Unklarheit gerade in der Exposition der Fragestellung überwinden. Die Behauptung Lucks, Überlieferung könne nur dann angeeignet werden, wenn sie im Horizont gegenwärtiger Erfahrung faßbar wird (a.a.O. 8), erweckt genauso wie die programmatische Entgegensetzung von Welterfahrung und Glaube den Anschein, daß es sich bei Überlieferung und Erfahrung bzw. bei Welterfahrung und Glauben nicht nur um zwei nachträglich unterscheidbare Momente in unserem Wirklichkeitsverhältnis handle, sondern um faktisch unterschiedene Größen, die erst durch den Theologen in Beziehung gesetzt werden müssen. Das aber würde verkennen, daß Erfahrung immer schon Überlieferung voraussetzt; nur so kann Erlebtes behalten und in den sprachlich repräsentierten Weltzusammenhang eingeordnet werden. Zum Problem vgl.

solchen Verständnis des hier vorgelegten Programms ist der Zusammenhang von Altem und Neuem Testament kenntlich. Der durch Jesus Christus eröffnete Glaube in seiner kontingenten Besonderheit hat dann zu Recht seine Voraussetzung gerade in der apokalyptischen Situation[39], die nicht als mehr oder weniger beliebiger Fall eines Allgemeinen, menschlicher Welterfahrung überhaupt, sondern in ihrer geschichtlichen Einmaligkeit zu sehen ist; zu dieser Einmaligkeit gehört selbstverständlich wieder die mannigfaltige Überlieferung, aus der sich das apokalyptische Verständnis von Wirklichkeit ergeben hat. Aber wenn solche Besonderheit festgehalten ist, wird deutlich, warum es gerade die alttestamentlichen Texte sind, die mit dem Neuen Testament zusammen die christliche Bibel bilden. Deutlicher als bei Geses Betonung der Kontinuität kann hier freilich herausgestellt werden, daß auch die Möglichkeit, sich dem Christusgeschehen und dem Glauben zu verweigern, in dem komplexen geschichtlichen Zusammenhang mit gegeben ist, der uns durch die alttestamentlichen Texte eröffnet wird.

Das hier besprochene biblisch-theologische Programm gewinnt also eine größere Nähe zu den biblischen Texten, wenn auf die anthropologische Verallgemeinerung verzichtet wird[40]. Das bedeutet nicht, daß die Erfahrungen, auf die die Interpretation der Texte abhebt, nicht zugleich exemplarische Bedeutung für gegenwärtige Welterfahrung gewinnen können. Nur läßt sich diese Bedeutung nicht in allgemeinen anthropologischen Bestimmungen fassen. Sie fordert vielmehr den persönlichen Einsatz des Interpreten, der sich selbst mit dem Text eines Klagepsalms oder mit der messianischen Hoffnung von Jes 11,1–9 in seiner problematischen Welterfahrung betroffen findet. Nicht die Distanz einer fundamentalanthropologischen Analyse, die Menschsein überhaupt in seiner Bewegtheit durch die Sinnfrage entdeckt, erschließt die biblische Textwelt, sondern solcher Einsatz, der sich mit den Texten der Problematik des eigenen konkreten Menschseins stellt. Auch darin öffnet sich

---

auch G. Ebeling, Schrift und Erfahrung als Quelle theologischer Aussagen, ZThK 75 (1978) 99–116. Biblische Überlieferung wäre dann nicht einer von ihr unabhängigen Welterfahrung zu konfrontieren, sondern in ihrer Einheit mit der biblischen Welterfahrung zu sehen.

[39] A.a.O. 36.

[40] Eine solche Verallgemeinerung geschichtlicher Beobachtungen läßt sich immer gewinnen, wenn die Abstraktion von den besonderen Bedingungen der jeweiligen Situation weit genug vorangetrieben wird. Nicht die Möglichkeit solcher Abstraktion wird bestritten. Aber diese Abstraktion bringt gerade im Blick auf das kontingente Christusgeschehen nur schwerlich die gesuchte Verstehensmöglichkeit. Sie ist jedenfalls nicht imstande, die die Existenz betreffende Relevanz der Christusbotschaft so darzulegen, daß diese Relevanz auf jeden Fall verständlich wird. Dazu vgl. W. Joest, Thesen zum Problem der existentialen Interpretation, KuD 14 (1968) 153–157 = Gott will zum Menschen kommen, Ges. Aufsätze, 1977, 64–68.

eine Fragehinsicht, in der sich die biblischen Texte zu einer Einheit organisieren, und zwar gerade dann, wenn das neutestamentliche Christuszeugnis als die letzte Verschärfung dieser Problematik und zugleich als deren Beantwortung erfaßt wird[41].

3.

Die Interpretation der biblisch-theologischen Programme kann dann Konvergenzen entdecken, wenn sie darauf verzichtet, gängige Schemata anzuwenden, also einerseits die Vorstellung des kontinuierlichen Geschehenszusammenhangs, wie er normalerweise der historischen Rekonstruktion zugrunde liegt, andererseits das Denkmodell einer religiösen Interpretation der Wirklichkeit, das den Glauben als Antwortmöglichkeit in einer im Menschsein liegenden notwendigen Frage verständlich machen, wo nicht gar seine Unumgänglichkeit begründen will. Das fordert neue hermeneutische Überlegungen geradezu heraus, wie sie in der Frage nach der Möglichkeit einer Biblischen Theologie von Peter Stuhlmacher beharrlich immer wieder vorgetragen worden sind[42]. Dabei soll der wissenschaftliche Anspruch der Theologie, wie er gerade auch durch die historisch-kritische Arbeit vertreten wird, festgehalten werden. Zugleich aber plädiert Stuhlmacher für eine Weiterbildung der historischen Methode, die der kirchlichen Auslegungstradition wie dem gegenwärtigen Interesse an den biblischen Texten eher gerecht wird. Als Ziel gibt er an, *„eine methodologisch und wirkungsgeschichtlich reflektierte Hermeneutik des Einverständnisses mit den (biblischen) Texten zu erarbeiten"*[43]. Das soll keine theologische Spezialhermeneutik sein. Vielmehr sei die Interpretation der biblischen Überlieferungen „ein Test- und Spezialfall der historischen Kritik überhaupt"[44]. Dabei greift

---

[41] „Im Vertrauen auf das durch sein Geschick verifizierte Wort Jesu wird das dem Menschen eigene Vertrauen zur Gerechtigkeit in der Welt in die totale Krise geführt und im Glauben an sein Wort und Geschick neu konstituiert. Das, was im menschlichen Dasein aus Erfahrung so schwach ist, das Vertrauen zur Welt, wird zu dem durch nichts zu überwindenden Glauben, der aber selbst die Welt, so wie sie der Mensch erfährt, überwindet." (Luck, a.a.O. 39.)

[42] Außer der o. Anm. 5 genannten Arbeit nenne ich den Sammelband Schriftauslegung auf dem Weg zur biblischen Theologie, 1975. Daraus zitiere ich im folgenden die Arbeit „Historische Kritik und theologische Schriftauslegung" nur mit Seitenzahlen. Wie bei den anderen genannten Exegeten ist die programmatische Darlegung bei Stuhlmacher durch eine Fülle von exegetischen Einzeluntersuchungen flankiert. Die Arbeit an den Texten ist immer das Primäre und wie schon bemerkt (o. Anm. 19) häufig eher das Verbindende. Das betone ich noch einmal ausdrücklich, damit nicht der Anschein entsteht, als ob sich die gegenwärtige Arbeit an der Biblischen Theologie in programmatischen Entwürfen erschöpfe.

[43] A.a.O. 120, Hervorhebung Stuhlmacher.

[44] Ebd.

die Zielsetzung weit aus. Sie wendet sich gegen eine „objektive, naturalistische Geschichtsbetrachtung"[45]; sie will die Einsicht in die sprachlichen Dimensionen der geschichtlichen Wirklichkeit aufgreifen; sie hat schließlich zu bedenken, „wie komplex sich uns heute das Sein der Welt und des Menschen darstellt"[46]. So lasse sich „jene usurpatorische Haltung der Bemächtigung auflockern, die heute im geistigen und technischen Bereich unser ganzes menschliches Dasein zu überfremden droht"[47]. Die hier anklingende Gesamtperspektive wird dann freilich wieder auf die historische Fragestellung des Exegeten zurückgenommen. Die traditionelle historische Fragestellung mit ihrem Ziel der Rekonstruktion müsse ergänzt werden durch die Frage, „welchen Anspruch und welche Wahrheit über den Menschen, seine Welt und die Transzendenz wir aus diesen Texten vernehmen"[48]. Werde solches „Prinzip des *Vernehmens*" ausdrücklich mit in die historische Arbeit einbezogen, dann werde durch die historische Kritik „ein kritischer Dialog mit der Überlieferung" eröffnet[49]. Ein solcher Dialog kann zeigen, wie sehr wir aus der historischen Tradition, mit der wir umgehen, immer schon leben. Die „Hermeneutik des Einverständnisses" sucht solches Einverständnis aber nicht nur mit der Geistesüberlieferung, aus der wir herkommen und mit der wir uns historisch befassen. Sie sucht dieses Einverständnis gerade auch in der gegenwärtigen Gemeinsamkeit historischen Arbeitens, muß daher „so weit wie irgend möglich *methodisch ausweisbar, reflektiert und korrekturfähig*" sein[50]. Sie hat schließlich ihren eigenen Interpretationsort zu beachten und muß sehen, „daß zwischen den zu interpretierenden Texten und unserer Gegenwart eine *Wirkungs- und Interpretationsgeschichte* liegt, die wir nicht einfach ignorieren können"[51].

Stuhlmacher sieht in dieser Hermeneutik des Einverständnisses Raum sowohl für die „Selbstmächtigkeit des Schriftwortes" wie für den „Glaubens- und Erfahrungshorizont der Kirche"[52] und meint, sie genüge auch der Forderung, „daß *das hermeneutische Prinzip zur Interpretation biblischer Texte die Offenheit für die Möglichkeit des Glaubens sein muß*"[53]. So ist die gegenwärtige Wirksamkeit des Schriftworts bewußt in die her-

---

[45] Ebd.
[46] A.a.O. 121.
[47] Ebd.
[48] Ebd. Stuhlmacher betont dabei, daß dieses Prinzip von guter historischer und religionsgeschichtlicher Arbeit schon längst implizit anerkannt und beachtet werde.
[49] Diesen Begriff übernimmt Stuhlmacher, a.a.O. 121 von L. Goppelt.
[50] A.a.O. 122, Hervorhebung Stuhlmacher.
[51] A.a.O. 123, Hervorhebung Stuhlmacher.
[52] A.a.O. 125.
[53] A.a.O. 126, Hervorhebung Stuhlmacher.

meneutische Fragestellung mit einbezogen. Freilich wird damit nicht nur das traditionelle Wissenschaftsverständnis der historisch-kritischen Exegese problematisiert[54]. Zugleich ist damit die Frage aufgeworfen, *wo* eigentlich solche Arbeit an den biblischen Texten ihren Ort hat. Ist dieser Ort die Kirche oder die Wissenschaft? Ist diese Arbeit kirchlich oder wissenschaftlich zu verantworten? Gewiß kann diese Alternative gerade von Stuhlmacher als unzutreffend zurückgewiesen werden. Er versucht ja beides gerade zu vereinbaren: Man könne diese Hermeneutik des Einverständnisses in einer doppelten Haltung vollziehen. Einmal in der Position einer fides quaerens intellectum als Glaubender und Mann der Kirche. Dann aber auch in der Haltung eines intellectus quaerens fidem, „d. h. als Vertreter eines vernehmenden Denkens, welcher der christlichen Überlieferung und der Möglichkeit der Anrede durch das Kerygma gegenüber offen ist, ohne sich selbst in den Glauben an die Wahrheit dieser Glaubensbotschaft hineinheben zu können"[55]. Diese Ortsangabe muß präzisiert werden. Wo treffen sich die beiden von Stuhlmacher hier beschriebenen Haltungen? An diesem Treffpunkt muß ja der gesuchte Ort sein, wenn die projektierte Hermeneutik des Einverständnisses überhaupt durchführbar ist. Dazu muß beachtet werden, daß zwar die biblischen Texte Gegenstand wie Gegenüber der Verstehensbemühung sind. Aber diese Texte sind von vornherein qualifiziert durch die Tatsache, daß sich der Glaube an Jesus Christus auf sie bezieht[56]. Die Ortsbestimmung, die wir suchen, kann darum nicht einfach im Verweis auf die Institutionen Kirche oder Wissenschaft gewonnen werden. Sie ist einmal in Hinsicht auf den Glauben zu präzisieren, der wieder in seiner Be-

---

[54] Sehr pointiert formuliert dieses Verständnis William Wrede: „Aus gegebenen Urkunden will die biblische Theologie einen Tatbestand erheben, wenn nicht einen äußeren, so doch einen geistigen: sie sucht ihn so objektiv, so richtig, so scharf als möglich aufzufassen – das ist alles. Wie sich der Systematiker mit ihren Resultaten abfindet und auseinandersetzt, das ist seine Sache. Sie selbst hat wie jede andere wirkliche Wissenschaft ihren Zweck lediglich in sich selbst und verhält sich durchaus spröde gegen jedes Dogma und jede systematische Theologie." Über Aufgabe und Methode der sogenannten neutestamentlichen Theologie (1897), in: G. Strecker (Hrsg.), Das Problem der Theologie des Neuen Testaments (WdF CCCLXVII), 1975, 83.

[55] A.a.O. 126.

[56] Die kirchliche Vermittlung zwischen Schrift und gegenwärtigem Christusglauben ist hier allerdings mit zu sehen. Darauf verweise ich, weil hermeneutische Bemühungen nicht nur von Exegeten das leicht übersehen. Vgl. dagegen M. Kähler, der das Verhältnis von Schriftautorität und Christusglauben „eines einfältigen Christen" so bestimmt: „Gewiß wird er in den meisten Fällen durch die Schrift zu Christo gekommen sein; – nicht gerade sehr viele durch das Lesen der Schrift, sondern die meisten durch Predigten oder erbauliche Bücher, welche ihnen den Schriftinhalt nahebrachten. In der anerzogenen Hochachtung gegen die Bibel liegt ihm Glaube an Christum und Vertrauen auf dieses Buch ohnegleichen untrennbar ineinander." Der sogenannte historische Jesus und der geschichtliche biblische Christus, neu hrsg. von E. Wolf (ThB 2), 2. Aufl. 1956, 52.

stimmtheit durch das Wort zu sehen ist⁵⁷. Gerade wenn Glaube nicht aus vorgegebenen Möglichkeiten des Menschseins erklärt, sondern als das durch Gottes Geist im Wort verwirklichte Menschsein gedacht wird⁵⁸, muß hier ja auf dieses Wort verwiesen werden. Dieses Wort ist dann aber nicht einfach das faktisch in der gegenwärtigen Kirche bezeugte und verkündigte Wort. Hier muß vielmehr die Spannung von Faktizität und Anspruch mit beachtet werden, auf die sich gerade das exegetische Vernehmen bezieht. Die normative Fragestellung nach dem zu verkündigenden Glaubenszeugnis ist also sofort mit im Spiel, wenn die biblische Theologie sich verantwortlich um die Ortsbestimmung ihres Vernehmens bemüht⁵⁹. Das gilt gerade dort, wo nicht die Kirche als die über die Glaubenswahrheit verfügende Institution, wo aber genausowenig die gläubige Subjektivität des Auslegers als Ort des Vernehmens der biblischen Überlieferung bestimmt werden kann. Das Geistgeschehen, in dem der Glaube im Hören auf das Christuszeugnis der Schrift wirklich wird, zeigt vielmehr an, wo der Ausleger jedenfalls methodisch gerade nicht ist, wohin aber seine Verstehensbemühung zielt. Zugleich muß dann aber auch die Wissenschaft in der Problematik gesehen werden, in die sie angesichts der biblischen Überlieferungen hineingerät⁶⁰. Sie kann, will sie den Gegenstand ihrer Bemühungen hier nicht verfehlen, jedenfalls nicht bei dem Zugriff bleiben, in welchem sonst moderne Wissenschaft sich ihres Gegenstandes bemächtigt. Verharrt sie bei der gewohnten Rekonstruktion und gibt den Vorentwurf historischer Gegenständlichkeit, mit dem sie zu arbeiten gewohnt ist, nicht auf, verschließt

---

⁵⁷ Im Insistieren auf der unlösbaren Korrelation von Wort und Glauben haben die kritischen Ausstellungen von H.-J. Kraus am Konzept Geses ihr Recht, vgl. EvTh 36 (1976) 503 u. ö.

⁵⁸ Dazu vgl. die weit über eine bloß historische Erhellung hinaus aufschlußreiche Lutherinterpretation von W. Joest, Ontologie der Person bei Luther, 1967, insbesondere 274–320 und 354 ff.

⁵⁹ Es ist also nichts damit, daß die Exegese die methodische Problematik der Dogmatik zuschieben könnte, weil ja ihre historisch-kritische Methode samt Hermeneutik wissenschaftlich ausgewiesen seien. So Anton H. J. Gunneweg, Sola scriptura, WPKG 65 (1976) 2–16, insbesondere 16 und Anm. 24.

⁶⁰ Ob das bei allen antiken Überlieferungen der Fall ist, ob diese Aufstellungen also wieder verallgemeinert werden können, um gewiß eine theologische oder biblische Sonderhermeneutik zu vermeiden, halte ich für eine sekundäre Frage, unterscheide mich hier von Stuhlmacher, dem gerade daran viel gelegen ist, die allgemeine Geltung seiner hermeneutischen Grundsätze nachzuweisen. Man kann hier ja mit guten Gründen den Spieß auch herumdrehen und die These Karl Barths übernehmen: „Es gibt keine besondere biblische Hermeneutik. Aber gerade die allgemein und allein gültige Hermeneutik müßte an Hand der Bibel als Offenbarungszeugnis gelernt werden. Wir kommen also mit der angegebenen Regel nicht von einer allgemeinen Anthropologie, sondern von der Bibel her, um sie als die allgemein und allein gültige Regel nun selbstverständlich auch und erst recht auf die Bibel anzuwenden." KD I, 2, 515.

sie sich von vornherein dem Anspruch der biblischen Texte[61]. Für diesen Anspruch der Texte steht der gegenwärtige Glaube ein; freilich verfügt weder der Exeget noch die Theologie überhaupt über diesen Glauben. Gerade deshalb wird sie einerseits auf die Glaubensüberlieferung der Kirche verweisen, wenn sie nach der Begründung dieses für die Texte erhobenen Anspruchs gefragt wird; sie wird aber auch andererseits die Ansprüche einer Wissenschaft, die meint, über ihre Gegenstände verfügen zu können, zurückweisen. Das nicht zuerst in einer allgemeinen Kritik der modernen wissenschaftlich-technischen Weltbemächtigung[62], sondern so, daß sie solche Ansprüche innerhalb der theologischen Wissenschaft nicht gelten läßt. Das ist nicht Obskurantismus oder Vernunftfeindlichkeit. Es könnte ja sein, daß Theologie gerade hier das recht verstandene Interesse der menschlichen Vernunft in Schutz nimmt gegenüber seiner Reduktion auf ein grundsätzlich über Gegenständlichkeit verfügendes Verhalten, das seinerseits über den so Verfügenden schließlich selbst verfügt.

Die erfragte Ortsbestimmung für die Arbeit an den biblischen Texten weist also in einen sehr komplexen Geschehenszusammenhang ein. In diesem Geschehenszusammenhang verwirklicht sich gegenwärtige Glaubensüberlieferung in ihrer Bestimmtheit durch die biblischen Texte, die gegenwärtige Erfahrung auf Gottes Offenbarung in Jesus Christus hin erschließen[63]. Wissenschaftlich-theologische Schriftauslegung reflektiert diese geschehende Glaubensüberlieferung, und zwar speziell in Hinsicht auf ihre Bestimmtheit durch die biblischen Texte, wie systematische Theologie sie in Hinsicht auf die gegenwärtige Erfahrung reflektiert. Dabei bringt die Schriftauslegung ebenso selbstverständlich gegenwärtige Erfahrung in ihre Frage nach den Texten mit ein, wie umgekehrt die Dogmatik nach der Schriftgemäßheit gegenwärtiger Glaubensüberlieferung und also nach den biblischen Texten fragt. Zweierlei soll in diesem Zusammenhang noch hervorgehoben werden. Einmal lassen sich die besprochenen Programme Biblischer Theologie in ihrer Fragestellung gerade von dieser Ortsbestimmung her einander zuordnen. Ist

---

[61] Stuhlmacher weist in diesem Zusammenhang mehrfach auf Adolf Schlatters rasante Polemik in der Streitschrift „Atheistische Methoden in der Theologie" hin, jetzt in: Zur Theologie des Neuen Testaments und zur Dogmatik. Kleine Schriften, hrsg. U. Luck, ThB 41, 1969, 134–150. Schlatter bemerkt dort u. a.: „Wenn wir nun aber die Religion aus der Welt erklären wollen, so stellen wir uns bei der Beobachtung von Anfang und konsequent in einen radikalen Widerspruch mit unserem Objekt, das eben nicht aus der Welt erklärt sein will, sondern den Gottesgedanken laut und beharrlich geltend macht." (148)

[62] Auch eine solche Kritik kann freilich einmal zur theologischen Aufgabe werden, vgl. die oben S. 23 angeführten Andeutungen Stuhlmachers.

[63] Zu diesem Ausdruck vgl. W. Joest, Fundamentaltheologie (Theol. Wissenschaft 11), 1974, 28–59.

bei Gese das die biblischen Texte zur Einheit organisierende Prinzip der abgeschlossene biblische Überlieferungsprozeß, Gottes Offenbarung in Jesus Christus als geschehene und biblisch bezeugte Geschichte, so ist bei Luck dieses Prinzip die Erschlossenheit jeweiliger Erfahrung auf den überlieferten Glauben hin. Das sind sich ergänzende, nicht sich ausschließende Aspekte. Von hier aus jedenfalls braucht das gegenwärtig wieder neu diskutierte Programm einer Biblischen Theologie nicht schon im Ansatz zu scheitern[64]. Zum anderen ist in der methodischen Diskussion auf die Distanz zu achten, in der historisch-wissenschaftliche Arbeit zu dem Geschehen der Glaubensüberlieferung steht. Theologie ist nicht identisch mit der durch Gottes Geist bestimmten Glaubensüberlieferung. Sie denkt ihr nach, kritisch, sofern nicht alles, was sich als solche Glaubensüberlieferung ausgibt, auch wirklich Glaubensüberlieferung ist, aber zugleich offen für das Geschehen von Wort und Glauben. Insofern ist sie nicht eine Geheimwissenschaft, die in Glauben oder Geistbesitz einen Schlüssel zu Erkenntnissen hat, von denen andere ausgeschlossen sind. Zugleich aber erwartet sie von dem, der sich auf ihr Geschäft einläßt, das historisch-exegetische genauso wie das systematische, ebensolche Offenheit. Die bei der Besprechung des Programms von Gese offengebliebene Frage[65] kann mit dem Verweis auf diese Offenheit beantwortet werden: so wenig sich theologisches Denken selbst in Glauben, in „das die Offenbarung erfahrende Bewußtsein" verwandeln kann, so sehr ist doch die Offenheit für dieses Geschehen der Offenbarung die Voraussetzung, im Traditionsprozeß die Offenbarung wahrzunehmen. Zugleich ist damit die Möglichkeit gegeben, an der Schmid und Luck, wie insbesondere dann auch Stuhlmacher, gelegen ist, nämlich Einverständnis über die Interpretation biblischer Texte auch dort zu suchen, wo der Glaube nicht als Vorgabe des Verstehens, sondern als Problem, als die offene Frage des Menschseins gesehen wird.

4.

Die Bemühungen der exegetischen Wissenschaften um eine Biblische Theologie sind für die Systematische Theologie schon wegen der methodischen Fragen wie wegen der problematischen Zuordnung der Disziplinen von höchstem Interesse. Methodologie, Wissenschaftstheorie und theologische Enzyklopädie lassen sich ja durch den Systematiker nur so betreiben, daß er die faktische Forschungsarbeit der einzelnen Diszipli-

---

[64] Zu dem Gesamtproblem vgl. H.-J. Kraus, Die Biblische Theologie (Anm. 18) und K. Haacker, Die Fragestellung der Biblischen Theologie als exegetische Aufgabe, in: K. Haacker u. a. (Anm. 5), 9–23.
[65] O. S. 15.

nen beobachtet und zusammenzufassen sucht[66]. Aus einem Prinzip entwickelte Gesamtentwürfe dagegen bleiben nicht nur leicht wirkungslos, sondern verlieren sich in Postulaten, weil sie der Einzelforschung Gegenstand und Methode vorschreiben wollen[67]. Die Arbeit der Exegeten an der Biblischen Theologie berührt aber auch unmittelbar die Arbeit der Systematischen Theologie. Diese hat sich ja dort mit der Exegese selbst zu befassen, wo sie die Schriftgemäßheit ihrer Aufstellungen nachzuweisen und theologische Sätze biblisch zu begründen sucht. Das kann aber, wie schon J. Ch. Konrad von Hofmann nachgewiesen hat[68], nicht so geschehen, daß mit einzelnen Texten oder Schriftworten einzelne dogmatische Aussagen begründet oder bestritten werden. Solche Begründung ist vielmehr mit dem Schriftganzen für das Lehrganze zu leisten. Das muß selbstverständlich nicht bedeuten, daß nicht einzelne Bibeltexte im Zusammenhang der dogmatischen Argumentation exemplarisch herangezogen und diskutiert werden können. Aber der Nachweis einzelner dicta probantia kann nicht mehr als zureichende dogmatische Begründung zugestanden werden[69].

---

[66] F. Mildenberger, Theorie der Theologie. Enzyklopädie als Methodenlehre, 1972; G. Ebeling, Studium der Theologie. Eine enzyklopädische Orientierung (UTB 446), 1975.

[67] Selbst der große enzyklopädische Wurf Schleiermachers, Kurze Darstellung des theologischen Studiums zum Behuf einleitender Vorlesungen, krit. Ausgabe hrsg. H. Scholz, 4. Aufl. 1961 ist aus diesem Grund in weiten Partien unbeachtet geblieben. Deutlich zeigt sich die angesprochene Schwierigkeit auch bei W. Pannenberg, Wissenschaftstheorie und Theologie, 1973. Man achte einmal auf die sprachliche Form etwa in der Beschreibung der Aufgabenstellung der Biblischen Theologie: „*Würde* dieser Prozeß des Werdens und der Veränderung der Glaubensanschauungen ... zum eigentlichen Gegenstand bibelwissenschaftlicher Darstellung und Analyse, dann *würde* der Anschein der irreduziblen Subjektivität der dargestellten Glaubensanschauungen verschwinden ... Natürlich *wären* die Glaubensanschauungen ... *bliebe* ebenso abstrakt ... Dagegen *käme* es darauf an ... Damit *würde* man ... gelangen" usw. 391, Hervorhebungen von mir.

[68] Der Schriftbeweis. Ein theologischer Versuch, 1, 2. Aufl. 1857, 3–32, „Wesen und Gesetz des Schriftbeweises". So wenig oft von Hofmanns Durchführung im einzelnen überzeugt, so sehr kann sein ausdrücklich als Versuch gekennzeichnetes Werk doch anregen, das Verhältnis von Exegese und Dogmatik in ihrem Bezug auf die biblischen Texte neu zu reflektieren.

[69] Vgl. etwa die Argumentation bei P. Althaus, Die christliche Wahrheit, 5. Aufl. 1959, zur Notwendigkeit der Uroffenbarung, 37–50. Hier werden zuerst die bekannten neutestamentlichen dicta probantia für die Lehre von der natürlichen Gotteserkenntnis angeführt: Röm. 1.2; Act. 14,15–17; zusätzlich in einer recht gezwungenen Auslegung noch Joh. 1,4. Dann fährt Althaus fort: „Im Einklang mit diesen Sätzen des Neuen Testaments sprechen wir von einer zweifachen Offenbarung Gottes" (41). Darauf folgen dann Begründungen aus dem Zusammenhang des Lehrganzen. Dieser dogmatische Schriftgebrauch, der hinter von Hofmann zurückfällt, muß das Schriftzeugnis nach dem Lehrganzen zurechtbiegen. Das Alte Testament wird hier depotenziert, darf nicht mehr seine besondere Sache ausrichten. Es wird vielmehr auf die dogmatische Behauptung der Uroffenbarung hin interpretiert und so seiner besonderen Dignität beraubt: „Dem Alten Testament

Ist die einsichtige Zielsetzung von Hofmanns anerkannt, steht nicht nur die Frage zur Erörterung, wo im dogmatischen Zusammenhang das Verständnis des Schriftganzen dargelegt werden soll, auf das sich die dogmatische Begründung dann jeweils bezieht[70]. Wichtiger noch als diese Frage nach dem Ort der biblischen Darlegungen im Gesamtzusammenhang der Dogmatik ist die Frage danach, wie nun dogmatischer Schriftgebrauch das Schriftganze auffassen soll. Hier fällt die biblisch-theologische Fragestellung der Exegeten und die Frage nach dem dogmatischen Schriftgebrauch mindestens in einem Teilaspekt nahezu in eins. Nicht nur sehen sich hier Exegeten und Dogmatiker wenigstens zeitweilig am gleichen Ort und in der gleichen Perspektive auf die biblische Überlieferung[71]; auch die Frage nach dem, was die vielfältige biblische Überlieferung zu einem Ganzen organisiert[72], ist hier gemeinsam zu stellen[73]. Dieser Frage gehen wir aus der systematischen Perspektive abschließend noch einige Schritte nach.

Zwei Abgrenzungen sind dabei vorwegzunehmen. Einmal kann nicht das Lehrganze zugleich das organisierende Prinzip für das Schriftganze abgeben. Von dieser Denkform, wie sie am Anfang der Biblischen Theologie stand[74], sind wir zu weit entfernt, als daß wir zu einer naiven Vorstellung von der Einheitlichkeit biblischer und dogmatischer Lehrgestalt

---

eignet die Autorität der Uroffenbarung" (99). Die Folgen der Mißachtung des Schriftganzen für das Lehrganze brauchen hier nicht eigens aufgewiesen zu werden. Zu Althaus vgl. aber auch Anm. 85!

[70] Das wird vermutlich am zweckmäßigsten im Zusammenhang der dogmatischen Prolegomena bzw. der Fundamentaltheologie geschehen. Vgl. dazu die Erörterungen über „Offenbarung Gottes in Jesus Christus" und „Jesus Christus und die Offenbarung Gottes in Israel" bei W. Joest, Fundamentaltheologie (Anm. 63), 27–72, die auch ohne ausdrückliche exegetische Diskussion diese Begründungsfunktion wahrnehmen. Die Ausführungen zur Schriftlehre von Herbert Haag in: Hrsg. J. Feiner und M. Löhrer, Mysterium Salutis 1, Die Grundlagen heilsgeschichtlicher Dogmatik, 1965, 289–462, die im Programm einer Biblischen Theologie auslaufen, können hier dagegen kaum herangezogen werden. Weil die Verpflichtung auf das reformatorische Sola scriptura hier nicht gegeben ist, stellt sich die Problemlage anders dar.

[71] Vgl. o. 3.

[72] Vgl. o. 1. u. 2.

[73] Insoweit ist H. H. Schmid, a.a.O. (Anm. 8), 95 durchaus zuzustimmen, der bemerkt, Biblische Theologie gehöre letztlich „in den Rahmen der Fundamentaltheologie, an der keine Einzeldisziplin der Theologie vorbeigehen kann". Das muß freilich nicht bedeuten, daß damit die Aufgabe einer konkreten Durchführung zwischen den Disziplinen hin- und hergeschoben wird und letztlich unterbleibt. Ansätze einer Durchführung von seiten der Systematischen Theologie sehe ich bei G. Gloege, Aller Tage Tag. Unsere Zeit im Neuen Testament (Gütersloher TB), 1966 und H. J. Kraus, Reich Gottes: Reich der Freiheit. Grundriß Systematischer Theologie, 1975, hier freilich so, daß die dogmatische gegenüber der biblisch-theologischen Fragestellung doch dominiert.

[74] Vgl. H.-J. Kraus, Die Biblische Theologie (Anm. 18), 18–20.

zurückkehren könnten[75]. Zum anderen kann nicht die abstrakte Kontinuität des Vorentwurfs historischer Gegenständlichkeit dieses organisierende Prinzip abgeben, wie das insbesondere in religionsgeschichtlich angelegten Entwürfen einer Biblischen, insbesondere alttestamentlichen, Theologie der Fall ist[76]. Daß diese Art von Kontinuität das Schriftganze nicht zu erfassen vermag, ist mindestens teilweise bei der Besprechung des Programms von Gese deutlich geworden.

Sind diese Abgrenzungen einmal zugestanden, dann fragt sich zunächst, in welcher Form der Verlauf einer Biblischen Geschichte als dieses erfragte organisierende Prinzip tauglich sein kann. Gerade weil unsere Vorstellung von geschichtlicher Erstreckung durch das methodische Vorgehen historisch-kritischer Rekonstruktion geprägt ist, haben wir ja Schwierigkeiten, in der Auffassung eines Geschichtsverlaufs zugleich die Möglichkeit von Interpretation zu sehen. Nun ist „Geschichte", wie unser Sprachgebrauch zeigt, aber nicht nur ein Geschehensablauf. Sie ist zugleich die Erzählung von solchem Geschehensablauf[77]. Läßt sich die Biblische Überlieferung so in einer Geschichte zusammenfassen? Das müßte dann ein erzählbarer Verlauf sein, der in sich gegliedert und zugleich als Sinneinheit faßbar ist[78]. Dabei ist zu beachten: Geschichte in diesem Sinn einer interpretierenden Erzählung verlangt die Beteiligung des Erzählers. Die Gestaltung einer solchen Geschichte teilt erfaßten Sinn mit, indem sie das biblische Zeugnis aufnimmt und weitergibt. Gewiß sind wir weder exegetisch noch systematisch im Erfassen und Weitergeben solcher Geschichte geübt. Aber sollten uns nicht gerade auch Credo-Formulierungen bis hin zum Apostolicum und Nicaenum dazu ermuntern, die Einheit des biblischen Zeugnisses in einer kurzgefaßten Nacherzählung zu formulieren? Solche die Bibel als eine Einheit organisierende Geschichte kann dann wieder dazu dienen, einerseits biblische Überlieferungen einander in einem einsichtigen Sinnzusammenhang zu-

---

[75] J. Ch. Konrad von Hofmann ist in seinem „Schriftbeweis" gegenüber dem ersten großen biblisch-theologischen Entwurf „Weissagung und Erfüllung", 1841/1844, eher einen Schritt zurückgegangen, wenn er hier das Lehrganze als Strukturprinzip seinem Durchgang durch die Bibel zugrunde legt, auch wenn dann in den einzelnen Abschnitten der Versuch unternommen wird, der geschichtlichen Bewegtheit des biblischen Zeugnisses Rechnung zu tragen.

[76] Vgl. H. J. Kraus, Die Biblische Theologie (Anm. 18), 114ff., 160ff.

[77] Vgl. zu der hier angedeuteten Fragestellung Dietrich Ritschl und Hugh O. Jones, „Story" als Rohmaterial der Theologie (ThEx 192), 1976. Es ist Ritschl sicher zuzugeben, daß Theologie nicht in Erzählung aufgehen kann. Doch ist gerade im Hinblick auf die Schriftauslegung, trotz der großartigen Ansätze in dieser Richtung bei Gerhard von Rad, z.B. „Die Josephsgeschichte" in: Gottes Wirken in Israel. Vorträge zum Alten Testament, hrsg. v. O. H. Steck, 1973, 22–41, die Möglichkeit der Erzählung von Geschichten und Geschichte als Interpretation noch kaum erprobt.

[78] Vgl. dazu meine Ausführungen in Gotteslehre, 1975, 161ff.

zuordnen, andererseits den dogmatisch reflektierten Glaubensgegenstand auf solche Geschichte zu beziehen.

Solche Geschichte spiegelt aber zugleich die Betroffenheit dessen wider, der sie erzählt. Die Geschichte, in der sich die Bibel für meine Auffassung als Einheit organisiert, ist meine Geschichte, unsere Geschichte. Noch einmal soll hier an J. Ch. Konrad von Hofmann erinnert werden, der das Christentum als „die in Jesu Christo vermittelte persönliche Gemeinschaft Gottes und der Menschheit" bestimmt[79]. In der Tatsache dieser Gemeinschaft faßt sich zusammen, was überhaupt über Gott und Mensch zu sagen ist. „Jener in Christo, also nicht sachlich, sondern persönlich, nicht durch Etwas, sondern in Ihm vermittelten Gemeinschaft Gottes und des Menschen kommt aber deshalb, weil sie dies ist, die vollkommenste Einfachheit zu; sie ist die Lösung und Entscheidung, auf welche Alles zugestrebt hat, was zwischen Gott und Mensch geschehen ist, das einfache Ergebniß, in welchem alle Geschichte ihren Abschluß gefunden hat. In dieser ihrer Einfachheit will sie denn auch erfaßt sein."[80] Nicht ob die – bei von Hofmann ja keineswegs einfach geratene – Durchführung diesem Programm entspricht, fragen wir hier. Wir lassen uns vielmehr dazu ermuntern, in der Biblischen Geschichte unsere Geschichte zu finden. Daß hier unsere Sache verhandelt wird, das ist der tröstliche Zuspruch des Evangeliums[81]. Es soll aber als solcher Zuspruch zugleich unsere Erfahrung werden[82]. Dazu kann an die lutherische Tradition erinnert werden, die Heilserfahrung durch Gesetz und Evangelium, die Überführung des Menschen von seiner Sündhaftigkeit und den Trost des Evangeliums von der Rechtfertigung des Sünders bestimmt[83]. Dabei soll freilich die Erfahrung des Gesetzes nicht mit einer allgemeinen Schicksalserfahrung in eins gesetzt werden, die den Menschen in seiner einsamen Nichtigkeit zerschlägt. Auch Gottes Gesetz fällt uns nicht von ungefähr an wie ein Wegelagerer, der den einsamen Wanderer überfällt, oder wie ein nächtliches Albdrücken[84]. Auch unter dem Ge-

---

[79] Schriftbeweis (Anm. 68), 8. In dieser Kurzformel ist zweifellos ein Zentralpunkt des biblischen Zeugnisses getroffen. Vgl. dazu den Versuch von P. Stuhlmacher, vom Stichwort der Versöhnung her eine Biblische Theologie zu entwerfen: „Das Evangelium von der Versöhnung in Christus. Grundlinien und Grundprobleme einer biblischen Theologie des Neuen Testaments", in: Festgabe für Friedrich Lang, 1978, XXXV, 1–36 mschr.

[80] Schriftbeweis, 12.

[81] Karl Barth, KD II,2,1: „Die Erwählungslehre ist die Summe des Evangeliums." Die Erwählungslehre Barths hat die Funktion, unsere Einbezogenheit in die Geschichte Jesu Christi darzulegen.

[82] Hier darf noch einmal an das biblisch-theologische Programm von U. Luck und H. H. Schmid erinnert werden.

[83] Statt unzähliger Beispiele verweise ich auf EKG 242,7.

[84] Dazu vgl. Werner Elert, Die Lehre des Luthertums im Abriß, 3. Aufl. 1978, 3–28; Morphologie des Luthertums 1, Neudruck 1952, 15–52; Der christliche Glaube. Grundlinien der lutherischen Dogmatik, 3. Aufl. 1956, 89–109.

setz sind wir in der Gemeinschaft der Heiligen[85]. Die gespannte Zuordnung von Altem und Neuem Testament läßt sich gerade so in der Bestimmtheit des uns von Gott her Widerfahrenden als Gericht und Gnade auch in unserer Erfahrung festmachen.

---

[85] P. Althaus kann das Alte Testament doch auch in dieser Hinsicht würdigen, wobei er Altes Testament und Evangelium einander über den Erziehungsgedanken zuordnet. Das Alte Testament habe „für die Christenheit unmittelbare seelsorgerliche Bedeutung. Denn der Glaube der Christen ist selber noch im Werden und Kämpfen. Er ringt mit den gleichen Gebundenheiten, die das Alte Testament zeigt" (Die christliche Wahrheit, 5. Aufl. 1959, 201). Allerdings muß die Bedeutung des Alten Testaments in diesem Zusammenhang dann auch theologisch, nicht nur anthropologisch entfaltet werden.

Jörg Baur

Weisheit und Kreuz*

Es ist mehr als ein sich erstaunlich gut fügender Zufall, daß die nachstehenden Überlegungen, die im Aufbruch von München nach Göttingen vorgetragen wurden, nunmehr als Gruß für den verehrten Lehrer und Kollegen wieder über den Main südwärts gehen, um mit Erlangen jenen Ort zu erreichen, dem der Autor viel zu danken hat. Daß sich die Weite der Perspektiven mit der Klarheit des unterscheidenden Wortes zusammenfügt, diese Einsicht, die für mich bis in die Erlanger Semester der frühen fünfziger Jahre zurückreicht, hat in Wilfried Joest einen beständigen Anwalt gefunden. So bedarf es denn für den Einsatz des Argumentes keiner absichernden Vorreden. Die Besinnung richtet sich in einem ersten Gang auf die erfragten Momente im Horizont der allgemeinen Erfahrung:

I. Weisheit und Kreuz – ihr allgemeines Walten

Wovon soll hier gehandelt werden? Die Antwort mag eine leicht abgewandelte Formulierung von Trutz Rendtorff geben: von der Eigenart „theologisch relevanter Strukturmerkmale angesichts unterschiedlicher", ja gegensätzlicher „Manifestation von Religion"[1]. Unbestimmtere Erörterungen über den Platz des christlichen Glaubens in der gegenwärtigen Welt, gar die Anempfehlung seiner individuellen und sozialen Nutzbarkeit haben, was sie ins Spiel bringen wollen, oft schneller verspielt als eingesetzt. Dieser Hinweis steht freilich seinerseits unter dem Verdacht, als Alibi für abgeschirmten Binnenverkehr dienen zu müssen. Die Erwiderung soll ein einfacher Hinweis auf uneinholbar Faktisches geben: Wer an dieser Universität München, also an einem Ort, der – zumindest seiner ursprünglichen Bestimmung nach – auf den Gewinn eines durch Weisheit regulierten Wissens ausgerichtet ist, von Weisheit und Kreuz zu handeln sucht, der tut dies in räumlicher Nähe zu einem Ort,

---

* Abschiedsvorlesung beim Münchener Theologischen Forum am 21. Juni 1978.
[1] Gesellschaft ohne Religion?, 1975, 29.

den in diesem Jahrhundert das Kreuz eines kollektiven Grauens zeichnete. Diese Wendung des Blicks nach Dachau, wo seit Jahren die Nonnen vom Karmel-Orden die Leiden der Todesangst Christi in der Kraft seines Opferblutes bedenken und begehen, sollte sich uns nicht dadurch neutralisieren, daß obligate antifaschistische Empörung, der aufzüngelnden linksgestrickten Barbarei vergessend, ein im Grunde beliebiges Objekt pharisäischer Empörung kultiviert. Die Zusammenhänge sind beklemmender. Wenn E. Rosenstock-Huessy vom geschundenen Häftling sagt: „Er war ein Stück Welt, seinen Peinigern ausgeliefert, damit diese ihrer Macht über die Welt an ihm inne werden konnten"[2], dann werden die Verhältnisse gewiß überbeansprucht, wenn wir sogleich an den durch Hamann inkriminierten „Despotismus des transzendentellen Verstandes"[3] erinnern, aber die Nähe von quälender Macht über andere und sich selbst vergewisserndem Wissen wird unverkennbar signalisiert. Wo sich menschliches Leben in Wissen und Macht unbedingt sichern will, ist es schon dabei, das Kreuz des Leidens über anderes Leben zu bringen. Gewiß, das ist eine noch unpräzise Rede von Weisheit, ein recht unbestimmtes Verständnis von Kreuz. Dem soll im folgenden gesteuert werden. Doch das uneinholbar Faktische, Dachau, macht uns schmerzhaft deutlich, daß die Theologie dieses Jahrhunderts, die so namenlose Greuel und gleichermaßen so ungeheure Aufgaben der Weltgestaltung um sich hatte und hat, zu einer überzeugenden Verhältnisbestimmung von Kreuz und Weisheit nicht gelangte. Von der Bewährung des Leidens wissen die Verse der Nelly Sachs immer noch mehr, mehr auch gewiß als die ästhetischen Neognostizismen umgedrehter Dialektik.

Eine Welt aber, die in ihren Gründen befestigt, dem Handeln offen und für zusammenstimmende Einsicht im Licht, eine Welt der Weisheit also, war und ist für antinomische Futuristen und für besonnene Zwei-Reiche-Realisten gleichermaßen unerschwinglich. Das wird wohl auch noch so bleiben; aber gerade deshalb: wonach fragen wir, welche Elemente des Wirklichen werden durch „Weisheit" und „Kreuz" angerührt?

Der erste Gang einer beschreibenden Antwort soll deutlich machen: In dem Beieinander und Gegeneinander, das durch diese Worte gemeint wird, spricht sich eine universale Spannung aus, die durch unser Leben geht, die Spannung von Gelingen und Scheitern, von Zusammenklang und Dissonanz, von Integration und Zersplitterung, von Krug und Scherbe; dabei geht es dann nicht nur um diese Widerfahrnisse, sondern um die in ihnen jeweils bestimmende Macht, um die Herrschaft von

---

[2] Soziologie, Bd. 2: Die Vollzahl der Zeiten, 1958, 711.
[3] Golgatha und Scheblimini. Erklärt von L. Schreiner, Johann Georg Hamanns Hauptschriften erklärt, Gütersloh 1956, Bd. 7, 72.

Weisheit oder den Einbruch des Kreuzes und zugleich um den Anteil des erfahrenden Menschen in Einsicht, Tat und Leiden.

Ein Exempel für „Kreuz", für das gänzliche Zerfallen weisheitlich zusammengehörender Aspekte des Wirklichen, stellt Plato in der Figur des leidenden Gerechten vor (Politeia 360e–362a). An ihm wird deutlich gemacht, was geschieht, wenn Sein und Scheinen völlig auseinandertreten: „ohne irgendein Unrecht zu tun" hat er, der Gerechteste, „den größten Schein der Ungerechtigkeit" (361 c 2) bei sich. Angesichts dieses Widerspruchs muß dann dieses – hier nur hypothetische – Paradigma lebensvernichtende Verneinung erleiden: „Sie sagen aber dies, daß der so gesinnte Gerechte gefesselt, gegeißelt, gefoltert, geblendet an beiden Augen werden wird, und zuletzt, nachdem er alles mögliche Übel erduldet, wird er noch aufgehängt werden ..." (361e 3 bis 362a 2); – kein Bruder des Leidenden von Jesaia 53 und schon gar nicht eine Weissagung auf Golgatha, aber nun doch auch nicht das bloße Spiel der Beziehungen von Sein und Scheinen, von gerecht und ungerecht[4], vielmehr der Einbruch unverrechenbarer Verneinung.

Dieser platonische Text weist auf Ereignisse, Bestimmungsmächte und des Menschen Verflechtung, in denen sich „Weisheit" und „Kreuz" melden, stimmiger Zusammenhang und verstörender Widerspruch. Die Weisheit findet sich freilich mit dieser Antithetik nicht ab. Das nicht zusammenschaubare Widerspiel der Ereignisse soll in eine umfassende Einheit gebunden werden. Das ursprüngliche Denken der Griechen wird von diesem Impetus angetrieben[5]. Diese Philosophie ist schon in ihren Anfängen der Agent der Weisheit im menschlichen Denken, um den permanenten Kampf zwischen ordnender Sammlung und zerstreuender Verstörung doch entscheiden zu können. Die Entscheidung aber fällt dort, wo es um den Gott geht, wo das Konstellationszentrum von Welt eindeutig wird. Darauf geht Platos ganze Mühe. Hatte Aischylos jede Möglichkeit eines verstehenden Umgriffs über das in seiner Gegensätzlichkeit gottgewirkte Geschehen verneint, so widerspricht die platonische Theologie der Perpetuierung des unversöhnbaren Widerspruchs. Es darf nicht wahr sein, daß Apollo der Thetis das Ja und das Nein zufügt, es darf nicht derselbe sein, der als Sänger bei der Hochzeit „ihr schönes Mutterglück, der Söhne krankheitsloses spätes Lebensziel" „ermutigend" „bekräftet", der nun als Mörder Achills sich selbst zum zauberischen Lügner macht (vgl. Politeia 383a 2–b). Das Gegeneinander, die unausgleichbare Härte der Dinge, die unversöhnte Vermischung von Weisheit und Kreuz, die Aischylos anruft, wenn er auf Achill und

---
[4] Gegen A. Oepke, ThW IV, 617.
[5] Vgl. etwa U. Hölscher, Das existentiale Motiv der frühgriechischen Philosophie, in: Probata – Probanda, hg. von F. Hörmann, 1975.

Thetis hin ‚Apollo' sagt, diese Spannung will Plato im Griff eines nun als eindeutig gut prädizierten Gottes (Politeia 379a 7–c7) haben. Die in der Liebe zur Weisheit, in der Philo-sophia, den Menschen auf sich beziehende Weisheit versucht gleichsam durch dieses Denken den unentschiedenen Part im Gewoge des undurchdringlich Realen für sich zu entscheiden.

Damit stoßen wir auf einen Grundzug der in Philosophie gegenwärtigen Weisheit: das schlechthin nicht Integrierbare, ein unüberholbar Vorgesetztes, ein überhaupt Verneinendes muß entweder so gefaßt werden, daß es als Chaos und Abgrund auf sich beruht – so das griechische Denken – oder es muß in einer letzten Gleichung des Nichts mit dem Sein auch noch eingeholt werden – so das nachchristliche Denken, exemplarisch bei Heidegger, aber gewiß nicht erst bei ihm. Das griechische Denken traut es sich noch nicht zu, dem Nichts standzuhalten. Plato muß im Dialog Sophistes den Rückzug antreten. Er gibt zu Protokoll: „wenn wir das nicht Seiende (τὸ μὴ ὄν) sagen, dann meinen wir nicht den völligen Gegensatz des Seienden (ἐναντίον τοῦ ὄντος), wir denken dann nur ein anderes (ἕτερον)" (257b 3f). Und auch jede Verneinung meint nur ein Verschiedenes (b9–c2); alles bleibt innerhalb der zu integrierenden Welt – die nicht versöhnbaren Ränder müssen sich selbst überlassen bleiben.

Dieser Zwang, im Denken dafür zu sorgen, daß das in der harten Realität zwar gegenwärtige, aber keineswegs unbestrittene Moment des Weisheitlichen allein das Feld beherrsche, wird im europäischen Denken unter den Ängsten der nominalistischen Krise völlig beherrschend. Die differenzierten geschichtlichen Vorgänge können hier nicht durch einen ausgearbeiteten Vorschlag gedeutet werden. Es sei aber doch ausgesprochen, daß die katastrophisch negative Besetzung, die der sogenannten abendländischen Kirchenspaltung nach Wolfhart Pannenberg zukommt, wohl kaum den ganzen Vorgang erreicht. Ist nicht die aus der konfessionellen Zersplitterung gefolgerte privatisierende Stillegung von Religion nur das historisch *nach*folgende Nebenprodukt ihrer *voraus*gegangenen Intensivierung bei Luther, Calvin und Loyola?

Aus dem Willen zur einheitlichen Integration des Ganzen scheidet das philosophische Denken – gleichsam Agent der Weisheit – die Kreuzesmomente erfahrener und erlittener Welt dadurch aus, daß es sie begreifend unterbringt. Christian Jambet hat in seiner „Apologie de Platon" diese Tendenz auf Leibniz hin so charakterisiert: „Gäbe es (auch nur) *ein* Phänomen, wie gering es auch wäre, das im vielfältigen Spiel der Singularitäten überhaupt keine Rechtfertigung fände, das durch nichts zur wechselseitigen Genugtuung (satisfaction) diente und dessen Existenz vor allem und von Anfang an (a priori) ein ewiges Ärgernis wäre – die Welt bräche auseinander und das Bild der Welt zerginge."[6]

---

[6] Chr. Jambet, Apologie de Platon. Essais de Métaphysique, Paris 1977, 75.

Soviel zu einer ersten Präsentation des Problems: Weisheit und Kreuz in ihrem strittigen Beieinander, aber auch die Tendenz – zumindest eines Stranges der philosophischen Überlieferung –, keinen Ausbruch der Phänomene aus der denkenden Integration zu dulden, geschweige denn, den Einbruch eines für ihren Einheitswillen Unverrechenbaren anzuerkennen.

II. Das Bild der Weisheit

Die Dinge entspannen sich noch einmal, wenn wir jetzt nach dem geschichtlich ausgearbeiteten Bild der Weisheit und zwar
a) zuerst in der biblischen Welt fragen, nur in Umrissen und ohne Anspruch auf Originalität und Vollständigkeit.

In der Weisheit Israels wird die jeder glückenden Tat und gelingenden Einsicht vorausgehende geordnete Fügung der Welt als „kündlich offenbares Geheimnis" (Goethe) ausgesprochen; „Weisheit" meint die „im Welt- und Lebensganzen waltende" Macht, deren „Kenntnis alles einsichtig macht und bewältigen läßt"[7]. Davon wird auf doppelte Weise gesprochen: einmal gehört solche Weisheit eigentlich nur dem als Schöpfer geglaubten Gott Israels, dem Menschen bleibt sie – bis hin zur Skepsis des Kohelet – unerreichbar und ferne. Zum andern aber ist diese Weisheit lehrbar und zielt auf Lehre. In der Urgeschichte wird jeder Mensch in das Ganze der Wirklichkeit eingewiesen[8], damit er als Partner des Schöpfers und der Schöpfung an der universalen Segenskraft vernünftig wahrnehmend teilnehme. Im Lichte dieser ursprünglich eröffneten Konstellation von Welt geht es um die angemessene „Bewältigung der Wirklichkeit"[9], um die Erkenntnis der rechten Zeit[10], die Disziplinierung realitätsvergessener Selbstliebe, das Gespür für die „mit allem Geschöpflichen verbunden"[11] wirkende Weisheit und um das Wissen über Richtiges und Falsches, Passendes und Unpassendes, um den Anruf an die Mächtigen (Prov. 8,15f.), das gerechte Gesetz in Kraft zu halten, aber auch um den Glanz des geistigen Eros, liebt doch die Weisheit den „Liebhaber ihrer Schönheit" (Sap. Salomonis 8,2)[12]. Über all dem entläßt die geschaffene Welt Wahrheit, wird in der Anerkennung des mit diesen Vorgängen nicht im Umschluß verrechenbaren Wirkens Jahwes,

---

[7] G. Fohrer, ThW VII, 491.
[8] C. Westermann, Genesis. Biblischer Kommentar, Altes Testament I/1, 1. Teilband, 1974, 752 ff.
[9] G. v. Rad, Weisheit in Israel, 1970, 151 ff.
[10] Ebd. 182.
[11] Ebd. 205.
[12] Nach G. v. Rad, 219.

den zu fürchten darum der Weisheit Anfang ist, Offenheit und Ordnung der Welt gelebt, deren *gewährte Stabilisierung* vom Weisen realisiert wird; er nimmt wahr, was die Weisheit lehrt: Besonnenheit und Einsicht, Gerechtigkeit und Tapferkeit, das Brauchbare und so zugleich reiche Kenntnisse; er hat Teil an ihrem Wissen um das Alte; sie erschließt ihm das Zukünftige, sie wird durch das Ende nicht überrascht, sondern erkennt den Ausgang von Zeiten und Zeitläuften (nach Sap. Sal. 8,7b und 8)[13].

b) Diese *gewährte* und *realisierte* Stabilisierung des Lebens und der dadurch mögliche wissende Ausgriff läßt sich auch bei Aristoteles in den ersten drei Kapiteln von Metaphysik I entdecken. Sein Basissatz: „Alle Menschen sind von Natur darauf aus, zu wissen" (Met. A, 980a 1) führt ihn über die Stufen von „Gedächtnis" (μνήμη), „kennendem Können" (τέχνη) und „Überlegen" (λογισμοί) zur Unterscheidung innerhalb des menschlichen Wissensgewinnes selbst, und zwar so, daß jener Wissende, der um das Warum einer Sache weiß, weiser ist (σοφώτερος, 981a 25ff.) als jener, der nur den Sachverhalt an sich kennt und vollzieht. Dementsprechend kann dann auch der Weise erklärend lehren (981b 3f.) und wird als dieser, der, über die einfache Sinneswahrnehmung hinaus, Weltorientierung vermittelt, von den übrigen Menschen bewundert (981b 14f.). Wird dies über das Beispiel – planender Architekt, ausführender Handwerker – hinausgedacht, dann ergibt sich, daß Weisheit jenes Wissen meint, das die Gründe und anfänglichen Bestimmungskräfte eines Seienden oder eines Bereiches von zusammengehörigen Seienden kennt (982a 1ff.). Darüber hinaus nun weitet sich die Nachfrage aus zur Suche nach demjenigen Wissen und demjenigen Gewußten, wovon das „Warumwissen" in bezug auf alles übrige abhängt. Eben ein solches Wissen ist die Sophia. Sie soll darum, wie auch der Weise selbst, bestimmen und nicht gehorchen (982a 17–20).

Dieses Bündnis von Weisheit und Bestimmungsvermögen, die Sophia als die gebietendste „Wissenschaft" (ἐπιστήμη, 982b 4), ist nur dann gewonnen, wenn es ein Wissen um die ersten Gründe des Ganzen gibt (982a 19f., b 1ff.) und damit zugleich die Erkenntnis des „Um-Willen" (τίνος ἕνεκεν, 982b 5f.) allen Tuns, d.h. des Guten. Wenn aber die Sophia die ersten Bestimmungskräfte des Ganzen beschauen soll, dann können die Anfänge des Philosophierens nur das nichtwissende Fragen und Staunen dessen sein, der innewird, nicht zu wissen (982b 18). Deshalb ist der Philosoph gegenüber der *auch* aus dem Staunen geborenen religiösen Überlieferung offen: φιλόμυθος ὁ φιλόσοφος (982b 18). Freilich, das hemmt seine Realisierung des Wissens von Wissen nicht. Die Flucht vor der Unwissenheit treibt ihn an (982b 19f.). Aber auch der

---

[13] Vgl. G. v. Rad, 365.

Zweifel bleibt. Kann ein vielfach bedingter Mensch, der also nicht frei ist, das Wissen von dem erlangen, das durch kein anderes bedingt ist, vielmehr selbst alles bedingt, eben weil es das Erste ist?

Zweierlei ist an dieser Stelle herauszustellen: 1. Freiheit wird vom Philosophen als Absage an das andere und die anderen gedacht: „ein freier Mensch ist, der um seiner selbst willen da ist und nicht eines anderen wegen" (982b 25f.). 2. Diese Freiheit der reinen Selbstbezüglichkeit wird auch als das Spezifische der ersten Gründe und des sie repräsentierenden Gottes gefaßt. Zwar liegen die ersten Gründe allem Bestehenden zugrunde (982a 28), aber nicht *für* das einzelne Bestehende, vielmehr im reinen Selbstvollzug von Herrschaft. Wohl läßt der Gott an dem ursprünglich rein göttlichen Wissen um die ersten Gründe das menschliche Denken teilhaben, denn er kennt keinen Neid (982b 2f.), aber nicht erst das Schwanken des Aristoteles, ob der Gott selbst zu den ersten Gründen gehört oder ein vollkommenes Wissen von ihnen hat (983a 5ff.), nicht erst diese Undeutlichkeit, vielmehr die als bestimmendes Primum gesetzte Selbstbezüglichkeit macht es nun doch zweifelhaft, ob wir es hier mit einer der Weisheit Israels analogen Aussage über die *gewährte* Stabilisierung des Lebens zu tun haben. Das kann freilich nicht sagen wollen, deshalb sei das methodisch geklärte Vorgehen der Philosophie wieder auf den theonomen Empirismus der alttestamentlichen Weisheit zurückzunehmen.

c) Die Frage ist eher, ob die Dinge bei Plato anders stehen – das war ja auch Luthers Votum in der Heidelberger Disputation[14]. Ist etwa die Unterscheidung des Sokrates zwischen einer nur menschlichen Weisheit (Apologie 20d 7) und dem weisen Gott (23a 5), ja die Zuspitzung in den Gegensatz, „eben der sei der Weiseste, der sich vor (πρός) der Weisheit als unwürdig weiß" (23b 2f.), ist die Rede gar von dem Dienste, der dem Gott geleistet wurde (23c 1), ist all dies schon ein Nein zur Selbstbezüglichkeit der aristotelischen Weisheit? Die Antwort wird keine Thesen vertreten dürfen; sie kann nur auf Spuren zeigen. Der Ausgriff auf das Wissen des Ganzen ist bei Plato zurückhaltender[15] und darum die Differenz der Philosophie zum weisen Gott eindeutiger (Symposion 204b).

Deshalb werden auch in den späteren Dialogen die Anmaßungen sophistischen Wissens aufgedeckt, wird die Torheit (ἀμαθία) derer gegeißelt, die zu wissen meinen, was sie doch nicht wissen (Sophistes 229c 5). Diese Kritik zielt im Sophistes auf das Wissen der Unterscheidung zwischen ταὐτόν und ἕτερον, dem „selben" und dem „anderen", auf die Erkenntnis von Sein und (limitiertem) Nicht-sein (εἶναι-μὴ εἶναι 241a 1), auf die Abwehr der lügnerischen Vertauschung, die das „andere" als

---

[14] Th 36; WA 1, 355; BoA 5, 380.
[15] Vgl. U. Wilckens, ThW VII, 470.

„selbes" und das Nicht-Seiende als Seiendes ausgibt (263d 1f.). Das heißt, aus der ontologischen Terminologie herausgeführt: so wenig die Stabilisierung als *gewährte* geleugnet wird, das Interesse geht auf das herrschaftliche Vermögen zur Unterscheidung, auf die Möglichkeiten wissender Orientierung, auf die Forderungen, die von daher auf den Menschen zukommen, auf die Angleichung an den Gott (Theaitet 176b 1) der aus seiner Vollkommenheit heraus (Politeia 381b 4) keine Veränderung seiner selbst zugunsten eines anderen vornehmen kann.

Wenn aber eine Welt immer nur in der Kraft eines Gottes entsteht, ja seine Züge trägt, dann ist die Welt platonischer Weisheit auch als *gewährt* stabilisierte vom Gesetz der Selbstüberantwortung nicht frei. Das „Kreuz", die Last des anderen (Gal. 6,2), kann nicht getragen werden. Ontologisch gesagt: Das andere bleibt das Kreuz, es ist durch alle Hypothesen des Dialogs Parmenides hindurch nicht mit dem Einen zu vermitteln. Das Wissen der Versöhnung ist nicht erschwingbar. Steht es aber so, dann muß vom Menschen gelten, es sei immer noch das beste für ihn, Spielzeug des Gottes zu sein (Nomoi 803c 4–6) – jeder für sich im frei-notwendigen Spiel (Spindel der Notwendigkeit, Politeia 616c 5).

Diese Welt des Wissens und der Unterscheidung, der Selbstdisziplinierung und der Herrschaft, der Integration des schweifenden Lebenswillens und des Aufbruchs zur Angleichung an den Gott, an den Platzhalter des Guten, sie bleibt unter der Macht der Forderung. Nicht zufällig folgt der Definition Gottes als dessen, der des Ganzen mächtig ist, – „welcher Anfang und Ende und Mitte alles dessen innehat, was da ist" (Nomoi 715e 8–716a 1) – die Aussage von der seiner Spur nachfolgenden „Gerechtigkeit als Rächerin für diejenigen, die hinter dem göttlichen Gesetz zurückbleiben" (716a 2f.).

d) Doch warum so lange außerhalb der Welt des Christentums? Bieten nicht die transzendentalen Modelle im Gefolge Kants das Angebot, „jede mögliche Identität unter Negation ihrer selbst in anderen Sachverhalten zur Darstellung"[16] zu bringen, also die Unvermittelbarkeit von ταὐτόν und ἕτερον zu überwinden? Wird nicht erst hier, hier nun aber doch, die vom philosophischen Denken, dem Agenten weisheitlicher Welterfahrung, immer schon intendierte Einheit der Wirklichkeit durch die „Erhebung des Subjekts über alle substantiellen Inhalte"[17] erreicht und also auch jeder Widerstand des starr und widersprechend Faktischen gebrochen, gebrochen freilich so, daß die Identität, die Herrschaft des Wissens, das im Zeichen der Weisheit Erstrebte, selbst in den

---

[16] F. Wagner, Christologie als exemplarische Theorie des Selbstbewußtseins, in: Die Realisierung der Freiheit. Beiträge zur Kritik der Theologie Karl Barths, hg. von T. Rendtorff, 1975, 136.

[17] W. Pannenberg, Person und Subjekt ..., in: NZSystTh 18 (1976), 133 ff.; hier 137.

Wandel gerissen wird, in „das Zusammengehen Seiner im Anderen mit Sich selbst – die Befreiung, welche nicht die Flucht der Abstraktion ist, sondern in dem anderen Wirklichen, mit dem das Wirkliche durch die Macht der Notwendigkeit zusammengebunden ist, sich nicht als anderes, sondern sein eigenes Sein und Setzen zu haben"[18].

Dieser Ausgleich, der alles andere ins Eigene zieht, freilich nicht in das des endlichen Besitzers, vielmehr in das Eigene des Prozesses im ganzen!, hängt nun aber – und dieses füge ich hier dankbar und belehrt ein – an der Konsistenz der Fichteschen Selbstbewußtseinstheorie, um die es auch nach der Einsicht eines unbeirrbar entschlossenen neuidealistischen Denkens verzweifelt steht[19].

Es ist nicht mein Geschäft, zu wiederholen oder auch nur auszubreiten, was H. Lenk[20], W. Schulz[21], D. Henrich[22] und erst jüngst Wolfhart Pannenberg gezeigt haben: Die Gleichung des Setzenden und Gesetzten ist nicht zu gewinnen – es sei denn aus einem gottheitlichen Akt letzter Entschlossenheit zu sich selbst, wie sie noch in Nietzsches amor fati nachzittert. Insofern nun aber „in Hegels Begriff des Subjektes, das in seinem Andern bei sich selbst ist"[23] die Fichtesche Aporie der Selbstsetzung nur ausgeweitet repetiert wird, zerfällt ihm das Umgreifende in die Eitelkeit eines Selbstverhältnisses, das sich an beliebigen Inhalten romantisch austobt – davon spricht, höchst aktuell!, der § 571 der Enzyklopädie – oder das freie Subjekt verliert sich an ein anderes, ohne dies noch als Selbstanreicherung verbuchen zu können[24]. Dabei kommt und kam es dann zu allen Spielarten am Ich verzweifelnder Theorien und Praktiken mit höchst spürbaren Folgen.

Ein meines Wissens in der Diskussion kaum beachteter Hinweis sollte an dieser Stelle jedenfalls als Signal eingebracht werden: die Charakterisierung des sophistischen Wissensanspruchs durch Plato im Sophistes als eines Anspruchs, der auf nicht weniger zielt, als von Einem aus, durch eine wissende Handlung (μία τέχνη) alles andere zu machen und hervorzubringen (233d 9f., e 8f.). Fichtes Radikalismus der Tat, der genetisch im Gefolge des Christentums, insbesondere eines umgedrehten Luther! steht, ist offenkundig tief im Verlangen des Denkens eingewurzelt: als Versuch zur endlichen Auflösung der unerträglichen Spannung zwischen Einsicht und Verstörung, zwischen Ja und Nein.

---

[18] Hegel, Enzyklopädie § 159, SW 8, 305 f.
[19] F. Wagner, a.a.O. 135, 167 u. ö.
[20] Kritik der logischen Konstanten, 1968, 178 ff.
[21] Das Problem der absoluten Reflexion, 1963.
[22] Fichtes ursprüngliche Einsicht, in: Subjektivität und Metaphysik, Festschrift W. Cramer, 1966, 188–232.
[23] W. Pannenberg, a.a.O. 139.
[24] Vgl. W. Pannenberg, a.a.O. 139 f.

Die Aporetik der transzendentalen Begründung läßt sich freilich nicht dadurch aus der Welt schaffen, daß die Frage nach dem Grunde geleugnet oder eingeklammert wird. Die beanspruchte Freiheit von der Metaphysik ist dort nicht gewonnen, wo „die Frage nach einem Prinzip" eingeklammert wird[25]. Wir haben denn auch einerseits im Denken unseres Jahrhunderts mehrere relevante Vorschläge zum Umgang mit der Aufgabe, die keiner los wird; überdies fällt es nicht schwer, den Theoretikern der Einklammerung nachzuweisen, daß sie immer schon begründete Stimmigkeit von Leben und Sprache, also das Walten der Weisheit, beanspruchen und als vorausgegeben voraussetzen. Diese „positivistischen" Verweigerungen kommen allerdings nicht von ungefähr. Der Anspruch, eine kristalline Durchsichtigkeit des gesamten Geschichtsprozesses zu leisten, die Antizipation des himmlischen Jerusalem, war geschichtlich mit schwerem Katzenjammer zu bezahlen.

Wohl hat sich nicht die gesamte neuzeitliche Weltauslegung auf die transzendentalistischen Überanstrengungen eingelassen. Goethe etwa sah dem Treiben immer nur sehr auf Abstand zu. Daß „die Summe unsrer Existenz durch Vernunft dividiert, niemals rein aufgehe" (Wilhelm Meisters Lehrjahre IV, 18), dieser Bruch im Resultat, der offenbleibende „Schluß", hat ihm das Vertrauen auf die Verläßlichkeit des Geschehens nicht genommen:

> Ja wohl! Das ewig Wirkende bewegt,
> Uns unbegreiflich, dieses oder jenes
> Als wie von ohngefähr zu unserm Wohl,
> Zum Rate, zur Entscheidung, zum Vollbringen . . .
> (Die natürliche Tochter, 5. Akt 7. Auftritt)

Doch, woher die Ermächtigung? Weiß sich dieses Grundvertrauen nun eben einmal vom Geschick begünstigt, dann braucht es eine ganze Menge Rosen, um das bittere Kreuz des Widerständigen zu umwinden, dann muß Christiane Vulpius schon alleine sterben.

Wir schauen auf die markierten Stationen des Weges der Weisheit in Leben und Denken: von ihr her kommt die gewährte Stabilisierung, die Fähigkeit des Menschen sich und anderes zu identifizieren. In ihrer Kraft greift das Wissen aus und steigert sich wissende Herrschaft in Figuren des Selbstabschlusses, deren entschlossenste schlechthin unverdankt ist.

III. Widerspruch des Kreuzes

Daraufhin ist jetzt der Widerspruch des Kreuzes einzubringen. Das einschlägige Votum kommt von Paulus, doch nicht ohne ein prophetisches Vor-wort.

---

[25] Wie etwa bei W. Schulz, Das Problem der absoluten Reflexion, 1963, 29–31.

a) Beim ersten Jesaia, auf den wir uns konzentrieren, wird eines sehr schnell deutlich: unsere bisherige Perspektive, die Welterfahrung in ihrem Ja und Nein, in ihrer Integrierbarkeit und in ihrer eklatanten Widerständigkeit zu bedenken und dann die Elemente ins kritische Verhältnis zu bringen, wird vom Propheten gestört durch den Einsatz jenes emphatischen Ich, das ihn „im Jahre des Todes des Königs Usia" so gestellt hat, wie er zuvor nicht stand und so bewegte, wie er zuvor nicht lief. Von Gott war, mußte und muß! auch schon im Zusammenhang der Weisheit – biblisch und philosophisch – die Rede sein, vor dem „Heiligen Israels" wird alles noch einmal anders.

Das deutsche philosophische und theologische Denken hat zwischen 1780 und 1800 bei der Absage an den Prinzipiengott der Wolffschen Metaphysik auch Jahwe Zebaoth den Abschied gegeben: Anthropomorphismus, Person als Einschränkung, Herrschaft und Entfremdung. Auch bei Hegel stehen merkwürdige Dinge, die er sich von Rousseau zuzog: die Empörung über fremdbestimmendes anderes, das sich als Herr aufwirft und doch nur von Gnaden der Anerkennung des Knechtes ist[26]. Unter dem Zwang dieser Urteile wurde nicht mehr gesehen, was doch klar hervortritt: der Gott Jesaias bringt die für Israels Konstitution fundamentalen Momente entschlossen zum Zuge. Da ist – wie dann wieder bei Paulus – der Einbruch harter Differenz zwischen menschlichem Planen, Gestalten, Vollenden und göttlichem Wollen und Wirken. Von daher brennt sich nicht nur die Unverträglichkeit des heiligen Gottes und des unreinen Menschen ein (6, 5). Nunmehr wird die im Horizont eines beständigenden Gotteswirkens unbetont bleibende Selbstbeziehung, die in jedem Stabilisierungsvorgang durch Weisheit steckt, schlechthin unerträglich.

Wo das Leben so völlig auf den berufenden Gott hin erschlossen wurde, kann über jene, „die in ihren eigenen Augen weise sind und im reflektierten Akt (neged) sich selbst gegenüber verständig sind" (5,21), nur noch der Weheruf kommen, denn sie können in solcher Selbst-Spekulation „das Werk seiner Hände nicht schauen" (5,12; mit offener Tendenz nach Römer 1! vgl. Jes. 1,3). Jede rühmende Selbstprädikation, zu der gewiß nichts mehr Anlaß gibt als Weisheit (s. o. Aristoteles), wird nun rundweg unerträglich und lästerlich. Der Abbau geht auf alle relevanten Größen und ihre weisheitliche Selbstprädikation: auf den König von Assur, der spricht, „denn ich bin klug" (10,13), auf das Bewußtsein der Kontinuität ägyptischer Weisheit: 19,11: „ein Sohn von Weisen, von uralt königlichem Stamme", und zuerst und vor allem auf das eigene Volk: an ihm wird sein Gott „befremdlich" (29,14) handeln und „die Weisheit seiner Weisen verliert sich" (ebd.) ins Leere.

---

[26] Phänomenologie IV A, SW 3, 145–155.

Doch dieser Abbau, bei dem es nicht um die Durchsetzung eines konkurrierenden Über-Ich am auszulöschenden empirischen Subjekt geht, sondern, weil um Glauben (7,9), um einen kommunikativen Konstitutionsakt, der das Volk, sich selbst entnommen, im neuerlichen Mitsein Gottes gründet (Immanuel 7,14), dieser Abbau zielt auf eine verwandelte Gestalt weisheitlicher Gaben (Einsicht, Rat, Erkenntnis 11,2) im Herrscher des messianischen Friedensreiches, in dem das Gegeneinander von Ja und Nein überwunden ist. Mit dem Ende der Selbstverfallenheit wird das Land voll von Erkenntnis Jahwes (11,9), des anderen, der guten Bestimmungsmacht des Eigenen.

b) Von diesem Vor-wort kommt das einschlägige Votum des Paulus her. Seine Ausführungen in den beiden ersten Kapiteln des 1. Korintherbriefes[27] ventilieren zwar auf den ersten Blick eine nur binnenchristliche Frage: das Auftreten von Spaltungen in der dortigen Gemeinde. Was ist es mit diesem im Grunde alten und allgemeinen Thema, wie ist dieses Widereinander sich bestreitender Mächte und Erfahrungen zu beurteilen? Nach dem Urteil des Apostels ist dieser Streit die Folge einer fundamentalen Verkehrung. Das Wort vom Kreuz Christi geriet in Korinth zum Element weisheitlicher Orientierung, die als solche die Versöhnung nicht bringen kann, sondern neue Spaltungen durch die Rivalität in sich stabilisierter Existenzen hervorruft. Paulus tadelt die Verhältnisse nicht moralisch. Er nimmt den ganzen verkehrten Aufbau eines weisheitlich ermächtigten Lebens zurück und führt in den einen Grund (3,11) des Glaubens ein.

Darum erinnert er gegen die christliche Selbstbeständigkeit der Korinther an das den Glauben begründende Geschehen selbst: an das Wort vom Kreuz.

Dieser Logos bringt nicht die sinneröffnende Erschließung tieferer Bedeutsamkeit an einem kontingent Faktischen. Er präsentiert ein zutiefst verächtliches Ereignis, um es in seiner Kraft zur Wirkung zu bringen. Diese Wirkung ist nicht wie beim logos sophias Aufweis von Wirklichkeit, die das Dasein in sich erleuchtet und steigert. Dieser Logos wird nicht von seinen Hörern auf Grund der gegebenen oder auch ausbleibenden Übereinstimmung mit ihren Erwartungen und Bedürfnissen beurteilt. Er bringt Urteil und Scheidung. Er schafft nicht Verständige, dann müßte er auch Unverständige zurücklassen, wie es dem Weisheitswort nach aller Erfahrung geht. Dieser Logos schafft Verlorene und Gerettete. Alle eigenen Aktivitäten und Möglichkeiten sind vor ihm am Ende. Sehr anders als in den Ekstasen und Aufschwüngen gerät der Beurteilte außer sich: ins fremde Heil, oder dorthin, wo er schon ist, wohin er nun

---

[27] Zum Nachstehenden vgl. J. Baur, Gottes Theorie und Praxis, in: Calwer Predigthilfen 10, NT-Texte 6. Reihe, hg. von H. Breit, L. Goppelt, 1971, 109 ff.

erst recht gebracht wird, in die Verlorenheit unter dem Nein. Der Logos des Kreuzes vollzieht dieses Urteil. Das verächtliche Ereignis am Schandpfahl als die definitive Gottesauslegung? Das Kreuz verweist die Weisheit nach ihren Kriterien nicht auf Sinn, sondern treibt sie zur Verneinung: Torheit. Indem aber das Kreuz als Unsinn gilt, kommt in dieser Beurteilung der Menschen Gottes Urteil über sie; sie geraten in die Torheit. Der Tor, der Gott und Kreuz nicht zusammenbringen kann, ‚spricht in seinem Herzen, es ist kein Gott' (Ps. 14,1), nämlich dort nicht, wo dieser seine Macht in der Schwäche hat.

Diese Torheit wirkt Gott, der die Weisheit der Weisen vernichtet. In der Folge dieser Verneinung werden die Repräsentanten griechischer und jüdischer Weltorientierung, ja schlechthin alle Wortmächtigen ort- und funktionslos. Wohl ist die korinthische Gemeinde nicht durch klassische Philosophie geprägt, aber die Gründlichkeit der Sätze des Paulus erreicht auch sie. Es ist göttliche Setzung, die Weisheit abzutun: ihr Rühmen, ihr Urteil, ihre Forderung nach Legitimation, ihre Sinnsuche im eigenen Wirklichkeitshorizont.

Der Blick auf das Geschick der Weisheit in der Vorgeschichte des Kreuzes begründet dieses Urteil. In dieser Vorgeschichte war die Welt nicht sich selbst überlassen. Gottes Weisheit war mit ihr, aber in dem, worin der Schöpfer seiner Welt nahe war, ist die Welt ihm nicht nahe gekommen. Sein Gottsein in Erleuchtung, Erhellung, schöpferischer Freundlichkeit, auf Dank zielendem Geben ist vom Kosmos nicht als Mittel der eigenen Verwiesenheit auf den Schöpfer aufgenommen worden. Er machte vielmehr die Gabe und so den Geber zum Mittel seiner selbst, verwandelte das Licht der Verweisung in sein eigenes Leuchten. Was hin auf Gott aus sein ließ, wurde zum Mittel der sublimsten Weise, bei sich selbst zu sein. Der Gott aber, der als Objekt der Sophia ans Ende gekommen ist, hat im unableitbaren Neuansatz der Liebe beschlossen zu retten. Darum steht Gotteserkenntnis jetzt in Frage als Rettung der Glaubenden. Das neue Wort der Verkündigung kommt nicht als aufgebesserte Gestalt des Alten. Es kommt als Torheit.

Die Kreuzesverkündigung bringt nicht mehr Sinn als die Weltweisheit, nicht die besseren Argumente und die einleuchtenderen Einsichten, nicht die beständigere Daseinsorientierung und auch nicht die effektivere Verwandlung von Mensch und Welt. Erleuchtung kommt jetzt nur als Verfinsterung, Freundlichkeit nur als Schrecken, Gegenwart Gottes als Gottverlassenheit, Daseinsorientierung nur als Erschütterung, Anfang nur als Ende, Leben nur als Tod. Indem alles Nein im Kreuz Christi versammelt und in Kraft gesetzt ist, werden die als Eigenmöglichkeiten mißbrauchten Potenzen der Welt vernichtet.

Wo das geschieht, das eigene Ende durch die Botschaft vom Verendeten, dort ist Rettung der Glaubenden, derer, die daraufhin leben, im

Entzug ihrer Möglichkeiten ihre Macht zu haben. Darum hängt freilich dann auch alles daran, daß diese göttliche Negation der menschlichen Weisheit nicht in sich verendet, vielmehr durch die Position der Auferweckung als Heil in Kraft gesetzt wird, so daß in Umkehrung nun gilt: Verfinsterung ist Erleuchtung, Schrecken Freundlichkeit, Gottverlassenheit Geistesgegenwart, Erschütterung Orientierung, Ende Anfang und Tod Leben.

Die Wort-Präsentation dieses Geschehens meint kein Allgemeines, sondern den im Schandtot verendeten Messias. Wo er auf Glauben hin präsentiert wird, werden Menschen gerettet, die nicht in der Kraft ihrer Postulate und auch nicht in der Erfüllung ihrer Bedürfnisse den unter dem Gegenteil guten Gott als ihren Grund annehmen. Dieser im Kreuz sich auslegende Gott ist nicht die weisheitliches Transzendieren erfüllende Vollendung und Überbietung von Welt und Mensch. Er konstituiert neu, auf Glauben in Christus. Dieses Leben ist – ex alio in alio (vgl. 1.Kor. 1,30) – vom Schöpfer her beim Gekreuzigten und eben damit gut eingewiesen in die Weisheit der Hingabe.

Einer „Entgrenzung" bedarf dieses Reden vom Kreuz Christi nicht. Es trifft von sich her auf die menschlichen Erfahrungen mit Weisheit und Kreuz und bestimmt sie neu. Geht es doch um ein Ereignis, das „in einem Zeitpunct und Erdraum wahr geworden", nun „von diesem Punct der Zeit und des Raums" her „als wahr gedacht" wird[28]. Es nimmt menschliches Verstehen in seine umstellende Verfügung (2.Kor. 10)[29].

c) Dazu ist es in der nachfolgenden Geschichte in wechselnder Deutlichkeit gekommen, selten entschiedener als am 26. April 1518, bei der Heidelberger Disputation Luthers. Wir streifen diesen Text nur, um durch ihn einer irrationalen oder supranatural äußerlichen Fassung des Kreuzes als Torheit, als des Gegenwortes zur Weisheit, entgegenzutreten.

Warum zieht der Theologus crucis den Blick von der weisheitlichen Gottespräsenz ab[30]? Weil der Mißbrauch der invisibilia Dei[31], seiner Güte, Gerechtigkeit und Kraft[32], unter den Bedingungen der Selbstverfallenheit unvermeidlich ist.

Worin besteht dieser Mißbrauch? In der Einfügung aller bejahenden Momente des unsichtbaren göttlichen Wirkens in den Aufbau, die aedificatio Adams[33], der sich in seinen Werken nur dadurch konstruieren kann, daß er die Gaben und Werke der invisibilia Dei in seinen Stabili-

---

[28] J. G. Hamann, Golgatha und Scheblimini, a.a.O. 107.
[29] Vgl. M. Heidegger, Phänomenologie und Theologie, 1970, 37 ff.
[30] Th 19–21; WA 1, 354; BoA 5, 379.
[31] Th 19.
[32] Probationes zu XIX; WA 1, 361,35 f.; BoA 5, 388,8 f.
[33] Probatio zu XXI; WA 1, 362,29 ff.; BoA 5, 389,5 ff.

sierungsprozeß hineinzieht – von sich aus hat er ja nichts! So erbaut er sich im Zeichen seiner eigenen Steigerung und wählt exklusiv für sich: Tat und nicht Leiden, Ruhm und nicht Kreuz, Kraft und nicht Schwäche, Weisheit und nicht Torheit, das Gute und nicht das Übel und in all dem die Beständigung seiner eigenständigen Verkehrung (J. G. Hamann: Jede Lüsternheit zum Besserseyn ist der Funke eines höllischen Aufruhrs[34]). Zugleich muß der Theologus gloriae das Gute des Kreuzes, nämlich die entstabilisierende Bestreitung selbstbezogenen Lebens, für böse halten, donec sciat seipsum esse nihil[35] – bis er im Gekreuzigten seinen neuen exzentrischen Ort gewonnen hat (Mox Christus retraxit et in seipsum reduxit ... volatilem cogitatum quaerendi Deum alibi[36]).

IV. Die Folgen des Kreuzes

Wir fragen schließlich in gerafften Gedankengängen nach den Folgen, die das Kreuz Christi setzt; dies soll nun thesenartig geschehen und des lokalen Kolorits nicht entbehren.

a) Ist der gekreuzigte Christus in der aufgewiesenen Weise die Kraft der fundamentalen Umstellung von Gott und Mensch, dann wird es nicht mehr möglich sein, das theologische Bedenken Christi in Gestalt einer Theorie vorzutragen, die nach eigenem Zeugnis die Christologie „Hilfsdienste leisten"[37] läßt, um die Aporien einer im weisheitlichen Horizont stehenden, in sich aber scheiternden „Selbstbegründung von Selbstbewußtsein"[38] an einem exemplarischen Modell durchzuführen, das es dann aber doch dem Denken erlauben muß, das andere als immer schon eigenes zu identifizieren. Verantwortete Rede von Christus hat nicht am Gelingen von – gewiß metaempirisch gedachter – „Selbstdurchleuchtung"[39] ihr Thema, sondern im Nachdenken des gekommenen Lichtes (Joh. 1,9), dessen Erleuchtung nur durch die Verfinsterung des Kreuzes erfahrbar wird.

b) Für die christologische Aussage selbst aber hängt alles daran, Jesus nicht im Bilde eines in sich konsistenten Seins zu fassen. Dies wird auch dort versucht, wo die „Selbstexplikation" des Identischen „im anderen"[40] nur zu einer ausgeweiteten und nun allmächtigen Identitätsfigur führt. Ein solches Unternehmen muß dann dazu führen, daß der Stand der Erhöhung Christi, das diesen begründende Widerfahrnis der Aner-

---

[34] Golgatha und Scheblimini, a.a.O. 80.
[35] WA 1, 362,33; BoA 5, 389,9f.
[36] Probatio zu XX; WA 1, 362,16f.; BoA 5, 388,27f.
[37] F. Wagner, a.a.O. 135.
[38] Ebd.
[39] Ebd. 167. [40] Ebd. 136.

kennung des Sohnes durch den Vater als Selbstanerkennung ins bewegt Identische eingeholt wird: „Indem Jesus als das besondere Selbstbewußtsein sein Anerkanntsein anerkennt, ist er das Anerkannte, das durch sich selbst anerkannt ist."[41] Analog muß dann Jesus als Prophet seiner selbst und – mit Marcion – das Evangelium als Mitteilung seiner selbst[42] gelten. Vom Geschehen des Kreuzes her ist demgegenüber mit W. Pannenberg – leicht modifiziert – zu sagen: In „seiner Hingabe an den Vater, an seine Sendung hat Jesus seine Personalität als der Sohn"[43]. Fraglich ist mir freilich, ob das dann angebotene, nur leicht modifizierte Modell der suppositalen Union das Identitätsmodell überwindet. Denn wenn Jesus sein Personsein als „das Personsein des ewigen Sohnes" von Gott her zukommen soll[44], dann wird auf diese Weise das neue Sein Christi einem schließlich doch in Analogie zum Transzendentalismus konzipierten Entwurf eingefügt, dem „Person als die Gegenwart des Selbst im Augenblick des Ich"[45] gilt. Ob sich nicht bei entschlossenem Weiterdenken der in G. H. Meads Unterscheidung von Ich und Selbst angelegten Kategorien eines sich aus dem *Urteil* empfangenden Selbst[46] theologische Möglichkeiten eröffneten, die durchaus verständliche Bedenken gegen neu-orthodoxe Wort-Hypostasierung nicht auf sich ziehen müßten?

Die vom Kreuz her bestimmte christologische Aussage wird die Gestalt Jesu nicht in der Analogie zu in sich konsistenten und in sich ständigen Größen sehen. Sie wird seiner Wirklichkeit vielmehr als eines Vorgangs gewahr, der seine Wahrheit in der Gemeinschaft des abgesehen vom Vollzug selbst nicht in Eines Zusammenkommenden hat. Über diesen Vollzug wird angemessen nur im Zugleich von Aussagen gesprochen, die sich ausschließen, wenn es um substantiale Größen und in sich identische Subjekte geht[47]. Der verkehrte Modus von Christologie, die Prädikation von identischen Substanzen oder eines identischen Subjektes, wird durch eine alles andere ins Eigene hineinziehende Metatheorie nicht überwunden.

c) Ist der Christ als neue Schöpfung exzentrisch „von Gott her in Christus" (1. Kor. 1,30), dann hat der Glaube an Christus wohl nicht, wie Trutz Rendtorff für das religiöse Bewußtsein meint, „sich einen empirischen Ort seiner Selbstdarstellung bereitet, auf den hin es sich selbst mit

---

[41] Ebd. 164.
[42] Ebd. 166.
[43] Die Subjektivität Gottes und die Trinitätslehre, in: KuD 23 (1977) 25 ff.
[44] Person und Subjekt, a.a.O. 146.
[45] Ebd. 144.
[46] Ebd. 141 f.
[47] Vgl. J. Baur, Auf dem Wege zur klassichen Tübinger Christologie, in: Theologen und Theologie an der Universität Tübingen, hg. von M. Brecht, 1977, 195 ff.; hier 212.

Gewinn als abhängig thematisieren kann"[48]; dann ist vielmehr, im Unterschied zu diesem Unternehmen, das im Glauben den Modellfall weisheitlicher Besonnenheit sieht, die Strenge des im Kreuz Christi über uns kommenden Abbaus Adams durchzustehen, die Kreuzigung des Selbst (Gal. 2,19; 5,24) auch für das Denken anzunehmen und der Christ in der Verborgenheit seiner selbst in und von Christus her auszulegen.

Das hat weitreichende ethische und ekklesiologische Konsequenzen, die an einem schmerzenden Exempel herausgestellt seien. Die Vollversammlung des Lutherischen Weltbundes in Daressalam, bei der geistlos gegenwärtig gewesen zu sein mich auch noch morgen beschämen muß, hat im Blick auf die Lage der Christen in Südafrika in zwar modifizierter, aber doch so benannter Weise, den Status Confessionis ausgerufen. Ich frage: In welcher Perspektive wurde die Verletzung der Menschenrechte und die nicht vollzogene Abendmahlsgemeinschaft schwarzer und weißer Christen gesehen? War das Kreuz in geltender Kraft jenes Kreuz Christi, das sich auf keine Weise zum Instrument der Identitätsfindung – auch nicht für nach Anerkennung drängende unterdrückte Gruppen – machen läßt? Was wäre an Befreiung vom Zwang der Selbstdarstellung aufgebrochen, wenn Lutheraner gemeinsam erkannt, gesagt und anerkannt hätten, was vom Kreuz her gilt, daß gerade dem Leiden der Nicht-Anerkannten, die diesen Vorgang in der Teilhabe am Leiden Christi als den Abbau des Aufbaus Adams annehmen, die Gnade einer außerordentlichen Berufung gilt? Eine solche Erkenntnis des Kreuzes war in Daressalam unter den Bemühungen christlich temperierter Selbstbehauptung weithin abwesend. Daß Freiheit nicht das Vermögen ist, einen selbstbestimmten Anfang zu setzen (vgl. Kants Auflösung der 3. Antinomie in der Kritik der reinen Vernunft), vielmehr Vermögen zur Hingabe, dies war nur als Forderung an die jeweils anderen gegenwärtig.

d) Für das Verständnis der Wirklichkeit Gottes seien zumindest noch die nachstehenden Folgen des Kreuzes beim Namen genannt. Die Neubestimmung Gottes von Christus her, um die es im ganzen in der Trinitätslehre geht, ist dort noch nicht eingeholt, wo der Übergang von Substanz zu Subjekt als das christlich Erhellende gilt. Trutz Rendtorff schreibt, daß unter der Voraussetzung des Gottesgedankens eine solche „Bestimmung von Wirklichkeit"[49] ausgesagt werden kann, die „das Subjekt nicht als ein „Hypokeimenon" zeigt, sondern so, „daß es allein im Aufbau und Vollzug, in der Tätigkeit, als Realisierung, Wirklichkeit hat"[50]. Das sind respektable Sätze neuzeitlicher Metaphysik, die aus der ewigen Ständigkeit des actus purus herausführen wollen zu einer nun doch wieder Fichte sehr nahen Subjektivität Gottes.

---

[48] Gesellschaft ohne Religion, 81f.
[49] Ebd. 47f.   [50] Ebd. 48.

Eine Übertragung des Subjektbegriffes auf Gott zur Bestimmung des christlichen Gottesverständnisses kann aber gerade die Veränderung Gottes, das Leiden des ewigen Sohnes nicht aufnehmen. Wenn, noch im Schatten der Spinozadebatte der 80er Jahre des 18. Jahrhunderts, „Gott als ... Inbegriff der Tätigkeit" gilt, „der sich alle bestimmte Wirklichkeit verdankt", dann ist zwar die Einholung auch dieses anderen in den Selbstprozeß der Absicht nach abgewehrt, aber mehr als eine Erweckung des schlafenden Gottes des Aristoteles[51] wird nicht geleistet. Solange Gott auf die Aufgabe hin funktionalisiert wird, die „Erklärung von Welt in der Gesamtheit ihres Gewordenseins und ihrer Bewegtheit leisten zu können"[52], verharrt der Glaube auf dem Felde der Weisheit.

Gewiß darf das begründende und erhellende Sein und Wirken Gottes an allen und für alles nicht offenbarungspositivistisch eingezogen werden, denn das produziert am Ende die größten Torheiten, aber erstens muß die bei Aristoteles und dann bei Spinoza evident werdende Verkehrung der *gewährten* Stabilisierung in *beanspruchte* und also das pondus peccati als Last des Denkens gewogen werden, und zum anderen und vor allem wird christliches Denken das Ende jedweden Vermögens zu stabilisierender Erklärung, das im Kreuz Christi gesetzt ist, annehmen und insofern *nicht* erschließende Theorie der Wirklichkeit sein können.

e) Das besagt freilich nicht, daß vom Kreuz her das nach Luther einzige Thema der Theologie, der verlorene Mensch und der rettende Gott[53] so zu traktieren wäre, daß dabei das Ganze aus dem Blick käme. Im Gegenteil, indem das Kreuz Gott und den Menschen bestimmt, bricht die Differenz zum Ganzen der vorangehenden Welt und ihrer weisheitlichen Auslegung auf: was als Sein und Nichtsein denn nun gelte? Wo Gelingen anzuzeigen und Verstörung erduldet werde? das wird jetzt, im weiten Bogen von den Makarismen der Bergpredigt bis zur Umbestimmung der ontologischen Prädikationen des Sophistes neu und ungewohnt gefaßt. Diese Praedicationes inusitatae[54] bringen dann auch das Identische (ταὐτόν) und das andere (τὸ ἕτερον) in ein neues Verhältnis, in das Verhältnis der kommunikativen Liebe.

Allerdings läßt sich dieses Geschehen nicht von seinem gewährten Vollzug trennen und als „spezifisch christlicher Begriff" den die Absage an das in sich beharrende Allgemeine auszeichne[55], aus dem Zusammenhang von Geist, Wort und Glauben ‚exemplarisch' ablösen. Denn die Wahrheit der Neubestimmung Gottes und des Menschen ist – noch –

---

[51] M. Luther, De servo arbitrio, WA 18, 706,22f.; BoA III, 200, 37ff.
[52] T. Rendtorff, a.a.O. 73.
[53] WA 40/II, 328,17f.
[54] Vgl. W. Sparn, Wiederkehr der Metaphysik. Die ontologische Frage in der lutherischen Theologie des frühen 17. Jahrhunderts, 1976, 61ff.
[55] F. Wagner, a.a.O. 162.

nur im Vollzug und insofern, gewiß *für* alle, durch *Wort auf Glauben hin,* auf ein Leben also, das sich selbst entnommen ist und in der Abarbeitung an der alten Welt steht.

f) Das schließt jedoch nicht aus, fordert vielmehr dazu auf, *das* bei Hegel schon in der Phänomenologie erarbeitete Erfahren des *neuen* Gegenstandes, die in der Logik umfassend dargestellte *Möglichkeit* der Kommunikation von „Identität unter Negation ihrer selbst" im anderen[56] als Angebot zum besseren Verstehen des Kreuzes und der von ihm ausgehenden Bestimmungen so aufzunehmen, daß der gnostisierende Umgriff dann doch scheiternder Absolutheit von diesem Denken abgelöst wird und die es verderbende konstruktive Zwanghaftigkeit, Rettung von Welt zu erdenken, überwunden wird.

Nur die gnostische Krise des Zweiten Jahrhunderts läßt sich mit den Verstörungen vergleichen, die das sublime Kräftespiel des Transzendentalismus über die Kirche des Evangeliums brachte. Obwohl dieses Denken nicht mehr mit dem Geist unserer Zeit koinzidiert, steht die Aufgabe seiner „verwindenden" Verbindung mit dem Denken des Evangeliums immer noch und immer wieder an.

Dabei bieten sich schließlich zwei extreme Möglichkeiten an: Wo sich der Setzungswille konstruktiv absolut setzt, wo die Angst vor dem anderen alles ins Eigene zieht, wo gelten soll, daß „die Konstruktion eines Ortes", dessen „Nichtkonstruiertsein unterstellt wird ... nur gelingt, wenn selbst noch das Nichtkonstruierbare als nichtkonstruiert konstruiert gewußt wird"[57], dort muß in der Folge, wider Willen, wohl auch ohne Wissen!, die unausweichliche Zwangswelt gerade nicht mehr konkret identifizierbarer Notwendigkeiten heraufgeführt werden – was ja denn auch geschah und immer noch als Macht über unserer Geschichte geschieht. Verkürzt gesagt: dieses Denken empfängt und produziert exemplarisch tötendes Gesetz, das an ihm anschaubar wird.

Zum anderen: Das Evangelium vom Kreuz ist im Bündnis mit einer substantialen Identitätsontologie in unangemessener Gesellschaft. Die Kündigung dieser Verbindung bei Luther eröffnet auch die Möglichkeit, eben jenes philosophische Denken, das die Bewegung der Veränderung über die Substanz bringt und darin dasselbe und das andere zugleich denken will – wiewohl dies immer wieder scheitert – für die Aussage des kommunikativen Evangeliums, das die Identitätssuche des Gesetzes außer Kraft setzt, zu beanspruchen. Luthers Christologie, etwa in den Ausführungen zum Ende der praedicatio identica – daß hier zu reden sei „nach dem Wesen der Einigkeit, nach dem solche unterschiedliche We-

---

[56] Ebd. 136.
[57] F. W. Graf, Ursprüngliches Gefühl unmittelbarer Koinzidenz des Differenten, ZThK 75 (1978) 147ff.; hier 186.

sen einerlei Wesen sind worden, ein jegliches auf seine Weise"[58] –, wartet geradezu auf die Kraft eines weiterführenden Denkens.

g) Freilich, ein so angereichertes und ausgeweitetes Denken des Evangeliums darf sich nicht zur universalen Theorie des Ganzen aufschwingen wollen. Das Wort vom Kreuz läßt den Ernst der allgemeinen Erfahrung von Welt, das nicht henifizierbare Widerlager, die Substanz, bestehen. Nur dann bleibt die Begründung der Wirklichkeit, die Einheit Gottes in Weisheit und Kreuz, in Gesetz und Evangelium bei dem wahren Gott, den kein Denken überholt. Gerade so wird *durch den Unterschied von uns nicht geleistete Einheit* realisiert. Das Wort vom Kreuz hat also das Wirken der Weisheit immer noch und immer wieder vor sich; sonst degeneriert es selbst zum Prinzip christlicher Herrschaft; dort muß dann die Meinung gehen: „Wo irdisch das Chaos herrscht und der Mensch pervertiert und pervertierend am Werk ist, kann nur jene Sophia helfen, die nach 1. K 1,30 im Christus solus liegt."[59] Neben das Nein zur apokalyptischen Totalisierung tritt die Absage an jeden Versuch, aus dem Glauben an den Gekreuzigten die Gestaltung einer aufweisbaren Frömmigkeit zu gewinnen. Das Kreuz ist keine mögliche empirische Position. Es ist nur verborgen unter der Weisheit da, an der es sich durchsetzt.

Diese Verborgenheit freilich drängt nach Offenbarung. Deshalb schafft das Kreuz Unruhe, Zuversicht, Ausschau, daß der Gekreuzigte über allem und in allem erscheint. Dann wird eine nochmalige Veränderung „Weisheit und Kreuz" in ihr endgültiges Verhältnis bringen.

---

[58] Modernisiert, WA 26, 443,27f.; BoA 3, 461,12f.
[59] E. Käsemann, An die Römer, HNT 8a, 3. Aufl. Tübingen 1974, 309.

WALTER SPARN

Doppelte Wahrheit?

Erinnerungen zur theologischen Struktur des Problems
der Einheit des Denkens

In seinen fundamentaltheologischen Erörterungen des Themas
„Glaube und Vernunft" hat Wilfried Joest einen Grundsatz der neueren
evangelischen Theologie formuliert, der besagt: Wahre Aussagen über
Gott sind nur aus der Erfahrung der Anrede Gottes und als persönliche
Glaubensantwort, nur als „Existenzwahrheit" möglich. Demgegenüber
weist W. Joest darauf hin, daß theologische Sätze aus Gründen ihrer
Zeugnis-Struktur zugleich „wahre Erkenntnis der Wirklichkeit Gottes
vermitteln"; weil sie sagen wollen, was an sich und allgemeingültig wahr
ist, müssen sie den Charakter „richtiger Sätze" in Anspruch nehmen[1]. Es
läßt sich denken, daß theologische Aussagen dann auch mit dem Wahrheitsanspruch „objektiver Aussagewahrheit", d.h. mit solchen Aussagen, die sich der Prüfung nach allgemein anerkannten Regeln unterwerfen, in Konflikt geraten. Das läßt sich erst recht dann vermuten, wenn
der christliche Glaube sich mit den gesteigerten Ansprüchen auf vernünftige Selbstbestimmung und Selbstverwirklichung konfrontiert sieht,
die der späten Neuzeit eigentümlich sind. Die fundamentaltheologische
Erörterung hat dann die Aufgabe, so wiederum W. Joest, den Gegensatz
zwischen der theologischen Wahrheitsbehauptung und dem Wahrheitsanspruch der autonom gewordenen Vernunft an die richtige Stelle zu
rücken[2] – *daß* es einen solchen Gegensatz gibt und daß er in bestimmter
Hinsicht unvermeidbar ist, steht außer Frage.

Gegen die neuere protestantische Theologie ist mehr als einmal der
Vorwurf erhoben worden, sie versäume die Vermittlung ihres besonderen Wissens mit dem allgemeinen Wissen der Zeit, ja sie verweigere sich
dieser Aufgabe, die ihr doch keinesfalls erlassen werden könne, solange

---

[1] W. Joest, In welchem Sinn wollen theologische Aussagen wahr sein?, in: Wahrheit und
Verkündigung. FS M. Schmaus, hg. L. Scheffczyk u. a., Paderborn 1967, 1339–1353;
ders., Fundamentaltheologie, Stuttgart 1974, 101–134, 239–255, bes. 231f.
[2] W. Joest, Fundamentaltheologie, 126.

sie die Gegenwärtigkeit ihres Themas beanspruche; sie komme mithin der Annahme der doppelten Wahrheit bedenklich nahe. Bedenklich schien den Mahnern auch, in dieser Sache auf die ältere reformatorische Theologie zu rekurrieren. Sie hatte allerdings gelegentlich behauptet, es gebe zwei Bereiche wahrer, sich widersprechender Wahrheiten, die philosophische und die theologische Sphäre; an prominenter Stelle Luthers christologische Disputation vom Jahre 1539. Hatte aber nicht Luthers Votum eine Vorgeschichte in der averroistischen und in der ockhamistischen These der doppelten Wahrheit? Handelte es sich also um ein Restproblem der Scholastik, die Luther im übrigen gerade hinter sich läßt? Darf die These der doppelten Wahrheit dann mehr als ein historisches Interesse beanspruchen?

1. Aus *philosophischem* Blickwinkel bezeichnet die Formel tatsächlich nur noch ein historisches Problem. Die neuere philosophische Geschichtsschreibung sieht in ihr den aporetischen Ausdruck der Epoche der Geschichte des Denkens, die mit den dogmatischen Systementwürfen des 13. Jahrhunderts Gestalt gewinnt und mit der Erkenntniskritik des 18. Jahrhunderts ihr Ende findet. Es ist die Zeit des Streits der Fakultäten: Sie beginnt mit der Verurteilung der Artisten, die gewisse kosmologische Sätze der averroistisch-aristotelischen Tradition *per rationem* zu wissen, die jeweils gegenteiligen Sätze aber *per fidem* festzuhalten behaupten – als ob es zwei widersprüchliche Wahrheiten gäbe, wie es das Dekret des Pariser Bischofs Tempier 1277 tadelt[3]. Diese Zeit endet mit der Erkenntniskritik Kants, deren Auflösung des falschen Wissens transzendenter Begriffe auch den „gesetzeswidrigen" Streit der Fakultäten ein für alle Mal beendet. Fortan kann nur jener Streit als „gesetzesmäßig" gelten, der in der vernünftigen Prüfung aller theologischen, sei es überlieferten, offenbarten oder geglaubten Lehren durch die philosophische, mit der Prüfung der Wahrheit überhaupt betraute Fakultät besteht[4].

Diese historische Begrenzung des Problems in der Geschichte des Denkens leuchtet zunächst ein. Um die Aussage, dasselbe sei in derselben Hinsicht wahr und nicht wahr, konnte es bei der These der doppelten Wahrheit ohnedies niemals gehen, jedenfalls dann nicht, wenn überhaupt Aussagen möglich bleiben sollten. Es war vielmehr gemeint, daß bestimmte, in heterogenen Begründungszusammenhängen stehende Aussagen, für sich genommen und gegeneinander gehalten, sich kontradiktorisch widersprechen. Die Vermittlung dieser Begründungszusam-

---

[3] Vgl. L. Hödl, in: Hist. Wb. Philos. 2, Basel 1972, 285–287; B. Puntel, in: Philosophisches Wörterbuch, hg. W. Brugger, 14. Aufl. Freiburg 1976, 450; F. van Steenberghen, Die Philosophie im 13. Jahrhundert, hg. M. Roesle, München/Paderborn/Wien 1977.

[4] I. Kant, Der Streit der Fakultäten (1798), Erster Abschnitt, in: Werke, hg. W. Weischedel, 3. Aufl. Darmstadt 1975, Bd. VI, 261ff., hier bes. 285f., 289–303.

menhänge selbst war noch nicht Thema; die Prinzipien des Denkens waren noch nicht zum Gegenstand des Begründungsanspruches des Denkens geworden, sondern waren in Gestalt autoritativer Überlieferung vorgegeben. So konnten prinzipiell Aussagen unterschiedlichen Kontextes, insbesondere natürlich die der heidnisch-philosophischen und die der christlich-theologischen Tradition zum Zuge kommen, ohne daß deren Verknüpfbarkeit von vornherein unter der Einheitsbedingung des menschlichen Denkens als solchem stand. Von doppelter Wahrheit zu reden, stellte hier nur den extremen Fall dar, daß auf die Versöhnung widersprüchlicher heterogener Aussagen ausdrücklich verzichtet wurde; ihre Autorität im jeweiligen Überlieferungsbereich sollte und brauchte nicht angetastet zu werden. Welcher Art die Motive dieses Verzichts waren – er mußte sich schließlich selbst dementieren. Allein die Aussage, es gebe zweierlei Wahrheit, verknüpfte unvermeidlicherweise selber, was sie für nicht verknüpfbar ausgab[5]. Eben darin zeigt sich die Vorläufigkeit der Epoche des Denkens, der die Formel „doppelte Wahrheit" eigentümlich war. Wurde aber einmal klar, daß jeder denkbare Gegensatz nur als Funktion eines Zusammenhangs gedacht werden kann, so mußte diese Formel den Sinn verlieren, den sie bislang gehabt haben mochte. Sie kann für die kritische, der Bedingungen und Grenzen ihres Vermögens zu wahrer Erkenntnis bewußte Vernunft nur mehr Gegenstand historischer Erklärung sein.

2. Handelt es sich bei der These der doppelten Wahrheit auch aus *theologischem* Blickwinkel nur noch um ein historisches Problem? Wer so unterscheidend fragt, scheint freilich den ungesetzlichen Streit der Fakultäten wieder aufzunehmen, vielleicht sogar die Selbstauslegung des neuzeitlichen Denkens, das die historische Begrenzung des Problems begründet, zur Diskussion zu stellen. Kann es ein Recht zu der besonderen theologischen Frage nach dem Problem geben? Ist seine Rolle in der Geschichte des Glaubens so mit der in der Geschichte des Denkens verknüpft, daß ein fortdauerndes theologisches Interesse daran gerechtfertigt erscheint? Sollte dies der Fall sein, müßte sich die Unangemessenheit der historischen Problemstellung an ihr selbst nachweisen lassen. Prüft man die philosophische Geschichtsschreibung daraufhin, so läßt sich an zwei Punkten tatsächlich vermuten, daß ihr Problembewußtsein unzureichend bleibt. Erstens: Sie vernachlässigt den Tatbestand, daß die These der doppelten Wahrheit dem Anspruch auf die Einheit der philosophischen und der theologischen Wahrheit entgegentrat, der zunächst seinerseits theologisch, der am Ende aber seinerseits philosophisch begründet wurde – sollte dieser Wechsel der begründenden In-

---

[5] So kann der Eindruck entstehen, es gebe dieses Problem im Ernst nicht, vgl. B. Puntel, a.a.O.; G. Ebeling, in: RGG, 3. Aufl. Tübingen 1962, VI, 803.

stanz nur bedeutet haben, daß das Problem überhaupt beseitigt wurde? Zweitens: Die philosophische Geschichtsschreibung nimmt anscheinend keine Notiz von dem Tatbestand, daß in dieser Zeit der Geschichte des Denkens ein Schritt in der Geschichte des Glaubens getan wurde, der unstreitig zugleich eine tiefgreifende Veränderung im Verhältnis zwischen Theologie und Philosophie überhaupt mit sich brachte – sollte die Reformation und sollte insbesondere Luthers Votum zur Sache ohne Bedeutung für das Problem geblieben sein?

2.1 Zum ersten Punkt seien hier nur zwei Beobachtungen angeführt. Der Kontext, in dem die Geschichte des Problems beginnt, ist die *theologische* Bestimmung des Verhältnisses zwischen philosophischer und theologischer Wahrheit. Die Einheit wahren Wissens wird mit Argumenten begründet, deren Überlieferung zwar auch der Philosophie, problementscheidend aber der Theologie zukam. Auf der Grundlage der theologischen Schöpfungslehre bzw. der Lehre von der natürlichen Gotteserkenntnis wird, etwa in augustinischer Metaphorik, die Autorschaft des Buches der Heiligen Schrift und die des Buches der Natur dem einen und selben Gott zugeschrieben[6], oder Gott wird, in metaphysischer Tradition, als Inbegriff von Sein, Einheit und Wahrheit ausgelegt: Niemals kann Gott der Urheber widersprüchlicher Erkenntnisse sein. Gewiß sind die endlichen Dinge nur in analoger Weise wahr, gewiß enthält die menschliche Erkenntnis viele je eigentümliche Wahrheiten, aber prinzipiell kann es nur eine einzige Wahrheit geben, die Wahrheit der göttlichen Vernunft[7]. Solche Feststellungen überlassen der philosophischen Wahrheit ihren eigentümlichen Bereich, behalten aber zugleich der gläubig ergriffenen Offenbarung die Rolle des hermeneutischen Kanons auch für die vernünftige Erkenntnis der Natur vor. In dieser Konstellation ist die These der doppelten Wahrheit zugleich apologetisch, als Schutzbehauptung im Interesse philosophischer Emanzipation von jenem theologischen Begründungsanspruch, und polemisch, als Bestreitung eben dieses theologischen Anspruches gemeint. Die These bezweifelt faktisch, daß die theologische Wahrheit nicht nur partikular, sondern auch universal sei und daher den Zusammenhang der unterschiedenen philosophischen und theologischen Wahrheit verbürgen könne; sie bezweifelt m. a. W., daß der Glaube deshalb nicht *contra rationem* sei, weil er *supra rationem* stehe. Als Ausdruck eines solchen Zweifels wurde die These der doppelten Wahrheit denn auch von den Theologen verstanden, bis hin zu den Canones gegen die Rationalisten von 1870[8].

---

[6] Bonaventura, Breviloquium II, 5.11; vgl. auch Itinerarium mentis in Deum I,2. Vgl. H. M. Nobis, Buch der Natur, in: Hist. Wb. Philos. 1, Basel 1971, 957–959.

[7] Thomas von Aquin, Summa theologica I q 11 a 3; q 16 a 5c; Summa contra gentiles I,7.

[8] Enchiridion Symbolorum, Ed. H. Denzinger, A. Schönmetzer, 32. Aufl. Freiburg

Der Kontext, in dem die Geschichte des Problems endet, ist die *philosophische* Bestimmung des Verhältnisses zwischen philosophischer und theologischer Wahrheit. Die Beobachtung, die sich hier machen läßt, ist diese: Die Instanz, die nunmehr den Anspruch auf die Begründung der Einheit der Wahrheit trägt, ist nicht einfachhin die selbstkritische, den transzendentalen Charakter dieser Einheit wahrnehmende Vernunft. Die Auflösung des prinzipiellen Unterschiedes zwischen dem theologischen und dem philosophischen Wissen wird beispielsweise schon in der monadologischen Metaphysik Leibniz' ins Auge gefaßt – sie kann also schon im Rahmen einer noch dogmatischen Argumentation gefordert werden. Die „Einleitende Abhandlung über die Übereinstimmung des Glaubens mit der Vernunft" in der Leibnizschen Théodicée von 1710 läßt keinen Zweifel an der Überzeugung, daß die menschliche Vernunft zwar nicht den Inhalt der Offenbarung hervorbringen kann, wohl aber zur Kritik dieses historisch partikulären Phänomens befähigt und befugt ist, weil sie, eine „kleine Gottheit", die Allgemeinheit der göttlichen Vernunft repräsentiert. Indem Leibniz, materialiter noch theologisch argumentierend, die Prinzipien des Denkens als solche, eo ipso seine Einheit zur apriorischen Bedingung von Wahrheit überhaupt erklärt, wendet er die überlieferte theologische Legitimation philosophischer Wahrheit gegen diese Legitimation selbst: Was immer als offenbarte Wahrheit gelten will, muß sich der Prüfung des vernünftigen, nunmehr Wahrheitsfähigkeit überhaupt definierenden Denkens unterziehen[9]. Diese Forderung unterscheidet sich nur durch die weniger „bescheidene", dogmatische Art, in der sie gedacht ist, von dem kritisch begründeten Anspruch der praktischen Vernunft auf „authentische" Auslegung des Offenbarungs- oder Kirchenglaubens nach dem Maß des reinen Religionsglaubens eben dieser praktischen Vernunft[10].

2.2 Im Blick auf den zweiten Punkt muß gesagt werden, daß noch vor dem Befremden über die philosophiegeschichtliche Fehlanzeige die Nachprüfung der theologischen Geschichtsschreibung am Platz ist. Die Disputation, in der Luther dem Grundsatz der Identität des Wahren in Philosophie und Theologie opponiert, ist seit D. F. Strauß' kritischem Referat[11] und seit der Edition der Lutherschen Disputationen wohl be-

---

1963, 1440s. (Conc. Later. V, sess. VIII, gegen P. Pomponazzi, 1513); 3004s, 3016–3019, 3026–3045 (Conc. Vatic. I, sess. III).

[9] G. W. Leibniz, Théodicée, Discours Préliminaire §§ 1–5; Monadologie §§ 31–36.53–60. Vgl. W. Schulz, Der Gott der neuzeitlichen Metaphysik, Pfullingen 1957 u. ö., 71–80; W. Weischedel, Der Gott der Philosophen, Erster Band, Darmstadt 1971, 184f., 188–191.

[10] I. Kant, a.a.O. 300ff., 315.

[11] D. F. Strauß, Die christliche Glaubenslehre in ihrer geschichtlichen Entwicklung und im Kampfe mit der modernen Wissenschaft, Erster Band, Stuttgart 1840, 311–314.

kannt, und sie wird zu Recht aus ihrem größeren Zusammenhang interpretiert, dem komplexen Verhältnis, das nach Luthers theologischem Konzept zwischen Theologie und Philosophie besteht[12]. Die einschlägigen Untersuchungen kommen jedoch zu dem Ergebnis, Luther habe nicht eine Theorie der doppelten Wahrheit vertreten, sondern habe die Unvergleichlichkeit von *veritas fidei* und *veritas dialectica* einschärfen wollen[13]. Mit einem Stichwort wie „Inkommensurabilität" scheint Luthers Problemstellung allerdings noch nicht spezifisch charakterisiert zu sein. Abgesehen davon, daß es auch auf den vorreformatorischen Problemstand, jedenfalls im Blick auf die Prinzipienfrage, angewandt werden könnte, deckt es den eindeutigen Tatbestand nicht ab, daß Luther das bestrittene Axiom nicht als Ausdruck eines theologischen Begründungsanspruches versteht, sondern gegen diesen seinen bisherigen Sinn als einen ‚philosophischen' Versuch, die Glaubensartikel unter das Urteil der Vernunft gefangen zu nehmen[14]. Diese Umkehrung der Fronten muß um so erstaunlicher sein, als das überlieferte Modell der theologischen Regulierung des Verhältnisses zwischen Philosophie und Theologie für Luther im übrigen in Geltung bleibt[15]. Auf eine Veränderung der Problemlage deutet auch die positive Aussage der Disputation. Es sind nach Luther die Sätze der Christologie, die der philosophischen Dialektik absurd erscheinen müssen, speziell die Aussagen über die Einheit von Gott und Mensch in der Person Christi. Hier muß eine andere Logik angewandt werden, nämlich die neue Sprache des Glaubens. Demgegenüber ist die alte Logik selbstverständlich an das „Normale" gebunden. Das normative *judicium rationis humanae*, gegen das Neue der Inkarnation Gottes festgehalten, ist also ein Instrument in der Hand des Sünders[16]. Luthers Opposition gegen die Forderung der Vernunft auf Einheit der Wahrheit hängt mit seiner Weigerung zusammen, das

---

[12] Vgl. G. Ebeling, Luther. Einführung in sein Denken. Tübingen 1964, 79–99, bes. 82; vgl. auch B. Lohse, Ratio und Fides. Eine Untersuchung über die ratio in der Theologie Luthers, Göttingen 1958, 24ff.; W. Joest, Fundamentaltheologie, 77, 114, 217.

[13] K. Heim, Das Gewißheitsproblem in der systematischen Theologie bis zu Schleiermacher, Leipzig 1911, 236–239; ders., Zur Geschichte des Satzes von der doppelten Wahrheit (1918), in: Glaube und Leben. Gesammelte Aufsätze und Vorträge, Berlin 1926, 73–97; B. Hägglund, Theologie und Philosophie bei Luther und in der Occamistischen Tradition. Luthers Stellung zur Theorie von der doppelten Wahrheit, Lund 1955; K. Scholder, Ursprünge und Probleme der Bibelkritik im 17. Jahrhundert. Ein Beitrag zur Entstehung der historisch-kritischen Theologie, München 1966, 105–130.

[14] M. Luther, Disputatio de sententia Verbum caro factum est (Joh 1,14), th. 4–6, gegen eine angebliche These der Sorbonne, WA 39/II,3s.

[15] Vgl. K. Scholder, a.a.O. 117; die bloße Probabilität der philosophischen Erkenntnis wird für Luther aber überlagert von der Beanspruchung der Philosophie durch die scholastische Theologie.

[16] M. Luther, a.a.O., th. 2.40. Vgl. G. Ebeling, in: RGG, 3. Aufl. Tübingen 1961, VI, 805. Am besten K. Heim, Zur Geschichte, 95–97.

vernünftige Denken auf eine Erkenntnisleistung zu reduzieren, deren ‚Neutralität' durchaus eine theologische Position darstellen würde.

Es gibt somit Gründe für die Vermutung, daß mit Luthers Votum gegen die Identität des Wahren in Philosophie und Theologie eine *neue Problemlage* erreicht ist; neu auch gegenüber der, die dem „Ockhamisten" Luther vertraut gewesen sein mochte. Eine solche Vermutung läßt sich auf der schmalen Basis der Disputation von 1539 wohl nicht endgültig erhärten. Sie läßt sich jedoch an der Nachgeschichte prüfen, die Luthers Stellungnahme in der lutherischen Theologie gehabt hat[17].

3. Gegen Ende des Jahrhunderts hat der Helmstedter, seit der Gründung der Universität 1576 als Philosoph, seit 1579 als Theologe lehrende *Daniel Hof(f)mann* die Polemik Luthers gegen den „scholastischen" Grundsatz der Einheit der Wahrheit ausdrücklich erneuert. Sein Kampf gegen die philosophische Verfälschung der Theologie hatte freilich nicht mehr nur die „Scholastiker", sondern auch Philosophen Augsburgischen Bekenntnisses zum Gegner, und zwar nicht nur reformierte, sondern auch lutherische, die „unsrigen" Philosophen. Die Gemeinten erblickten in diesem Vorstoß jedoch eine theologische Diffamierung der philosophischen Arbeit überhaupt. Insbesondere Cornelius Martini setzte sich, von seinen älteren Kollegen O. Günther und J. Caselius ermutigt, energisch zur Wehr, als Hofmann seine Position seit 1598 auch öffentlich vertrat. Der langwierige Streit endete erst mit dem Widerruf Hofmanns, den ein herzogliches Edikt, das sich auf die Statuten der Universität berufen konnte, im Jahr 1601 erzwang[18].

Die Konstellation des Streits ist zunächst erstaunlich. Denn inzwischen hatte Melanchthons Neubau des Bildungswesens die philosophischen Studien reguliert: Die philosophische Tradition wurde in einer mit den Ansprüchen der reformatorischen Theologie vorweg harmonisierten Auslegung überliefert. Das dokumentieren Melanchthons Lehrbücher ebenso deutlich, wie es die Tatsache beweist, daß die Metaphysik in den Kanon philosophischen Wissens nicht aufgenommen wurde. Denn damit blieb jene Disziplin ausgeschlossen, die ihre überlieferte Aufgabe, das Seiende als solches zu denken, allerdings nicht hätte wahrnehmen können, ohne mit der Einheit des Seins auch die Einheit alles wahren Wissens vom Sein des Seienden zu beanspruchen, wie differenziert sie dann auch hätte aufgefaßt werden können. Diese Einheit bleibt in

---

[17] So zu Recht gegen K. Scholder die Rezension von Th. Mahlmann, in: ThLZ 94 (1969) 196f.

[18] Über die Vorgeschichte des Streites jetzt I. Mager, Lutherische Theologie und aristotelische Philosophie an der Universität Helmstedt im 16. Jahrhundert. Zur Vorgeschichte des Hofmannschen Streites im Jahre 1598, in: Jahrbuch der Gesellschaft für Niedersächsische Kirchengeschichte 73 (1975) 83–98; 95 A. 67 die ältere, nicht zureichende Literatur zum Streit selbst.

Melanchthons Konzept theologisch reserviert. Seine Dialektik bildet sogar ein philosophisches Instrument für diesen Vorbehalt aus. Denn sie vermeidet durch ihre methodologischen und kategorialen Vorentscheidungen, daß der philosophische Wahrheitsanspruch eigenständig thematisiert wird, und macht seinen Konflikt mit der Theologie so unmöglich wie unnötig: Sie legt den prinzipiellen Unterschied zwischen der Philosophie, die aus der Natur, und der Theologie, die aus der Heiligen Schrift argumentiert, und das darin liegende Konfliktpotential gleichsam still[19]. Melanchthons Schule der Vermeidung des Streites zwischen Theologie und Philosophie sollte überdies gerade für die Universität Helmstedt wegweisend sein, deren melanchthonisches Gepräge durch ihren Organisator, den Melanchthon-Schüler David Chytraeus, schon in den Statuten festgeschrieben war[20].

Im Verlauf des Streites hat Hofmann seine Position dreimal literarisch vertreten, erstens in 101 *Propositiones de Deo, et Christi tum persona tum officio* (Helmstedt 1598), zweitens in einer von einem Schüler herausgegebenen *Aurea et vere theologica commentatio D. Danielis Hofmanni Theologiae Doctoris, &c. Super quaestione Num syllogismus rationis locum habeat in regno fidei* (Magdeburg 1600), drittens in einer ebenfalls durch Schüler, nun anonym herausgegebenen Disputation *Pro duplici veritate Lutheri a Philosophis impugnata, et ad pudendorum locum ablegata* (Magdeburg 1600). Wir stellen zunächst diese Äußerungen dar, um dann ihre systematische Struktur zu analysieren.

3.1 In den *Propositiones* referiert Hofmann die oben erwähnte Disputation Luthers und bezieht ihr Urteil auf zwei zeitgenössische Erscheinungen. Es handelt sich erstens um den philosophischen Gottesbegriff der scholastischen und jesuitischen, vor allem durch R. Bellarmin repräsentierten Theologen, zugleich aber auch der calvinistischen, vor allem durch R. Goclenius repräsentierten Philosophen. Ihnen gegenüber bestreitet Hofmann: daß Gott und die Geschöpfe mit gemeinsamen Namen bezeichnet werden könnten, und sei dies nur im Sinn einer Analogie der Proportion gemeint; daß sie unter ein gemeinsames logisches Genus, die Kategorie der Substanz, fallen könnten; daß Gottes Einheit mit dem philosophischen Begriff der numerischen Einheit angemessen erfaßt werden könne[21]. Es handelt sich zweitens um das philosophierende Verständnis der Aussagen über die Einheit der göttlichen und der menschlichen Natur in der Person Christi, der seit Melanchthon sog.

---

[19] Vgl. Verf., Wiederkehr der Metaphysik. Die ontologische Frage in der lutherischen Theologie des frühen 17. Jahrhunderts, Stuttgart 1976, 6–18; hier auch die ältere Literatur (E. Troeltsch, H. E. Weber). Vgl. auch W. Joest, Fundamentaltheologie, 217–219.
[20] Vgl. I. Mager, a.a.O., 83f.
[21] D. Hofmann, Propositiones, th. 15–20 zu Luther; th. 26–44.

„mystischen" oder „ungebräuchlichen Aussagen". Die calvinistischen Philosophen wollen diese Sätze durch tropische Auslegung auf logisch reguläre Sätze zurückführen; die jesuitischen Theologen verstehen sie bloß von einer Aufnahme der menschlichen Natur durch die göttliche Natur in Christus, was im Blick auf die gegenseitige Mitteilung ihrer Eigentümlichkeiten ebenfalls auf eine bloß vorgestellte, nicht wirkliche Gemeinschaft hinausläuft. Diese beiden philosophischen Verfälschungen der Theologie bestätigen für Hofmann die alte Erfahrung der Kirche, daß „die Philosophen die Patriarchen der Häretiker" sind[22].

Hofmanns Protest richtet sich nicht gegen die Philosophie als solche, deren Nützlichkeit in ihren Grenzen außer Frage steht, sondern gegen den Mißbrauch der Philosophie, den die philosophische Form der theologischen Aussagen darstellt. Unter *abusus Philosophiae* ist dabei, ganz in melanchthonischer Tradition, der Überschritt aus einer Sphäre des Wissens in eine andere, prinzipiell verschiedene Sphäre verstanden; eine Metabasis, die auch nach philosophischen Kriterien trugschlüssig ist[23]. Hofmann konzentriert das Augenmerk jedoch auf die theologische Bedeutung, die der Anspruch der Philosophie auf Herrschaft in der Theologie, der mit einer solchen Metabasis verbunden ist, seinerseits hat. Er setzt dabei voraus, daß die göttlichen Dinge unendlich über alles hinaus reichen, was ein Mensch begreifen kann, also überhaupt „aphilosophisch" sind und nur in der „Torheit" des Glaubens als „Geheimnis" des Glaubens ergriffen werden können. Dann muß der Versuch, die *intelligentia fidei* mit philosophischen Mitteln zu erreichen, als „pelagianische" oder „sacramentiererische" Feindschaft gegen die Gnade Gottes in Jesus Christus erscheinen. Hofmanns Impetus richtet sich deshalb darauf, wie Luther die Forderung von 2 Kor 5,10 zur Geltung zu bringen: Jegliches Denken, auch und erst recht die philosophischen Gedanken, müssen sich in den Gehorsam Christi gefangen nehmen lassen[24].

3.2 Die *Commentatio* erweitert das Problemfeld durch die These, das natürliche Denken widerspreche dem Denken des Glaubens und umgekehrt. Sie wird begründet im Rahmen der Fragestellung, ob die Logik, das Schließen der Vernunft, einen Platz im Reiche des Glaubens habe. Hofmann erläutert das Verhältnis von Vernunft und Glaube hier nach drei Aspekten. Erstens: Unter „Vernunft" ist immer die tätige Vernunft zu verstehen. *Syllogismus rationis* bedeutet *operatio rationis,* die der Vernunft eigentümliche, nach eigenen logischen Gesetzen zu regelnde

---

[22] A.a.O., th. 18.45–59; Lectori (p. 2). Eine ausführliche Auseinandersetzung mit R. Goclenius schon in: De usu et applicatione notionum Logicarum ad res Theologicas et de inusitatarum praedicationum reductione, adversus Rudolphum Goclenium admonitio, Frankfurt 1596, 26–132.
[23] Propositiones, th. 12–14.16s.26.
[24] A.a.O., Lectori, th. 14.39.42.

und daher als wahr oder falsch erweisliche Tätigkeit. In ihr kann die Vernunft aus eigenem Vermögen „anfangen" und „bewirken". Deshalb kann diese Tätigkeit nicht ins Reich des Glaubens gehören, wenn der Vernunft nicht, gegen den Sinn der theologischen Rede von „Gnade" und „Ursprungssünde", die Miturheberschaft in der Begründung des Glaubens zugesprochen werden soll. *Ideoque ex regno fidei excludatur rationis opus universum, ut opus reperiatur in solidum Spiritus Sancti*[25]. Der hamartiologische Hinweis hat hierbei nicht die Absicht, das logische Denken als logisch falsch oder trugschlüssig zu disqualifizieren. Im Gegenteil, nicht durch Mißbrauch, sondern im Gebrauch notwendiger Konsequenz erwirbt die Vernunft die Gewißheit, die sie zum Widerspruch gegen die „Torheit" Christi erst befähigt. Der Ausschluß der Logik aus dem Reich des Glaubens vollzieht sich daher immer als Kampf gegen die in sich starke, widerspenstige Vernunft. Hofmanns Protest richtet sich also wiederum gegen den pelagianischen Einsatz der Vernunft, sie sei unausgebildet oder philosophisch vervollkommnet[26].

Zweitens: Die Distanz zwischen der Logik der Vernunft und der Logik des Glaubens kann nicht wiederum vernünftig überbrückt werden. Der Ausschluß des vernünftigen Folgerns bedeutet allerdings nicht, daß der Glaube sich auf bloße *irrationalitas* reduziere. Denn der Glaube wird durch das äußere Wort, damit durch die menschliche Tätigkeit des Hörens vermittelt. Weil dies von selbst zur *ratiocinatio* fortschreitet, kann die Logik nicht einfach verwerflich sein; zumal für den Theologen, der das Lehramt zu versehen hat, ist sie vielmehr nützlich. Insofern es sich hierbei um Werke des Menschen handelt, können sie allerdings nichts Geistliches bewirken. Hofmann unterscheidet daher ein doppeltes Amt, ein doppeltes Hören und ein doppeltes Verstehen und setzt im besonderen *intellectus literalis et externus* und *intellectus spiritualis et internus* gegeneinander[27]. Das äußere Verstehen des Buchstabens kann nicht durch sich selbst zum inneren Verstehen des Sinnes der Heiligen Schrift übergehen, so sehr die Schrift auch als Mittel äußerer, vernünftiger Evidenz, etwa im Schriftbeweis, eingesetzt werden kann. Der diskursiv erworbene Glaube und der Glaube, der durch das Licht des Geistes entzündet wird, sind soweit voneinander entfernt, wie der tote Glaube des Namenschristen vom lebendigen Glauben des wirklichen Christen. In Übertragung des Bildes bezeichnet Hofmann das jeweilige Denken als toten bzw. lebendigen Syllogismus[28]. Als bezeichnendes Beispiel für ihren Unter-

---

[25] D. Hofmann, Commentatio, p. 6s., 12; Zitat p. 20.
[26] A.a.O. p. 6,8,17s.,
[27] A.a.O. p. 7s, 16s. Thesis igitur Lutheri non plane reprobat Logicam sed admittit Syllogismum rationis in ministerio literae, p. 15.
[28] A.a.O. p. 15; fides acquisita per discursum, p. 18; (fides) quam lux spiritualis accendit, p. 20; syllogismus rationis, syllogismus fidei, Logica fidei, p. 16.

schied dient der Schluß: „Jeder, der an Christus glaubt, hat das ewige Leben; ich glaube an Christus; also . . ." In jedem Fall nach den Worten übereinstimmend und logisch zwingend, bedeutet er doch im Munde des wahren Christen etwas anderes als im Munde des Namenschristen, der seinen toten Glauben lügnerisch für den lebendigen Glauben unterstellt und daher falsch schließt. In diesem Sinne will Hofmann nun auch sagen: *Syllogismus rationis differt a Syllogismo fidei, tanquam verum a falso*[29].

Drittens: Der „Übergang" vom vernünftigen zum geistlichen Denken zerbricht nicht die Identität des Denkenden. Dieser Übergang wird allein durch den Heiligen Geist bewirkt, allein durch das Wort Gottes. Die Vernunft als solche, d.h. außerhalb des Glaubens, kann dabei nur *subjectum convertendum* sein[30]. Aber er vollzieht sich in ein und demselben Menschen, *in subjecto eodem,* und in ein und demselben Denken, *hoc ipso Syllogismo.* Wie die äußere Form des Buchstabens, so bleibt auch die äußere Form des Denkens bestehen, aber wie die Gedanken der Vernunft wird auch das Denken der Vernunft innerlich verändert, so daß die Vernunft nicht mehr sich und ihre Entscheidungen festhält, sondern im Gehorsam Christi gefangen ist[31].

3.3 In der Disputation *Pro duplici veritate Lutheri* gebraucht Hofmann, anscheinend von seinen Gegnern provoziert, erstmals die Formel der doppelten Wahrheit. Sie zeigt, daß die Annahme des *duplex intellectus* nunmehr auf den philosophischen Wahrheitsanspruch als solchen bezogen wird. In dieser Konfrontation nimmt Hofmann eine Position ein, die seine bisherigen Äußerungen in mehreren Punkten ergänzt und verschärft.

Erstens: Hofmann stellt die Notwendigkeit einer *distinctio veritatis* heraus, in der die Wahrheitsfrage im Vergleich zwischen Heiden und Christen, oder gleichbedeutend zwischen nicht wiedergeborenen und wiedergeborenen Menschen gestellt, in der daher die *veritas Philosophica* und die *veritas Theologica* als fleischliche Wahrheit und geistliche Wahrheit, d.h. als Gegensätze auseinandergehalten werden[32]. Die Begründung geht wieder davon aus, daß die theologischen Aussagen über die Ursprungssünde schlechthin universal sind und gerade die weisen Menschen als Lügner bezeichnen. Wenn man der Philosophie also überhaupt eine Wahrheit behalten will, bleibt daher nur übrig, neben der geistlichen Wahrheit noch eine andere, eben die fleischliche Wahrheit anzunehmen[33]. Aus deren Widersprüchlichkeit folgt, daß das Erkennen bei Heiden und Christen nicht identisch ist, selbst wenn es denselben

---

[29] A.a.O. p. 6, 14s.; Zitat p. 14s.
[30] A.a.O. p. 10s.; vgl. FC, SD II,90 (BSLK 910–912).
[31] A.a.O. p. 15.
[32] D. Hofmann, Pro duplici veritate, p. 7, 10.
[33] A.a.O. p. 4s., 8.

Gegenstand hat. Insbesondere kann von einer Identität des Wahren in der heidnischen und in der christlichen Erkenntnis Gottes in keiner Weise die Rede sein. Hofmann betont in diesem Zusammenhang noch besonders, daß die heidnische Gotteserkenntnis auch in ihrer philosophischen Vervollkommnung ein Moment der Feindschaft gegen Gott sei – sonst wäre der Teufel, durch Natur und Erfahrung der beste Philosoph, auch der beste Freund Gottes[34]. Die äußere Übereinstimmung der Worte bedeutet nichts gegenüber dem Widerstreit der Gedanken des wiedergeborenen Menschen einerseits, des nicht wiedergeborenen Menschen andererseits[35].

Zweitens: Hofmann führt das Wahrheitsproblem vom metaphysischen Standpunkt, auf dem allerdings Wahres Wahrem niemals widersprechen kann, zurück auf den Vollzug des Denkens selbst. Wird die Philosophie *in Philosopho, non extra Philosophum* betrachtet, dann geht es nicht um die philosophische Wahrheit überhaupt, sondern um diese Wahrheit im nicht wiedergeborenen Menschen. Ist aber die Rede von Gedanken des Philosophierenden selbst, dann kann nicht zweifelhaft sein, daß sie als *mendacium in spiritualibus* zu behandeln sind[36]. In dieser Perspektive verhält sich die menschliche, natürliche Wahrheit zur göttlichen Wahrheit also wie die Lüge zur Wahrheit. Daraus folgt: *Aequum autem est simulatam veritatem Philosophicam cedere verae et immotae veritati verbi Dei*[37]. Hofmann sieht damit noch nicht ausgeschlossen, daß der Philosophie auch eine Wahrheit eigener Art zukommt, wohl aber, daß sie jemals rein gegeben ist. Das zeigt nicht nur das Beispiel der scheinbaren Gotteserkenntnis der Heiden, die nach Rö 1,18 die objizierte Wahrheit Gottes durch den der aufnehmenden Vernunft eigentümlichen Gedanken gerade verneint, sondern auch das Beispiel der evidenten Euklidischen Demonstrationen, in denen allerdings ein wahres Erkennen einem wahren Gegenstand entspricht, so daß von einer Lüge nicht gesprochen werden kann – aber auch diese Wahrheit wird durch das „Dichten und Trachten des Herzens" usurpiert und gegen den

---

[34] A.a.O. p. 5, 8. Et hac in parte Philosophi mei adversarij maxime sudarunt, ut identitatem νοημάτων in renatis et non renatis obtinerent, ne opus esset νόημα Philosophicum captivare in obsequium Christi 2. Cor. 10. vers. 5, p. 6; gegen die humanistische Vorstellung der frommen Heiden schon Propositiones, th. 23. – Vgl. etwa Ph. Melanchthon, De Philosophia Oratio (1536), CR XI, 284 (StA III, 95); für die reformierte Tradition etwa B. Keckermann, Praecognita Philosophiae, Hanoviae 1609, p. 106. Vgl. auch H. E. Weber, Reformation, Orthodoxie und Rationalismus, I/2, Gütersloh 1940 (ND Darmstadt 1966), 351.

[35] D. Hofmann, Pro duplici veritate, p. 6.

[36] ... cum Philosophia consideretur in Philosopho, non extra Philosophum, et de νοήμασι Philosophantium res sit, omnino oportet norma mendacij argui, quod veritatem Philosophicam tenet. A.a.O. p. 15; Valde offenduntur Philosophi ..., p. 10; p. 11.

[37] A.a.O. p. 10.

Ruhm Gottes gewandt. In beiden Beispielen ist klar, daß die Tätigkeit der Vernunft durch ihre wahren Gegenstände nicht gerechtfertigt werden kann und daß die Wahrheit des Gedachten nicht die Wahrheit des Denkens, *veritas intellectus, veritas mentis,* hervorbringen kann[38].

Drittens: Hofmann erklärt den Unterschied zwischen der philosophischen und der theologischen Wahrheit nicht als Defizienz, sondern als Widerspruch: *pugnantibus doctrinis distant*[39]. Dementsprechend weist er den Einwand als falsche Konzession zurück: was dem Glauben widerspreche, könne auch philosophisch nicht wahr sein. Hier ist nicht nur vorausgesetzt, daß Wahres Wahrem nicht widersprechen kann, sondern auch, daß die Philosophie sich der Theologie schon immer unterordnet[40]. Jenem Einwand zufolge müßte beispielsweise die *civilis veritas,* die bürgerliche Rechtsordnung abgeschafft werden, weil sie selbstverständlich mit der geistlichen Wahrheit nicht übereinstimmt; soviel will Hofmann der Philosophie aber gar nicht wegnehmen. Der Wahrheitsanspruch, den sie auf Grund der Anwendung der Regeln der *recta ratio* zu Recht erhebt, soll und kann gar nicht reduziert werden: werden die Prinzipien der Vernunft und der Natur nur ein einziges Mal außer Kraft gesetzt, ist schon ein kontradiktorischer Widerspruch eingetreten[41].

Viertens: Hofmann unterscheidet den Philosophen, der Christ werden muß, um die theologische Wahrheit denken zu können, von der Philosophie, der die Theologie dann gewaltsam widersprechen darf. Die Theologie kann vom *Christianus Philosophus* zwar verlangen, daß er universale Aussagen angesichts widersprechender singulärer Aussagen der Theologie limitiert; aber dadurch wird die ursprüngliche Kontradiktion keineswegs beseitigt. Hofmann nennt als Beispiele solcher theologischen Aussagen: die Realpräsenz des Leibes Christi an mehreren Örtern; die Erkenntnis Gottes in Christus; die Hervorrufung des Glaubens aus dem Nichts durch den Heiligen Geist. Jedesmal wird ein allgemein philosophisches Prinzip tangiert, das als philosophisches nicht modifiziert werden kann: die Existenz des natürlichen Körpers an nur einem Ort; die Einheit des Begriffes des Seins; das Prinzip des kontinuierlichen Lernens[42]. Hofmann schließt daraus, daß oft gerade die stärkste philosophische Wahrheit in der Theologie falsch ist, so daß dann gilt: *rationalis et spiritualis veritas differunt ut veritas et falsitas*[43]. Dieser Gegensatz

---

[38] A.a.O. p. 13; ... unitas objecti non par(i)t unum conceptum veritatis (formalem) ..., p. 14.

[39] A.a.O. p. 19, 20.

[40] Si verum non contradicit vero, quae fidei repugnant, non sunt secundum Philosophiam vera. Sed verum non contradicit vero. Ergo ..., a.a.O. p. 16. Vgl. Verf., Wiederkehr, 14 f.

[41] D. Hofmann, a.a.O., p. 19.

[42] A.a.O., p. 17s., 18–20.

[43] A.a.O. p. 17, mit Bezug auf die Schmalkaldischen Artikel (III,1; BSLK 434, 15.36).

kann nie mehr aufgehoben werden. Denn der Philosoph als solcher kann und darf die Gesetze philosophischer Wahrheit nicht aufheben – nur der Christ hat das Recht, die Philosophie „gegen ihren Willen", d. h. im Widerspruch zu ihrer Vernünftigkeit, in den Gehorsam Christi zu führen: *... sic cedente Philosopho, non cedit Philosophia, quae conqueritur sibi a possessore vim inferri*[44].

4. Es wundert einen nicht, daß die Philosophen sich der Sache der Philosophie gegen Hofmanns Zumutung angenommen haben. Angesichts der Konsequenz, die Philosophie dürfe sich der theologischen Wahrheit nicht anpassen, müsse sich vielmehr von ihr Gewalt gefallen lassen, konnte Hofmanns These der doppelten Wahrheit schnell heruntergespielt und als Ausbruch einer enthusiastischen Vernunftstürmerei erklärt werden[45]. Doch macht es sich das Verdikt des Irrationalismus zu leicht, und das nicht nur im Blick auf Hofmanns mehrfaches Dementi. Die *systematische Leistung* seiner These kann und muß sehr viel ernster genommen werden, nach ihrer positiven und auch nach ihrer negativen Seite. Das soll zunächst im Zusammenhang der zeitgenössischen Philosophie und Theologie gezeigt werden.

4.1 Die These der doppelten Wahrheit kann in der Fassung, die Hofmann ihr gibt, als eine *soteriologische Theorie der Wahrheit* verstanden werden. Die Zeitgenossen bemerken dies auf ihre Weise, wenn sie monieren, daß Hofmann die reformatorische Rechtfertigungs- und Erbsündenlehre in das Problem der Begründung von Wahrheit eintrage, wo sie nicht hingehöre[46]. Das theologische Motiv ist in der Tat der radikale Begründungsanspruch des christlichen Glaubens, der einerseits den „pelagianischen" Gebrauch des philosophischen Denkens im gleitenden Übergang von der natürlichen zur christlichen Wahrheit ausschließt, der andererseits aber auch die philosophische Wahrheit auf den „Ruhm Gottes im Glauben an Christus" bezieht[47]. Die Frage ist, ob es Hofmann gelingt, die soteriologische Bedeutung des Philosophierens als Problem der Philosophie selbst namhaft zu machen.

Der Schlüssel zu Hofmanns Wahrheitsbegriff liegt in seiner Unterscheidung der *veritas intellectus (mentis)* von der *veritas objecti*. Erst auf

---

[44] A.a.O. p. 17s., Zitat p. 18; Etiam ... firmae Philosophorum sententiae, quae robore Legum rectitudinis rationalis suffultae constant, evertendae sunt Theologo. 2. Cor. 10. v. 4., p. 18.

[45] Z. B. J. Martini, Vernunfftspiegel, Wittenberg 1618, 174, 330ff.; noch M. Wundt, Die deutsche Schulmetaphysik des 17. Jahrhunderts, Tübingen 1939, 146; I. Mager, a.a.O. 98.

[46] A. Grawer, Libellus de unica veritate, Jena 1611, p. 60.

[47] D. Hofmann, Pro duplici veritate, p. 14, 15; ... ex ordine bonorum operum rejicitur etiam labor vere Philosophantis, nec in Philosophia errantis, nisi regeneratur. Et tum non dubitarem Philosophiam veram, ut renati opus spirituale appellare ..., p. 15.

Grund dieser Unterscheidung kann auf der Seite des Denkens wahr und falsch kontradiktorisch entgegengesetzt und auf die ursprüngliche Tätigkeit der Vernunft zurückgeführt werden. Denn der Charakter des Denkens selbst ist es, der eine Wahrheit, die denselben Gegenstand hat, als geistliche oder aber fleischliche Wahrheit, theologisch gesehen somit als wahr oder aber als falsch qualifiziert. Der von den Zeitgenossen als absurd empfundene Begriff der *falsa veritas,* der sich im letzteren Falle ergibt[48], kehrt nun den von Hofmann selbst mehrfach angesprochenen Begründungszusammenhang von Sein und Erkennen, der in der überlieferten Definition der Wahrheit als *adaequatio intellectus ad rem* formuliert ist, genau um. Gegen Hofmann beruft sich C. Martini denn auch auf das alte Axiom: *veritas a re sive objecto pendet*[49]. Entsteht wahre Erkenntnis aus der Korrespondenz der subjektiven Begriffe der Vernunft mit dem sich anbietenden Objekt, dann ist allerdings jede Erkenntnis, sie sei philosophisch oder theologisch, aus demselben Grunde wahr, denn sie wird durch das jeweilige Objekt verursacht: *Una igitur eademque veritatis ratio*[50]. Hier geht es gleichsam um die ‚Vernunft' der Wahrheit; Hofmanns Thema ist erklärtermaßen die Wahrheit der Vernunft.

Diese Umkehrung hat darin ihre Ursache, daß Hofmann die biblische bzw. reformatorische Anthropologie unmittelbar erkenntnistheoretisch wendet. Dies zeigt sich an seiner Gleichsetzung der Wörter *phronema, noema, dialogismos* mit den Termini *cogitatio, conceptus* oder *intellectus, ratiocinatio;* insbesondere der biblische „Gedanke" gibt seine Bedeutungslast an den *conceptus Philosophicus* weiter. Dadurch wird auf die philosophische Begriffs- und Urteilsbildung, die im Rahmen des Adäquationsmodells nur in bezug auf ihr Objekt wahr oder falsch sein kann, die theologische Qualifikation des Philosophen übertragen; die Reinheit oder Unreinheit des Herzens erscheint nun selber als wahrer oder falscher Gedanke[51]. So liegt das Denken selbst, als wahres oder falsches Denken schon gegeben, der Korrespondenz zwischen Begriff und Sache uneinholbar voraus. An die Stelle der rezeptiven, d. h. nur in der Bildung eines dem objizierten Ding entsprechenden Abbildes tätigen Vernunft tritt eine ursprüngliche Produktivität. Der *nativus conceptus* zählt eben

---

[48] J. Martini, Vernunfftspiegel, 381 f.
[49] Im Verteidigungsbrief an den Landesherrn Heinrich Julius, abgedruckt bei A. Grawer, Libellus, p. 59; so auch Grawer selbst, p. 16. – Zur zeitgenössischen Rezeption der Abbildungs- und Korrespondenztheorie vgl. A. Grawer, Libellus, p. 31s., 59s.; C. Martini, De analysi Logica tractatus, Helmstedt 1619, p. 117s.; B. Meisner, Philosophia sobria, Prima pars, Wittenberg 1611 u. ö., p. 325, 709s. – Vgl. Hist. Wb. Philos. 1, Basel 1971, 1 f. und Verf., a.a.O. 188–192.
[50] A. Grawer, Libellus, p. 17, 60.
[51] D. Hofmann, Propositiones th. 9, 15, 39; Commentatio p. 9. 13. 15; Pro duplici veritate p. 12s u. ö.

deshalb, weil er der bildenden Tätigkeit der Vernunft entspringt, mehr als der darin abgebildete Gegenstand[52]. Wahrheit wird zum Charakter des Vollzuges der Vernunft als solcher.

4.2 Hofmanns Wahrheitsbegriff gerät nun aber dadurch in Schwierigkeit, daß die Ursprünglichkeit des Denkens gegenüber dem Gedachten nur im Falle des falschen Denkens des *Sünders* gelten darf, daß im übrigen die *Vorgängigkeit des Gegenstandes* gegenüber seinem Gedachtwerden aber unangefochten bleibt. In weltlichen Dingen, wie in den Euklidischen Demonstrationen konzediert Hofmann eine philosophische Wahrheit, die in sich wahr ist und bleibt, eben weil der subjektive Gedanke dem vorgegebenen Objekt entspricht. Dieser Kontinuität der Entsprechung bleibt die mögliche Diskontinuität des wahren bzw. falschen Denkens also äußerlich. Die theologische Wahrheit versteht Hofmann sogar im eminenten Sinne als Entsprechung. Denn das wahre Denken des Gläubigen lebt ganz und gar von der Übereinstimmung mit dem Gedachten, weil dies ausschließlich durch sich selbst zum Gegenstand von Erkenntnis wird, eben allein dem Glauben gegeben ist[53]. Hier reduziert sich der Gegensatz der beiden Wahrheiten auf den Unterschied zweier Normen, der menschlichen Vernunft einerseits, des Wortes Gottes andererseits, denen die jeweiligen Erkenntnisakte angepaßt werden müssen; sogar die traditionelle Formel von der seit Christus „verbesserten Philosophie" taucht hier gelegentlich auf[54]. Der Sache nach ist eindeutig, daß Hofmann in der Theologie die philosophischen Begriffe des Göttlichen durch „Begriffe in Christus" zerstört und ersetzt sehen will[55].

---

[52] D. Hofmann, Pro duplici veritate p. 21s.; Promptum autem Rationi non per abusum sui, sed nativo usu suo (NB) confingere conceptu suo Idolum, p. 22; φρόνημα carnis (Alle höchste Vernunfft) est inimicitia adversus Deum, p. 10. – Dem entsprechend legt Hofmann Ps 14,1 so aus: . . . in corde suo (hoc est, non paralogismo, quem ratio reprobet, sed fortitudine suae rectitudinis) non est Deum, p. 18. In seiner Officina Theologica, Edinburgi 1596, hatte es noch gelautet: insipiens, hoc est, omni ratione exsutus . . ., p. 7. – J. Martini, Vernunfftspiegel, 307 weist zu Recht darauf hin, daß Hofmann früher den Vernunftbeweis für die Überlegenheit der christlichen Religion und ihren Gottesbegriff nach Art eines Ph. Mornaeus sehr geschätzt habe: Officina p. 9; vgl. auch A. Grawer, Libellus, p. 25v.

[53] D. Hofmann, Pro duplici veritate p. 6, 13.

[54] A.a.O. p. 24s.; Philosophia emendata, nach Gregor von Valentia, p. 9.

[55] Noemata in Christo (Phil 4,7), a.a.O. p. 11; . . . destrui carnalem (sc. veritatem), etsi sit sublimitas, munitio, ratiocinatio, per spiritualem oportet (2 Kor 10,4), p. 11, ähnlich p. 19; sine Philosophia, immo contra rationem . . ., a.a.O. p. 9 mit Rö 8,7 und 1 Kor 1f.; vas novum ex fracto, schon Commentatio p. 17, 23; . . . observari oportuit, quod scientiam Philosophicam, tanquam sua mole corruentem in divinis, sacra Scriptura excipiat, et vanam factam de novo exstruat, novis fundamentis substratis . . ., De usu . . ., p. 16s. – Allerdings heißt es von diesem Kampf auch: (noemata) non carnali vi sed divinitus valida mutantur, Pro duplici veritate, p. 11.

Das Dilemma zwischen den Annahmen der Ursprünglichkeit des Denkens und der Vorgegebenheit des Gegenstandes verschärft sich noch dadurch, daß Hofmann im Falle des wahren Denkens die Voraussetzungen der ersten Annahme in die zweite eintragen muß, so daß das Schema der Korrespondenz unterlaufen wird. Die Doppelung von Wahrheit des Gegenstandes und Wahrheit des Denkens besagt hier, daß Denken und Gegenstand schon je für sich wahr sein müssen, wenn wahre Erkenntnis zustande kommen soll. Ihre Entsprechung ist also entweder vorweggenommen oder aber vorweg ausgeschlossen. Dieser Verlust an Vermittlung betrifft auch das nicht mehr Vermittelte: Die bloß vorgegebene *veritas objecti* und die bloß vorgegebene *veritas intellectus* werden zur unbegreiflichen Voraussetzung wahrer Erkenntnis, sozusagen zum „Ding an sich" und zum „transzendentalen Subjekt". Im Adäquationsmodell wird dagegen eben jene Vermittlung als der Ort möglicherweise wahrer Erkenntnis angenommen; dann kann vorher von der Wahrheit oder Falschheit des Denkens gar nicht und von der Wahrheit des Gegenstandes nur im Sinne seines Daseins für sich und darum für mögliche Erkenntnis gesprochen werden[56].

Aus philosophischem Blickwinkel resultiert die Doppeldeutigkeit des Hofmannschen Wahrheitsbegriffes aus seiner Reduktion der Philosophie auf den Philosophen. Die Gegner wissen selbstverständlich auch, daß die Philosophie „nicht in der Luft schwebt". Aber wenn der abstrakte Begriff der Philosophie ausfällt, kann auch der Unterschied zwischen wahr und falsch, damit wiederum die objektive Bedingung für die subjektive Gewißheit der Wahrheit nicht mehr festgehalten werden. Die Begründung der Wahrheit durch ihren Gegenstand hängt allerdings an dessen wesentlicher Identität – sie aber wird durch das falsche und das wahre Denken im Sinne Hofmanns gleichermaßen zerbrochen. Es ist daher erkenntnisnotwendig zu sagen: *veritas semper eadem... nulla hominum malitia mutari (potest)*[57]. Wahres mag daher Wahrem im Blick auf beider tatsächliche Existenz widersprechen, niemals aber *ratione essentiae*[58].

Vermutlich war es weniger die Verunsicherung der philosophischen, auf die Beständigkeit der Dinge gegründeten Wahrheitsgewißheit, die Hofmanns These unerträglich machte, als vielmehr der Herrschaftsanspruch, der durch sie für die Theologie reklamiert war. Dieser Anspruch

---

[56] A. Grawer, Libellus, p. 17.

[57] A.a.O. p. 59s.; Si unius ejusdem rei duplex est veritas, ergo et ejusdem rei erit duplex essentia..., p. 31; Duplex veritas... est Diabolicum ad omnes errores atque atheismos excusandos et defendendos accomodatissimum figmentum. Verum unum ac simplex suique perpetuo simile..., als Zitat des Caselianers O. Casmann in Pro duplici veritate, p. 2.

[58] A. Grawer, Libellus, p. 14, 73; B. Meisner, Philosophia sobria, p. 647. Vgl. Verf., a.a.O. 164–169.

als solcher war freilich grundsätzlich anerkannt; anstößig war die besondere Forderung an die Philosophie, sich von der Theologie im kontradiktorischen Gegenüber halten zu lassen. Diese Forderung machte es unmöglich, ‚falsche', d. h. dogmatisch unannehmbare Philosopheme als Mißbrauch der Philosophie aus deren Überlieferungs- und Begründungszusammenhang auszugliedern, ihre Aussagen selbst also der Kritik, ihre systematischen Stellen aber erneuter philosophischer Begriffsbildung freizugeben. Hofmann kann es wiederum nur als Beweis für den fleischlichen Charakter der Philosophie nehmen, wenn sie dem ihr von der Theologie zugewiesenen Widerspruch ausweichen will[59].

4.3 Diese Aporie im Verhältnis zwischen der „Herrin" und der „Magd" hat ihre Wurzel allerdings schon *innerhalb der Theologie selbst.* Hofmann setzt das neue Denken und das alte Denken so unvermittelt gegeneinander, daß sie sich im Gegensatz noch entsprechen. Das zeigt sich vor allem in der zweideutigen Rolle, die der Glaube für die Erkenntnis der theologischen Wahrheit hat. Denn während selbstverständlich im Blick auf die Erkenntnis der geistlichen Wahrheit und auf die Entsprechung dieser Erkenntnis zu ihrem Gegenstand kein Mensch etwas aus sich, *ex se tanquam ex se,* denkend hervorzubringen vermag, kann im Blick auf den Gegensatz des lebendigen Glaubens zum toten Glauben das Gegenteil gelten: *fides non ex objecto, sed ex se censeatur*[60]. In seinem Gegensatz zum toten Glauben hat also der lebendige Glaube aus sich selbst erkenntnisbegründende Bedeutung! Die sonst so betonte Gegenläufigkeit im Richtungssinn des Erkennens im Unglauben, der durch sich selbst ist, was er ist, und im Glauben, der empfängt, was er ist, wird durch die Zweideutigkeit einer ‚objektivistischen' und einer ‚subjektivistischen' Begründung der theologischen Wahrheit unterlaufen.

Die Ursache der fragwürdigen Symmetrie zwischen dem lebendigen und dem toten Glauben läßt sich *prinzipientheologisch* angeben. Hofmann unterscheidet ganz analog zwischen dem *ministerium literae,* das nach eigenem Vermögen und eigenen Regeln des vernünftigen Denkens ausgeübt wird, aber nur äußerliches Wissen hervorbringt, und dem *ministerium Spiritus,* das sich ohne jede Mitwirkung der tätigen Vernunft vollzieht. Selbstverständlich betont Hofmann gegen die enthusiastische Verachtung des Buchstabens, daß der Geist den lebendigen Glauben nicht ohne das äußere Wort entzündet. Problematisch ist aber, daß der „Nicht-Wiedergeborene" und der „Heide" ohne weiteres gleichgesetzt werden, noch mehr, daß die Bedeutung des äußeren Wortes für den Übergang zur geistlichen Erkenntnis nur negativ bestimmt ist: Gott „will" und „fordert" wunderlicherweise, daß durch das *verbum exter-*

---

[59] D. Hofmann, Commentatio p. 16; Pro duplici veritate p. 1, 10.
[60] A.a.O. p. 20 (mit 2 Kor 3,5), p. 14.

num das fleischliche Denken provoziert wird, damit es dann bekämpft und in den Gehorsam Christi gefangengenommen werden kann[61]. Wenn der Buchstabe und seine vernünftige Erkenntnis aber nurmehr die äußerliche Rolle des Widerparts für die geistliche Erkenntnis hat, kann die im gemeinsamen Bezug auf das äußere Wort gegebene Kontinuität der Wahrheit nicht mehr verifiziert werden. Die Folge ist einerseits die Formalisierung dieses Wortes zur übervernünftigen, aber ‚toten' Information, andererseits die Isolierung des Glaubens als eigener ‚Rationalität' des frommen Subjekts. In der Tat spricht Hofmann von der theologischen Wahrheit als *veritas supranaturalis*[62], und er reduziert die Theologie auf den *intellectus renatorum,* mit dem späteren pietistischen Ausdruck: auf eine Theologie der Wiedergeborenen[63].

Die zeitgenössische Theologie hat im bewußten Unterschied hierzu einen Theologiebegriff entwickelt, der das reformatorische Schriftprinzip so zur Geltung bringt, daß zwischen der Glaubenspraxis des Theologen und der Theologie als wissenschaftlicher Bearbeitung der Schrift zum praktischen Zweck der Predigt des Glaubens unterschieden werden konnte, ohne daß doch die ebenso reformatorische Einsicht in den praktischen Charakter der Theologie als Erfahrung des Wortes Gottes vernachlässigt werden mußte[64].

4.4 Es legt sich nun die Frage nahe, ob die prinzipientheologische Problematik der Hofmannschen These der doppelten Wahrheit sich auch *dogmatisch* namhaft machen läßt. Es gibt Hinweise darauf, daß Hofmanns eigentümliche *Christologie* eine Schlüsselfunktion auch für seinen Wahrheitsbegriff hat. Der erste Hinweis liegt darin, daß Hofmann trotz seiner prononciert christologischen Kennzeichnung der theologischen Wahrheit und speziell ihres Gottesbegriffes als „Gehorsam Christi" und „Gedanken in Christus" für die Notwendigkeit des Kampfes gegen die philosophische Wahrheit und ihrer „Zerstörung" in göttlichen Dingen inhaltlich nur hamartiologisch argumentiert, aus der Feindschaft

---

[61] D. Hofmann, Commentatio, p. 8s.; Pro duplici veritate, p. 14.

[62] D. Hofmann, Pro duplici veritate, p. 14, 25; doctrina supernaturalis, De usu, p. 22–26, mit ausdrücklichem Bezug auf die Scholastiker; deren prinzipielle, von H. als kontradiktorisch verstandene Entgegensetzung des Wissens per fidem und per evidentem rationem wird der Philosophie „der Unseren" vorgezogen, Commentatio, p. 19.

[63] D. Hofmann, Pro duplici veritate, p. 5 u. ö.; Scientiam quoque a fide perperam distinguunt scholae. De usu, p. 16. Vgl. I. Mager, a.a.O. 92 f.; freilich nimmt H. hier keineswegs die Position J. Gerhards vorweg, vgl. Loci, Prooem. 4.17.

[64] Vgl. B. Hägglund, Die Heilige Schrift und ihre Deutung in der Theologie J. Gerhards, Lund 1951, 45–54; J. Wallmann, Der Theologiebegriff bei Johann Gerhard und Georg Calixt, Tübingen 1961, pass.; Verf., Wiederkehr der Metyphysik, 30–35. – D. Hofmann beschränkt sich demgegenüber in seinen Prolegomena auf die Regulae gubernantes studium Theologiae scholasticum, die stark auf die Glaubenspraxis des Theologen abheben, Officina, p. 60–81.

des Sünders gegen die geistliche Wahrheit Gottes. Der zweite Hinweis liegt darin, daß die einzige Ausnahme hiervon diesen Befund noch bestätigt. Der einschlägige christologische Satz, der die Limitation des gegenteilig lautenden universalen Satzes der Naturphilosophie verlangt, lautet: Christus wollte, daß sein Leib im Himmel und im Sakrament auf Erden zugleich anwesend sei. Die einzige Begründung für dieses *voluit* ist die Tatsache seiner biblischen Bezeugung. Genau in diesem Zusammenhang stellt Hofmann fest, daß der Philosophie Gewalt angetan werden müsse[65]. Es dürfte kein Zufall sein, daß die Gewalttätigkeit des theologischen Wahrheitsanspruches, wie ihn Hofmann formuliert, sich mit einer voluntaristischen Christologie verbindet. Tatsächlich ist einer der nächsten Anlässe des Hofmannschen Vorstoßes die Verschärfung seines Gegensatzes gegen die lutherische Christologie Brenz-Andreäscher Prägung, d. h. gegen die sog. Ubiquitätslehre. In ihr wird die Aussage der realen Präsenz des Leibes Christi im Sakrament nicht aus der Willensentscheidung, sondern aus dem ‚Sein', aus der kommunikativen Struktur der Einheit der göttlichen und der menschlichen Natur in der Person Christi begründet; sie kann daher auf die Aussage der Gegenwart Christi bei allen Geschöpfen erweitert werden[66]. Die Vermutung, daß Hofmanns prinzipientheologische These dogmatisch gesehen eine christologische Position darstellt, liegt daher auch historisch nahe.

Gegen die Ubiquitätslehre hatte sich Hofmann seit 1589, zuletzt gegen den Wittenberger Aegidius Hunnius polemisch geäußert[67]. In den *Propositiones* von 1598 nennt er als philosophische Verfälscher der Theologie neben den jesuitischen Theologen und den calvinistischen Philosophen die *Patroni ubiquitatis;* vorangeschickt ist der Abdruck einer brieflichen Äußerung der Konkordienformel-Theologen Th. Kirchner, N. Selnecker und M. Chemnitz an die Wittenberger Theologen aus dem Jahre 1582, in der festgestellt wird, daß das *dogma generalis ubiquitatis* in die Konkordienformel nicht aufgenommen worden sei[68]. Die

---

[65] D. Hofmann, Pro duplici veritate, p. 17s.
[66] Vgl. Th. Mahlmann, Das neue Dogma der lutherischen Christologie. Problem und Geschichte seiner Begründung, Gütersloh 1969, 125 ff.; Verf., Wiederkehr der Metaphysik, 36 ff.; J. Baur, Auf dem Wege zur klassischen Tübinger Christologie, in: Theologen und Theologie an der Universität Tübingen. Beiträge zur Geschichte der Evangelisch-Theologischen Fakultät, hg. M. Brecht, Tübingen 1977, 195–269; ders., Christologie und Subjektivität. Geschichtlicher Ort und dogmatischer Rang der Christologie der Konkordienformel, in: Einsicht und Glaube. Aufsätze, Göttingen 1978, 189–205.
[67] Eine ausführliche Dokumentation schon bei L. Hutter, Concordia concors (1614), Frankfurt/Leipzig 1690, p. 1205–1208, 1341–1380.
[68] D. Hofmann, Propositiones, p. 1, (anonymer Hinweis auf die christologische Disputation Hunnius' von 1597) 4–6; mit Chemnitz auch th. 45. 56. 70–72. Vgl. I. Mager, a.a.O. 89 f., 93 f., wo Chemnitz den „Spekulationen der Württemberger" allerdings zu einfach gegenübergestellt scheint.

sachliche Auseinandersetzung beschränkt sich aus taktischen Gründen allerdings auf die Ablehnung des Schlusses von der Präsenz Christi im Sakrament auf die in der Welt überhaupt, mit der Berufung auf das Axiom, daß die Gegenwart des Leibes Christi, wo, wann und wie auch immer, Gegenstand des Willens Christi und daß dieser, der Vernunft unerforschlich, offenbart sei[69].

Mit dieser Option für den „freien Willen Gottes" und gegen die angemaßte Vernünftigkeit der Ubiquitätsdoktrin steht Hofmann im Gefolge seines theologischen Lehrers Tileman Heshus bzw. der Stellungnahme der Helmstedter Theologen gegen die Unterzeichnung der FC im Quedlinburger Kolloquium von 1583[70]. Der Verdacht dieser Gruppe, daß die württembergische Christologie „aus der Zisterne der Vernunft geschöpft" sei, hatte inzwischen neuen Anlaß bekommen. Die Philosophen sowohl der lutherischen als auch der calvinistischen Universitäten begannen seit etwa 1596 mit der Arbeit an einer systematischen Metaphysik aristotelischen Gepräges. Dieser Vorgang wurde durch bestimmte wissenschaftslogische Motive, ganz sicher aber auch durch das theologische Interesse an der Klärung der in der dogmatischen Sprache gebrauchten metaphysischen Begriffe veranlaßt. In beiden Lagern wurde die Metaphysik von Anfang an in den theologischen Kontroversen eingesetzt[71]. Das mußte Hofmanns Skepsis verstärken. Denn so stellte sich die Theologie mit der Philosophie auf die gemeinsame Basis des *conceptus entis* und akzeptierte die wie immer sonst differenzierte ‚objektive' Einheit des Seins und der Wahrheit. Speziell auf lutherischer Seite diente der Einsatz der Metaphysik dazu, den Realitätsanspruch der Christologie und insbesondere der Ubiquitätslehre gegenüber dem natürlichen Sein zu differenzieren[72].

Auch in Helmstedt wurde seit 1597 durch C. Martini Metaphysik gelehrt, zwar weniger aus spezifisch theologischen Beweggründen – aber auch das bloße Interesse an einer allgemeinen Realdisziplin schloß die Behandlung des philosophischen Begriffes Gottes als des Ersten Seienden, der Ersten Ursache usw. selbstverständlich ein[73]. Die theologische Zurückhaltung C. Martinis konnte Hofmann nicht von der Harmlosigkeit der Metaphysik überzeugen, solange ihm ein „an sich wahrer" philosophischer Gottesbegriff und ein methodisch fixierter Allgemeinheitsanspruch der Philosophie unannehmbar erschienen. In dieser Situation konnte Hofmann allerdings zu Recht die Vernachlässigung der

---

[69] D. Hofmann, a.a.O. th. 58; th. 53.
[70] Vgl. I. Mager, a.a.O. 88f., 90f.
[71] Vgl. Verf., a.a.O. 5, 9–13.
[72] A.a.O. 203f.
[73] Historisch und sachlich nicht genau bei M. Wundt, a.a.O. 98–103 u. ö. und I. Mager, a.a.O. 96–98; vgl. Verf., a.a.O. 8f., 195–198.

Melanchthonschen Dialektik durch seine Gegner beklagen[74]. Mit der Einführung der Metaphysik ging eine methodologische Klärung des instrumentellen Charakters der Logik parallel, die zur Ausscheidung der melanchthonischen oder doch wenigstens der ramistischen, noch stärker ontologisch verschlüsselten Dialektik aus dem philosophischen Lehrbetrieb führte[75]. Hofmanns These der doppelten Wahrheit erscheint hier in dem Maße als eine Reaktion auf die wissenschaftsgeschichtliche Entwicklung, in dem diese von theologischen Motiven bewegt wird.

5. Abschließend seien einige Gesichtspunkte genannt, nach denen sich die systematische Leistung der Hofmannschen These der doppelten Wahrheit in der Perspektive der Geschichte des Glaubens und Denkens beschreiben läßt. Sie sollen dann mit der eingangs gestellten Frage verknüpft werden, inwiefern an dem Problem der doppelten Wahrheit ein theologisches Interesse bestehen kann, das über dessen historisch begrenzte Bedeutung in der Geschichte der Philosophie hinausgeht.

5.1 Im Blick auf die vor ihm liegende Geschichte des Problems kann von der Hofmannschen These auf jeden Fall gesagt werden, daß sie gegenüber der *vorreformatorischen* Situation eine gründlich veränderte Problemlage repräsentiert. Während die Formel dort Instrument philosophischer Emanzipation gegenüber dem theologischen Anspruch auf die Begründung der *Einheit des Denkens* abgibt, ist sie für den lutherischen Theologen das Instrument des theologischen Anspruchs auf die Begründung der *Differenz des Glaubens*. Das Erkenntnisinteresse ist hier nicht mehr naturphilosophischer, sondern anthropologischer Natur; das bedeutet für die Wahrheitsfrage nicht bloß eine Verschiebung, sondern eine qualitative Veränderung. Denn nun wird nicht mehr bloß die wahre Erkenntnis von wahren Gegenständen, sondern das Subjekt wahrer Erkenntnis als solches verhandelt. Damit ist eine neue Situation im Verhältnis von Glauben und Wissen eingetreten; von einer Fortfolge oder Wiederholung der Vorgänge des 13. Jahrhunderts an der Wende zum 17. Jahrhundert kann hier nicht die Rede sein[76].

Insofern Hofmann in die Nachgeschichte *Luthers* gehört, gilt dieses Ergebnis auch für die Problemlage, die Luthers These der Nichtidentität des Wahren in Philosophie und Theologie darstellt. Eine andere Frage ist es, wie die besondere Problemstellung Hofmanns ihre unbestreitbar lutherischen Motive zur Geltung bringt. Die Aporie, in die sie hinsicht-

---

[74] D. Hofmann, Pro duplici veritate, p. 23; H. weist hier mit Beispielen aus dem Examen Ordinandorum und aus der Dialektik den Gegensatz der heidnischen Gottesverehrung und des christlichen Glaubens an den offenbarten Vater Jesu Christi nach, p. 23s.

[75] Vgl. I. Mager, a.a.O., 96; Verf., a.a.O. 11.

[76] Vgl. K. Scholder, a.a.O. 108, 111; gegenüber der Naturwissenschaft ist die Problemlage genau umgekehrt wie gegenüber der Schulphilosophie.

lich des Denkens und hinsichtlich des Glaubens führt, läßt an Hofmanns Gnesioluthertum[77] zweifeln. Sein Versuch, die Wahrheitsfrage im Horizont der Soteriologie zu identifizieren, scheitert daran, daß zu den Mitteln der neuen Konzeption noch die Voraussetzungen des alten, metaphysischen Wahrheitsbegriffes gehören. Die ‚Objektivität', die das Denken als solches traditioneller Weise charakterisiert, wird nur in einer Art negativer Produktivität des Denkens einerseits, in einer dem Denken entzogenen Erleuchtung des Glaubens andererseits überschritten. Der gegenständliche Bezug des Glaubens wird daher biblizistisch formalisiert und dem Denken in einer bloß gesetzlichen Forderung auf Unterwerfung entgegengestellt. Der scheinbare Irrationalismus Hofmanns ist eher ein Supranaturalismus, der in seiner Gleichsetzung der Weisheit Gottes mit der theologischen Doktrin ebenso rationalistisch ist, wie er dies der philosophischen Wahrheit in ihrer theologischen Falschheit bescheinigt[78]. Hofmann stellt die Wahrheitsfrage, dogmatisch gesagt, im Rahmen einer auf die Erbsündenlehre verkürzten Soteriologie; die Rechtfertigungslehre und ihr christologischer Kontext bleiben ohne inhaltliche Funktion. Der Abstand gegenüber Luthers Stellungnahme zum Problem kann daher darin gesehen werden, daß die dort mit der negativen These verbundene positive Forderung nicht eingelöst ist, im Glauben eine neue Sprache zu lernen, die „außerhalb aller Bereiche" und damit auch jenseits des bloßen Gegensatzes zwischen theologischer und philosophischer Wahrheit liegt. Hofmann bleibt, so gesehen, hinter seiner eigenen Absicht und hinter Luthers Ansätzen, diese neue Sprache auch als Differenz des Denkens zu verifizieren[79], zurück.

5.2 Es wäre voreilig, in Hofmanns Gegensatz gegen die überlieferte Theorie der Wahrheit und ihrer Einheit schon eine neuzeitliche, gar einfach subjektivistische Begründung wahrer Erkenntnis zu vermuten. Wie die zeitgenössische Koordination, so steht auch noch Hofmanns Polarisierung der theologischen und der philosophischen Wahrheit unter theologischem Vorzeichen. Beide gehören noch der ‚scholastischen' Epoche

---

[77] D. Hofmann, Pro duplici veritate, p. 1. Problematisch das Urteil von K. Scholder, a.a.O. 120, Anm. 53, vgl. o. Anm. 27!

[78] Z. B. Pro duplici veritate p. 2, 11, 12, 15; . . . salvabitur (sc. Christianus re) cum hoc Syllogismo, Commentatio p. 14. Nicht zufällig kommt der Begriff „Evangelium" und sein Unterschied zum „Gesetz" überhaupt nur einmal, im Motto der Commentatio, vor! – Zur vergleichbaren Nähe von Irrationalismus und Rationalismus bei dem anderen „Gnesiolutheraner" Flacius vgl. H. E. Weber, a.a.O. 268 f.; zur entsprechenden biblizistischen bzw. hamartiologischen Engführung bei den Flacianern vgl. Verf., Substanz oder Subjekt? Die Kontroverse um die anthropologischen Allgemeinbegriffe im Artikel von der Erbsünde, in: Widerspruch, Dialog und Einigung. Studien zur Konkordienformel der lutherischen Reformation, hg. W. Lohff, L. W. Spitz, Stuttgart 1977, 107–135.

[79] Vgl. G. Ebeling, Luther, 92–94; E. Jüngel, Die Welt als Möglichkeit und Wirklichkeit. Zum ontologischen Ansatz der Rechtfertigungslehre, in: EvTh 29 (1969) 417–442.

der Geschichte des Denkens an, in der die Prinzipienfrage außerhalb der Einheitsforderung des begründenden Denkens liegt. Man muß aber sagen, daß Hofmanns Begriff der „Wahrheit des Denkens", wenn auch selbst aporetisch, sich aus dem Rahmen des überlieferten Begriffs der Wahrheit als Adäquation oder Korrespondenz löst, sich in dieser Hinsicht also im Übergang zur neuzeitlichen ‚Subjektivierung' von Wahrheit zur „Existenzwahrheit" oder „Ausdruckswahrheit" befindet. Die Tatsache, daß Hofmann dabei eigentümliche Motive des christlichen Glaubens, zugespitzt in seinem reformatorischen Verständnis, zur Geltung bringt, ist außerdem ein Argument für den theologischen Charakter der neuzeitlichen Situation der Wahrheitsfrage, so kompliziert diese Situation im ganzen auch sein mag[80]. Man kann die Bedeutung der These der doppelten Wahrheit in dieser Perspektive darin sehen, daß sie der *Subjektivität des christlichen Glaubens* ihr Recht verschaffen will. Ist dies richtig, so gibt es allerdings theologische Gründe gegen die historische Abtrennung des Problems der doppelten Wahrheit vom neuzeitlichen Bewußtsein. Es ist freilich wiederum die Frage, wie diese Gründe so eingebracht werden können, daß sie der gegenwärtigen Situation des Interesses an der christlichen Subjektivität angemessen sind.

Die neuere Theologie befindet sich hier in einer Situation, die in bestimmter Hinsicht der Zeit vergleichbar scheint, in der die These der doppelten Wahrheit theologisch gefordert war. Diese Situation wird gern polemisch mit Wörtern wie „Subjektivismus" oder „Irrationalismus" oder eben mit Abwandlungen der Formel „doppelte Wahrheit" charakterisiert. Daran ist zweifellos so viel richtig, daß die neuere protestantische Theologie im allgemeinen ihre Aufgabe darin sieht, die theologische Wahrheit als die Wahrheit des Subjektiven zu erklären; so unterschiedliche theologische Entwürfe wie die von F. Schleiermacher, S. Kierkegaard oder A. Ritschl stimmen hierin überein. Diese Aufgabenstellung wirkt bis in die Gegenwart nach, wo sie das Gegenprogramm der „Überwindung des Subjektivismus" hervorruft. Doch kommt das theologische Interesse an der *Differenz des Subjektiven* nicht von ungefähr. Es hat sein Recht im Gegenüber zu einer Einheitsforderung, die jeden Widerspruch begründetermaßen immer schon umschließt. Dieser Forderung begegnet die neuere Theologie in der Folgegeschichte von Hegels spekulativer Synthese, der die Vermittlung nicht nur der philosophischen und der theologischen Wahrheit, sondern auch der beiderseitigen,

---

[80] W. Pannenberg, Was ist Wahrheit?, in: Grundfragen systematischer Theologie. Gesammelte Aufsätze, Göttingen 1967, 202–222; ders., Christliche Theologie und philosophische Kritik, in: Gottesgedanke und menschliche Freiheit, Göttingen 1972, 48–77. Kritisch zur Subjektivierungsthese etwa B. Puntel, Wahrheit, in: Handbuch philosophischer Grundbegriffe, hg. H. Krings u. a., München 1974, 1651 f.

historisch zunächst sich verdrängenden Ansprüche auf die Begründung der Einheit der Wahrheit gelingt. Diese Vermittlungsleistung ist theologisch überzeugend, weil sie den Wechsel der begründenden Instanz vom Glauben zum Denken entschärft. Die theologisch ruinösen Folgen, die dieser Wechsel in der rationalistisch- und auch in der kritisch-authentischen Auslegung der theologischen Wahrheit nach den Bedingungen der reinen Vernunft hatte, werden nun geradezu ausgeschlossen. Der abstrakte Gegensatz von „zweierlei Vernunft und zweierlei Geist" ist so aufgehoben, daß nicht nur die Einheit, sondern auch der Unterschied von Glauben und Wissen begriffen ist. Aber eben deshalb kann die Philosophie fortan auch beanspruchen, eine Theologie, die ihre Aufgabe der Erkenntnis der einen, göttlichen Wahrheit versäumt, angemessen zu vertreten[81]. Dem glaubte sich die neuere Theologie schließlich entziehen und die faktisch besondere Existenz der theologischen Wahrheit, d. h. die freie Existenz des christlichen Glaubens als ihr Thema erklären zu müssen.

Die Situation des Interesses an der Differenz der theologischen Wahrheit hat sich aber insofern verändert, als der überlegenen philosophischen Einheitsforderung nicht nur aus Gründen des christlichen Glaubens, sondern ebensosehr aus Gründen der Kritik des christlichen Glaubens, der in jener Forderung selber ‚objektiv' geworden war, widersprochen worden ist. Der erneuerte Gegensatz von Glauben und Wissen führt, wie es etwa D. F. Strauß mit L. Feuerbach versteht, nicht nur zurück zum *credo quia absurdum,* sondern auch vorwärts zum glaubensfreien Wissen[82]; einem Wissen, das nun selber und in gesteigerter Intensität das Interesse des Subjektiven wahrnimmt. In dieser Situation wird die theologische Einforderung der Subjektivität des Glaubens leicht zur bloßen Wiederholung des allgemein gewordenen Subjektiven. Der Widerspruch der theologischen gegen die philosophische Wahrheit behält seinen ursprünglichen Sinn nunmehr nur dann, wenn er sich zu ihr auch als zur These der einen Wahrheit verhalten kann. In der neuzeitlichen Nachgeschichte des Problems der doppelten Wahrheit muß sich die Theologie also aus inneren Gründen an der *Formulierung der These der einen Wahrheit* beteiligen.

Von den Hinweisen, die sich in dieser Situation aus der Geschichte des Problems der doppelten Wahrheit ergeben, scheint hierfür der auf die Bedeutung der *Christologie* am wichtigsten. Denn die christologische Differenzierung der theologischen Wahrheit gibt der Subjektivität des

---

[81] G. W. F. Hegel, Vorrede zu Hinrichs' Religionsphilosophie (1822), in: Werke 11, hg. E. Moldenhauer und M. Michel, Frankfurt 1970, 42–67; Vorlesungen über die Philosophie der Religion, Einleitung, in: Werke 16, 27–32, 35–42.

[82] D. F. Strauß, a.a.O. 4f.

christlichen Glaubens das Recht zu immer neuer Besonderung, ohne doch in den abstrakten Gegensatz gegen das philosophische Wahrheitsbewußtsein zu fallen, auf das sie sich vielmehr einläßt, um jene Differenz zu formulieren. Ihr Denkweg geht mit der Philosophie von der Vielheit zur Einheit des Wahren, gegen sie von der Einheit der Wahrheit zur Vielfalt der neuen Sprachen des christlichen Glaubens.

Wilhelm F. Kasch

Erfahrung und Freiheit

Anmerkungen zur Metatheorie einer Grundlegung
der Fundamentaltheologie

Es ist dem Jubilar, dem diese Zeilen dargebracht werden, neben vielem anderen dafür zu danken, daß er die Fundamentaltheologie zur selbständigen Disziplin der systematischen Theologie erhoben hat und sich auch nicht zu gut gewesen ist, dies im Rahmen eines für Studenten verständlichen Studienbuches vorzunehmen. Denn dies ist in zweifacher Hinsicht eine angemessene Reaktion auf die theologische Lage. Einmal findet damit die Einsicht Berücksichtigung, daß Theologie als Wissenschaft im Zeitalter des Pluralismus der theologischen Entwürfe, Problemkonzeptionen und Lösungsversuche ihre Möglichkeit und ihre disziplinäre Einheit zum speziellen Thema machen muß. Zum anderen wird der Lage der Studierenden Rechnung getragen, die angesichts der Vielfalt der konkurrierenden Modelle in besonderer Weise auf eine ihnen zugängliche Behandlung der fundamentaltheologischen Probleme angewiesen sind.

Aber freilich ergeben sich mit der Inangriffnahme einer gegenüber den traditionellen Prolegomena der Dogmatik selbständigen Fundamentaltheologie Probleme, die zwar nicht neu sind, wohl aber jetzt neue Dringlichkeit erhalten und von denen man nicht sagen kann, daß die Zeit ihre Erörterung begünstige. Behandelt die Fundamentaltheologie die Probleme der Grundlegung der Theologie, muß sie notwendigerweise bestimmen, was Theologie ist, worin sie ihren zureichenden Grund hat, inwiefern sie sich als ein System von Sätzen zu entfalten vermag, welche Themen in der Theologie Behandlung finden müssen und in welchen Teilgebieten dies geschehen soll.

All dieses aber weist sie auf die Bedingung der Möglichkeit von Theologie zurück, stellt sie, anders ausgedrückt, vor metatheoretische Probleme, weil die Erledigung dieser Aufgaben ohne den Bezug zum Denken und Selbstbewußtsein, die unsere Zeit und unseren soziokulturellen Kontext bestimmen, nicht geleistet werden kann. Denken und Selbstbewußtsein einer Zeit aber konzentrieren sich in ihrem Verständnis von

Erfahrung des Selbst und Erfahrung der Welt. Man wird daher sagen können, daß die Inangriffnahme der fundamentaltheologischen Aufgabe zwangsläufig vor das metatheoretische Problem der Erfahrung führt.

Ist dies aber richtig, darf die Beisteuerung einiger Anmerkungen zum Problembereich der Beziehung von Theologie und Erfahrung als kleiner Ausdruck des Dankes an den Fundamentaltheologen Wilfried Joest verstanden werden.

I. Zur Bestimmung der Krise der Fundamentaltheologie

1. Über das herrschende Verständnis theologischer Erfahrung

E. Jüngel hat den Satz geprägt: „Denn der Glaube ist ja auf jeden Fall eine Erfahrung, die wir mit der Erfahrung machen und machen müssen." In ähnlicher Weise hat sich G. Ebeling in seinem großen und grundsätzlichen Vortrag auf dem Gründungskongreß der Wissenschaftlichen Gesellschaft für Theologie am 3. April 1974 in Göttingen geäußert: „Geht man davon aus, daß Theologie verantwortliche Rechenschaft über den christlichen Glauben ist, dann ist in dieser Gegenstandsangabe der Gesichtspunkt der Erfahrung in doppelter Hinsicht impliziert: In Gestalt überlieferter Erfahrung und in Gestalt der dadurch herausgeforderten Erfahrung." Und auch Joachim Track gibt eine gleiche Bestimmung: „Religiöse Erfahrungen sind ‚Erfahrungen mit der Erfahrung'."

Die drei Definitionen, denen zahlreiche verwandte an die Seite gestellt werden könnten, machen deutlich, wie Erfahrung in der Theologie gemeinhin verstanden wird: als Akt subjektiver Deutung anderer oder vorhergehender Akte subjektiver Deutung. Ihr Wesen ist also die subjektive Aneignung eines in der Überlieferung Gesagten oder Gemeinten.

Unterschieden ist diese deutende Aneignung von der des Wissens dadurch, daß sie sich nicht auf etwas, sondern auf mein Selbst bezieht, daß sie also Selbstbestimmung ist. Und sie ist ‚Erfahrung mit der Erfahrung', weil sie sich nicht spontan und autonom als Selbstentfaltung und Selbstauslegung ereignet, sondern in einer durch die Sprache vermittelten Begegnung mit vorgegebenen Deutungen menschlicher Existenz zustande kommt. Um noch einmal Joachim Track zu zitieren: Die religiösen Erfahrungen „überkommen uns nicht von irgendwoher, grund- und situationslos, sondern geschehen mit und unter unserer Erfahrung in *bestimmter Lebenspraxis*", deren Bestimmungsgrund Anspruch und Zuspruch Christi ist.

Religiöse oder Glaubenserfahrungen sind danach bedingte Konstrukte der Selbstkonstituierung: Konstrukte, weil sie Akte der Selbstbestimmung darstellen; bedingt, weil sie vorgegebene Akte der Selbstdeutung als ihre Katalysatoren benötigen; um Selbstkonstituierung handelt es sich, weil nicht „etwas" internalisiert wird, sondern „Sinn" als grundlegendes Verhalten zum eigenen Selbst und, aus diesem abgeleitet, Verhalten auch zum Nicht-Ich, zur Welt.

Dabei ist allgemeinste Voraussetzung die Identität des Selbst, das seiner Identität in der Erfahrung mit der Erfahrung zwar erst inne wird, diese aber nicht machen könnte, wenn es seinem Wesen nach nicht identisch, d.h. überzeitlich und unbedingt wäre. Darum kann nur auf der Basis der prinzipiellen Geltung dieser identitätsphilosophischen Grundlage in der absoluten Weise von ‚Erfahrung mit der Erfahrung' geredet werden, die hier verwandt wird.

Versteht man Glaubenserfahrung als ‚Erfahrung mit der Erfahrung', stellt sich das Erfahrungsdefizit, von dem die Theologie unserer Zeit beunruhigt wird, als mangelnde Konzentration und unangemessene Alterierung der Sache der Theologie dar. „Sache der Theologie im Sinne ihrer Aufgabe und Zuständigkeit ist es", schreibt G. Ebeling, „die unerschöpfliche Vielfalt und lebendige Bewegtheit der Sache, die ihren Gegenstand ausmacht, zur Geltung zu bringen. Dies geschieht dadurch, daß die Begegnung von überlieferter und gegenwärtiger Erfahrung aufs äußerste intensiviert wird, damit der christliche Glaube als gottgemäße Erfahrung mit aller Erfahrung in der ihm zukommenden Weite und Konzentration zur Sprache kommt."

2. Fundamentaltheologische Probleme des Erfahrungsbegriffes „Erfahrung mit der Erfahrung"

Die gegenwärtige Fundamentaltheologie sieht sich vor die Frage gestellt, ob der hier in Kürze angedeutete Erfahrungsbegriff für eine aktuelle Grundlegung der Theologie tragfähig ist. Die Frage ergibt sich aus kritischen Bestreitungen dieses Erfahrungsverständnisses, die aus zwei unterschiedenen Bereichen kommen: aus der Theologie selbst und aus den Humanwissenschaften. Im Blick auf die gegenwärtige Theologie erkennen wir einen Pluralismus konkurrierender Entwürfe, der seit geraumer Zeit die Diskussionslage der Theologie bestimmt. Er stellt das identitätsphilosophische Erfahrungsverständnis insofern in Frage, als er bestreitet, daß die Erfahrung mit der Erfahrung den Zugang zum Reden von Gott bilden könne. Analysiert man nämlich diese Theologien der Frage, des Todes Gottes, der Revolution, der Hoffnung, der Befreiung, zeigt sich, daß sie bei aller Unterschiedenheit in zwei Wesensmerkmalen übereinstimmen: sie sind prinzipiell traditionskritisch, wählen also die Verneinung der Tradition als Katalysator ihrer Position, und sie sind handlungstheoretisch orientiert, verstehen also das intendierte Ziel als Praxis, das nicht durch Erkennen, sondern durch wirklichkeitskritisches Tun erreicht werden kann. Mit dieser Einstellung aber ist das grundlegende Identitätsaxiom des Erfahrungsbegriffes als ‚Erfahrung mit der Erfahrung‘ bestritten. Denn Verneinung der Tradition bedeutet ja, daß die ‚Erfahrung mit der Erfahrung‘ gerade Theologie unmöglich erscheinen läßt und daß auch das eigene Denken, insoweit es durch die Tradition bestimmt ist, keinen Zugang zur Theologie findet. So tritt zur Traditionskritik die Selbstkritik, die gerade Negation der Erkenntnisinhalte des erkennenden Selbst zur Bedingung theologischer Erfahrung macht, die identitätsphilosophische Grundlage also verneint. Und fragt man, worauf sich diese Kritik gründet, erhält man als Antwort: auf die dem Menschen eigene Freiheit zur Verweigerung einer Gotteserfahrung verhindernden Wirklichkeitserfahrung. Es ist also die Freiheit zur Utopie, zum Aufbruch in eine noch nicht bestimmte Zukunft, die im kritischen Handeln als Prozeßziel aufscheint, die die Kritik an der ‚Erfahrung mit der Erfahrung‘ und ihren Voraussetzungen und Konsequenzen begründet.

Zur innertheologischen Negation des tradierten theologischen Erfahrungsbegriffes tritt aber auch eine von außerhalb der Theologie, die des Erfahrungsdenkens der Zeit. Auch dieses ist der Identitätsthese des Selbst gegenüber kritisch. Es betont, daß der Mensch nicht ein Wesen hat, sondern seiner Natur nach Potenz, Möglichkeit zur Selbstverwirklichung darstellt. Diese seine Grundsituation weist ihn von der identischen Erfahrung weg auf die nichtidentische Erfahrung mit der Wirklichkeit als dem Wege, in dessen Beschreiten der Mensch die Möglichkeit seiner Freiheit erst ergreifen kann. In dieser Voraussetzung ist die emanzipationstheoretische, erfahrungswissenschaftliche Orientierung der modernen Wissenschaft begründet, die inzwischen weithin auch die Zustimmung der Philosophie gefunden hat. Dabei hat zu ihrem Durchbruch in entscheidender Weise beigetragen, daß die Tiefenpsychologie, die Verhaltensforschung und die Molekularbiologie zeigen konnten, daß menschliche Erfahrung und menschliches Verhalten keine Wirklichkeiten sui generis sind, sondern Spezialfälle des Verhaltens des Lebendigen überhaupt darstellen. Vor allem seitdem die Molekularbiologie nachgewiesen hat, daß das Sinndenken und Sinnverstehen des Menschen durch Mutation des genetischen Codes im Verlauf des breiten Stromes der Evolution entstanden ist, also als evolutionäres Geschehen begriffen werden muß, wird Erfahrung wissenschaftlich gemeinhin als Wirklichkeitserfahrung begriffen. Und das ist nicht nur eine allgemeine Theorie, sondern läßt sich auch konkretisieren. So hat Jacques Monod darlegen können, daß die Teleonomie, die das menschliche Bewußtsein prägt, eine evolutionäre Struktur ist, daß also das Wesensdenken des Menschen, sein „Animismus" ein angeborener Rest aus der Geschichte der Evolution ist. So ist es ihm möglich, die Wirklichkeit von Religion und Geist als Moment der Evolution zu bestimmen.

Einen Schritt weiter noch geht Manfred Eigen, dessen wissenschaftliche Untersuchungen vor allem der Autokatalyse des evolutionären Sprunges gewidmet sind und dessen philosophische Arbeiten den „Spiel"raum mit seinen Möglichkeiten zu bestimmen suchen, der dem Menschen durch die Evolution zugewachsen ist. Dabei aber ergibt sich ihm: Menschliche Verwirklichung und Identifikation werden nicht durch den Rekurs auf ein in der menschlichen Geschichte sich manifestierendes identisches Wesen gefördert. Dessen Konzeption ist Ausdruck einer der heutigen Wirklichkeitserfahrung inadäquaten Erfahrung. Weisungen zur Verwirklichung des Menschen ergeben sich in Rücksicht auf den evolutionären Prozeß, also durch Berücksichtigung nichtidentischer empirischer Erfahrung als der Bedingung des „Spieles". Entsprechend kritisiert Eigen die Theologie: „Die Theologie, soweit sie als Wissenschaft hervortritt, begnügt sich jedoch vornehmlich mit der Überlieferung und Auslegung historischen Gedankengutes. Beiträge zur Moral und Sittenlehre sind heute eher aus Wissenschaftszweigen abseits der Theologie zu erwarten."

Der Erfahrungsbegriff der Theologie ist also – das sollte deutlich gemacht werden – im Denken unserer Zeit in seiner Gültigkeit grundsätzlich bestritten. Vor allem auch seine biologische Relativierung, die den Weltbegriff, aber auch Geist und Sinnverstehen als durch die Evolution eröffneten „Spiel"-Raum des Menschen begreifen lehrt, hat die alte Unterscheidung von Natur und Geist unmöglich gemacht und damit auch die Humanwissenschaften veranlaßt, Erfahrung als Welt- und Wirklichkeitserfahrung zu begreifen. So lautet die neue These: Selbsterfahrung ist eine Variable der Evolution, vollzieht sich als Erfahrung des „Spiel"-Raumes, die der evolutionäre Prozeß je einer Gattung gewährt hat und ist daher zu ihrer Konkretisierung auf die nichtidentische Wirklichkeit und deren Erfahrung durch das einzelne Exemplar angewiesen.

Wie soll die Fundamentaltheologie sich gegenüber dieser doppelten Bestreitung des ihr vorgegebenen Erfahrungsbegriffes verhalten? Sie wird, so meine ich, an ihr nicht vorbeigehen können. Dies Urteil hat vor allem zwei Gründe, deren einer sich aus der Aufgabe der Fundamentaltheologie selbst ergibt: soll sie nämlich Theologie als einen Zusammenhang von Sätzen rational begründbar machen, müßte die unbegründete Mißachtung begründeter Bestreitung ihres Erfahrungsbegriffes ihr Ziel und damit sie selbst in der Wurzel treffen, weil damit ja das sie bestimmende Rationalitätsprinzip von ihr verleugnet würde. Zudem: sollte sie die Negation der Erfahrung mit der Erfahrung verweigern, würde sie eben damit eine spezifische Form von Erfahrung mit der Erfahrung ablehnen, also selbst vollziehen, was sie bestreitet: die Notwendigkeit der Negation von Erfahrung mit der Erfahrung als Basis der Theologie. Außerdem wäre sie rein praktisch auch nicht mehr in der Lage, ihre begründende Aufgabe zu erfüllen. Soll die Bestreitung des tradierten Erfahrungsbegriffes aufgearbeitet werden, bedeutet dies, daß der identitätsphilosophische Erfahrungsbegriff seine Berechtigung gegenüber dem nichtidentischen aufweisen müßte. Dazu aber müßte er hinter die vom nichtidentischen Erfahrungsbegriff negativ bewertete Erfahrung mit der Erfahrung zurückgehen und zeigen, daß seine Beurteilung richtig, die der Handlungstheorien aber unangemessen ist. Heißt dies nun, daß er den *Grund* der Erfahrung mit der Erfahrung zum Behandlungsgegenstand der Fundamentaltheologie macht, dann ergibt sich damit zugleich die Unzulänglichkeit des fundamentaltheologischen Einsatzes bei dem identitätsphilosophischen Erfahrungsbegriff, weil dieser sich als der Hinterfragung bedürftig erweist.

Aber es ist gar nicht nur die ratio essendi der Fundamentaltheologie als solcher, die die Berücksichtigung der Kritik an der ‚Erfahrung mit der Erfahrung' erforderlich erscheinen läßt. Ein axiomatisches Insistieren der Theologie auf der identitätsphilosophischen Art der Erfahrung hätte, abgesehen von den systematischen Schwierigkeiten, auch im Blick auf mögliche Erfolge wenig Chancen. Dies Verständnis der Erfahrung verhält sich zur dargestellten Kritik, um im Bilde des Spiels zu bleiben, wie der Hinweis eines Schachspielers, er habe einen bestimmten Zug in der Spieleröffnung immer gespielt, zu einer komplexen Analyse dieses Zuges, die den Nachweis erbringt, er sei objektiv ungünstig. So kann gerade die Fundamentaltheologie, deren Aufgabe Begründung der Theologie als Wissenschaft ist, sich an dieser Kritik des tradierten Erfahrungsbegriffes nicht vorbeidrücken. Versuchte sie dies, verlöre sie nicht nur ihre Kommunikationsfähigkeit mit anderen Wissenschaften, sie nähme sich auch die Basis ihrer wissenschaftlichen Selbstorganisation. Will sie Theologie bleiben, hat sie angesichts der Kritik des theologischen Erfahrungsbegriffes von innerhalb und außerhalb der Theologie nur die Möglichkeit, den empirischen Erfahrungsbegriff wissenschaftlich, d. h. in Auseinandersetzung mit dem erfahrungsbezogenen Denken zu überwinden. Dies aber heißt als erstes: sie muß sich ihm stellen.

3. Berücksichtigung erfahrungswissenschaftlicher Kritik als Annahme der Infragestellung der Theologie

Was bedeutet es, wenn die Theologie sich der erfahrungswissenschaftlichen Kritik ihres Erfahrungsbegriffes stellt? Die allgemeinste Antwort auf diese Frage kann nur lauten: Eintreten in ihre Infragestellung, Annahme ihrer Kritik. Wir wollen uns das an vier Punkten deutlich machen.

a) Theologie ist Reden von Gott. Soll es verantwortbar sein, muß der Redende von Gott wissen. Ist Gott der Grund und die bestimmende Macht der Wirklichkeit, beinhaltet Reden von Gott Autonomie und Kompetenz des Redenden, wie immer diese vermittelt gedacht werden. Denn nur wahres Reden von Gott ist verantwortbar, Wahrheit aber heißt Teilhabe des Redenden am Sein selbst, also identisches Wissen. Theologie, so muß man daher sagen, setzt Autonomie des Redenden und Wahrheit des Geredeten voraus. Sie ist infolgedessen prinzipiell erfahrungsunabhängig. Denn erfahrungsabhängige Autonomie wäre ein Widerspruch in sich selbst.

Demgegenüber behauptet nun die erfahrungswissenschaftliche Erfahrung, der Mensch sei ein bedingtes System, seine Autonomie Heteronomie. Sehr eindrucksvoll hat der Biologe Manfred Eigen gerade dies gegenüber Jacques Monod zum Audruck gebracht, indem er die Äußerung von Monod, der Mensch sei ein aus dem evolutionären Zusammenhang der Welt ausgestoßener Zigeuner, als „Animismus", also als erfahrungswidrige Autonomiebehauptung kritisiert und den durch die Evolution uns gesetzten Erfahrungsraum als „Spiel"-raum unseres Seins und Handelns entfaltet, dessen Bedingungen unser Normengefüge darstellen. Will der Mensch erfolgreich „spielen", muß er dies Gefüge berücksichtigen. Er muß, anders ausgedrückt, die Heteronomie und Begrenztheit seiner Freiheit durch grundsätzliche Erfahrungsorientierung realisieren. Das aber macht erfahrungsunabhängige und darum wahre und identische Aussagen, also Theologie, unmöglich. So wird deutlich: die Berücksichtigung erfahrungswissenschaftlicher Kritik stellt die Theologie als solche in Frage. Eine Fundamentaltheologie, die sich ihr stellt, hat mit der Autonomie offenbar die Möglichkeit von Theologie selbst preisgegeben.

b) Die Folge ist ein neuer Begriff des Menschen. Nicht die Reflexion unserer Identität, die ‚Erfahrung mit der Erfahrung' als Durchgang zum Selbst begreifen läßt, erscheint als Weg der Verwirklichung, sondern die prinzipielle Kritik am Gegebenen und Erreichten. Daß er nein sagen kann, bringt den Menschen zur Erfahrung seiner Potentialität, seiner ihm spezifisch eigenen Lebendigkeit. Wie die in der Fähigkeit zur Negation sich erfahrende Potentialität das Selbstverständnis des Menschen bestimmt, zeigen die kritischen Theologien. Mit ihrer Kritik an der ‚Erfahrung mit der Erfahrung' verzichten sie auf Fundamentaltheologie. Besser: sie verneinen ihre Möglichkeit, das Selbst mit dem Wesen der Wirklichkeit zu versöhnen. Sie deklinieren Wahrheit, Teilhabe und Heil darum nicht als Sinn, also als Identitätserfahrung, sondern als deren in der Kritik erfahrbare und gegenwärtige Ausständigkeit und Zukünftigkeit, als Recht zum Aufbruch in immer neue kritische Erfahrung. Das führt sie in geheime oder offene Bundesgenossenschaft mit der erfahrungstheoretischen Erfahrung, lehrt sie das Seiende verachten und am Werden das noch nicht Seiende, also den Prozeß lieben. Darum ist auch ihnen das Wirkliche als Steinbruch des Möglichen gegenwärtig. Verständlich darum, daß sie nicht der Grund oder das Fundament der Theologie interessiert, sondern die utopische Möglichkeit, die Kritik eröffnet. Aber auch das bedeutet natürlich, wie die ganze Orientierung an der Potentialität, Infragestellung der Theologie als Zusammenhang von wahren Sätzen. Mit welcher Wirklichkeit sollten diese Sätze auch identisch sein?

c) Wo das Wirkliche als Steinbruch des Möglichen verstanden wird, muß Tradition durch Erfahrung abgelöst werden. Denn Tradition heißt das Wirkliche als wirkliches, als festgestelltes. Tradition führt zur Reproduktion. Soll das Wirkliche dagegen Steinbruch des Möglichen sein, kann es keine verbindliche Tradition geben. Es herrscht vielmehr das Gesetz des ‚trial and error', das Konzept, mit dem das Selbst sich Wirklichkeit zu Diensten machen will und im Vollzug dieses Versuches die Erfahrung des Gelingens oder Mißlingens macht und in dem allem sich dynamisch vollzieht. Darum kann es hier auch keine verbindliche Wahrheit geben. Denn diese wäre ja nichts anderes als ein Versuchsverbot, also Einschränkung der Potentialität, die auf dem Standpunkt der Potentialität sinnlos und schädlich wäre. Natürlich gibt es Irrtumserfahrungen. Aber sie sind keine Wahrheiten, sondern gelten bis zum Erweis des Gegenteils, bis neue Versuche sie widerlegt oder modifiziert haben. So wird deutlich: wo der Mensch als bedingtes System mit Möglichkeiten zur Selbstbestimmung verstanden wird, muß die Tradition zu einer variablen Funktion der Erfahrung werden. Und eben dies läßt theologische Aussagen, also Aussagen, die den Anspruch auf Wahrheit erheben, nicht nur als unbegründet, sondern auch als unpraktisch, als erfahrungswidrig erscheinen.

d) Ziehen wir das Fazit. Eine Fundamentaltheologie, die sich der erfahrungstheoretischen Kritik stellt, die ihre Erfahrung mit der Erfahrung mit der Wirklichkeitserfahrung konfrontiert, sieht sich nach Sinn, Recht und Möglichkeiten in Frage gestellt. Nicht die großen Worte sind es, die sie niederwerfen: Unwahrheit, Tod Gottes, Betrug, Täuschung. Es ist, schlicht gesagt, ihre Unnützlichkeit und Unbrauchbarkeit zur Verwirklichung des Menschen, die sie an sich selbst erfährt. Die Erfahrung mit der Erfahrung wird ihr zum Irrtum, zu einem Fehlverhalten. Sie glaubt zu begreifen, daß man an Stelle von Theologie alter Art Erfahrungswissenschaft betreiben sollte, daß eine Theologie neuer Art nicht ein besonderes Wissen und ein Zusammenhang von Sätzen, sondern der Aufbruchscharakter des Denkens, der Mut, ungebahnte Wege einzuschlagen, der Wille, verkrustete Vorurteile zu überwinden und alt-ehrwürdige Ungerechtigkeiten nicht hinzunehmen, ist, damit der Mensch den Weg seiner Verwirklichung erfolgreich begehen kann.

Das ist die Erfahrung einer Fundamentaltheologie, die sich ihrer erfahrungswissenschaftlichen Kritik und in einem damit ihrer fundamentalen Krise stellt.

II. Zur erfahrungswissenschaftlichen Kritik der Theologie

1. Theologie als Äquivalent unbedingter Erfahrung

Wir sahen: die Rezeption der erfahrungswissenschaftlichen Kritik hat die Fundamentaltheologie in eine offenbar ausweglose Lage gebracht. Sollte sie nicht daraus den Schluß ziehen, es sei Zeit, abzutreten, den Humanwissenschaften das Feld zu räumen? Viele denken in der Tat so, und auch der Blick auf die kritischen Theologien erweckt den Eindruck einer Kapitulation in Raten. Aber so einfach geht es doch nicht. Und es ist gerade die den Menschen und sich selbst ernst nehmende erfahrungswissenschaftliche Erfahrung, die das Abtreten der Theologie verhindert. Ist ihr doch gegenständlich geworden, daß der Mensch als bedingtes System mit Möglichkeiten zur Freiheit an die Bedingungen gewiesen ist, die seine Freiheit wirklich werden lassen. Er ist eben nicht reine, sondern bedingte Potenz, wie – unabhängig voneinander – Psychologie, Soziologie und Biologie erkannt haben. Damit aber wird die als Erfahrung gefaßte Wirklichkeit, die anderen gegenständlich wurde, grundsätzlich bedeutsam. Erfahrungsdenken kann nichts, was erfahren wurde, negieren. Als Inbegriff erfahrener Wirklichkeit wird Theologie im Horizont erfahrungswissenschaftlichen Denkens also in neuer Weise relevant; und dies um so mehr, als ihre Inhalte, das Erfahrene, das sie ist, den sonstigen Erfahrungsinhalten widerstreiten. Nicht also daß sie ‚Erfahrung mit der Erfahrung', subjektiver Akt ist, macht sie wichtig. Wichtig wird sie vielmehr um der Wirklichkeit willen, die ihre Inhalte und Lehren repräsentieren, die der Wirklichkeit der Erfahrungswissenschaften widerspricht und infolgedessen so lange deren Wirklichkeit in Frage stellt, wie jene nicht in diese einbezogen werden kann. Um es einfach auszudrücken: eine Theologie, deren bezeugte Wirklichkeit nicht auf erfahrungswissenschaftlich zugängliche Wirklichkeit zurückgeführt werden kann, falsifiziert das erfahrungswissenschaftliche Verständnis des Menschen als eines bedingten Systems mit immanenten Möglichkeiten zur Selbstgestaltung. Dieser Sachverhalt ist es, der den Erfahrungswissenschaften die Theologie zum notwendigen Gegenstand der Kritik macht und es erfahrungswissenschaftlich betrachtet verbietet, die Theologie ad acta zu legen.

Orientiert an einem identitätsphilosophischen Begriff vom Selbst, verstehen wir diese immanente erfahrungswissenschaftliche Notwendigkeit nur dann, wenn wir uns klarmachen, wie die Theologie den Erfahrungswissenschaften erscheint: als ein System unbedingter Aussagen. Und so muß sie auch, betrachtet man sie mit den Augen des nichtidentischen Erfahrungsbegriffes, erscheinen. Sie wird einer den Menschen als bedingtes System begreifenden Erfahrung zum Rätsel, weil ihre Wirklichkeit aller Welterfahrung widerspricht. Die erfahrungswissenschaftliche Erfahrung vermag zwar als den allgemeinsten Grund menschlicher Möglichkeit den durch die Evolution geschaffenen Freiraum zu erkennen, der ihr den formalen Rahmen des Spieles zur Verfügung stellt, also Reflexion möglich macht. Weil aber erfahrungstheoretisches Denken davon ausgehen muß, daß der Freiraum ein begrenzter ist, daß das Spiel, anders ausgedrückt, Regeln hat, die der Erfahrung präsent sind und im Erfahrungsgeschehen immer wieder gegenwärtig gemacht werden, wird einem so organisierten Denken unfaßlich, was Veranlassung geben konnte, daß Theologie, also verantwortbares Reden über Gott, Mensch und Welt, Ereignis wurde. Denn vom Standpunkt des Erfahrungswissens her fehlen alle materialen Bedingungen, die ein derartiges Konstrukt möglich erscheinen lassen.

Daß sich dies in der Tat so verhält, wird deutlich, wenn wir uns in aller Kürze die Implikationen vergegenwärtigen, die mit den theologischen Aussage-Gegenständen verbunden sind. Verstehen wir, wie das hier gemeint ist, unter verantwortbarer Aussage eine solche, die mindestens subjektiv wahrhaftig ist, impliziert ein verantwortliches Reden von Gott rein als solches den Anspruch des Redenden auf unbedingte Identität hinsichtlich des Gesagten, also auf Wahrheit wie auf Wahrhaftigkeit. Und das heißt nicht nur, daß mindestens seinem subjektiven Bewußtsein nach in ihm und für ihn im theologischen Reden, Denken und Handeln, Theorie und Praxis, Individuell-Konkretes und Generell-Abstraktes zur Deckung gelangt sind. Sondern es besagt als Reden eines Menschen im Hinblick auf das Gesagte auch die unbedingte Teilhabe des Redenden an Gott, also Unvergänglichkeit, Gültigkeit. Aber auch damit ist noch nicht das Letzte zum Ausdruck gebracht. Als Aussage über ein Objekt beinhaltet es letztlich ein Verfügen des Aussagenden über das Ausgesagte, also des Menschen über Gott. N. Herman hat gerade dies in seinem bekannten Weihnachtslied sehr deutlich ausgesprochen: „Er wird ein Knecht und ich ein Herr, das mag ein Wechsel sein."

Zum anderen aber trifft die in der verantwortbaren Rede von Gott sich manifestierende Freiheit natürlich auch für die Implikationen dieser Rede zu. Theologie als verantwortbare Rede von Gott ist menschliche Handlung, vollzieht sich also im Denken und Sprechen eines einheitlichen Bewußtseins, dessen Verantwortlichkeit gerade darin besteht, daß das Reden von Gott auf das Ganze seines Seins, Denkens und seiner Wahrheit bezogen ist. Denn gerade darin besteht seine Verantwortlichkeit. Infolgedessen kann die Theologie nicht verantwortlich von Gott reden, ohne zugleich immer wahre, d.h. wesenhaft adäquate Aussagen über Mensch und Welt zu machen. Sollte sie sich dieser Konsequenz entziehen, fiele mindestens die Verantwortlichkeit dieses Redens in sich zusammen. Und eben diese behauptet sie qua Theologie.

So wird deutlich: das Rätsel der Theologie auf dem Standpunkt der Erfahrung ist ihre Wirklichkeit, die sich der Welt- und Selbsterfahrung als unmögliche Möglichkeit darstellt. Gerade diese Feststellung aber erzwingt angesichts der unbezweifelbaren Tatsache, daß Theologie, verantwortliches Reden von Gott, in breitem Zeugnis uns vorliegt, die Folgerung, daß es Erfahrungen gegeben hat, daß es Erfahrungen waren, die verantwortbares Reden von Gott, also Theologie, begründeten.

Diese Feststellung aber erlaubt es nun, das erfahrungswissenschaftliche *Problem* der Theologie erfahrungswissenschaftlich, d.h. unter der Voraussetzung ihrer Konstrukthaftigkeit und einvernehmlich mit dem an der Wirklichkeitserfahrung der Wissenschaften orientierten Begriff des Menschen als eines bedingten Systems mit begrenzten Spielmöglichkeiten zu bestimmen: es ist das Problem der Wirklichkeit der theologischen Aussagen über die Freiheit und Kompetenz des Menschen! Nimmt das Erfahrungsdenken seinen nichtidentischen Erfahrungsbegriff ernst, wird es dazu geführt, nach der Wirklichkeit, die Theologie begründet, zu fragen.

2. Über die Unzulänglichkeit erfahrungswissenschaftlicher Erklärung der Theologie

Trifft zu, was im bisherigen Gang dieser Untersuchung dargelegt ist, müßte das Vorhandensein von Theologie als solches unwiderlegbar die Wirklichkeit von Freiheit kompetenten und verantwortlichen Redens von Gott manifestieren. Ist der Mensch nämlich, wie vorausgesetzt, ein System bedingter Freiheit, als das ihn die Erfahrungswissenschaften kennen lehren, können die unbedingten Aussagen der Theologie nicht auf eine bedingte Wirklichkeit zurückgeführt werden. Sie müssen als Produkte sich manifestierender eigenständiger und darum ihrem Wesen nach unüberholbarer und nicht reduzierbarer Wirklichkeit gedacht werden. Insofern zeugt die Theologie als solche für die sie begründende Erfahrung.

Indessen, so klar und eindeutig dies im Sinne der Logik ist, gerade dies wird von den Erfahrungswissenschaften bestritten und muß um ihrer selbst willen auch bestritten werden. Die Folge ist, daß, da die Existenz von Theologie nicht zu bezweifeln ist, deren Existenz erklärt werden muß, was – positiv betrachtet – auf ihre Reduktion auf heteronome oder bedingte Erfahrung hinausläuft. Die theologischen Erfahrungen werden also Erklärungsversuchen unterworfen. Aber, das Urteil sei vorangestellt, erfahrungswissenschaftlich betrachtet taugen sie alle nichts.

Diese Feststellung gilt sowohl gegenüber den von Feuerbach erstmalig begründeten Projektionshypothesen wie gegenüber den in der Aufklärung entwickelten und auch von Kant vertretenen Inkompetenzhypothesen, die das Vorhandensein der Theologie aus vorwissenschaftlichem Wissen zu erklären suchen. Monod hat dieser Gattung in seinem Buch „Zufall und Notwendigkeit" eine neue Variante beigefügt, die interessanterweise just Manfred Eigen, der die deutsche Ausgabe von Monods Werk eingeleitet hat, bestritten hat. Und zwar sind sie unbrauchbar, weil sie in ihrem Versuch, die in der Theologie sich manifestierenden Erfahrungen zu relativieren, ihre eigene Identität verlieren. Sie werden sich selbst untreu: die Projektionshypothese, weil sie dem Menschen unbedingte kreative Fähigkeiten, also ein *schöpferisches* Wesen zuschreiben muß, das ihre anthropologische Grundlage der prinzipiellen Vorordnung der Erfahrung aufhebt; die Inkompetenzhypothese, weil sie die Richtigkeit und Angemessenheit des eigenen Urteils als Wahrheit, also als Teilhabe des Erkennenden am Sein, denken muß, den Erfahrungsstandpunkt also verläßt.

Dieses Urteil gilt auch gegenüber der neopositivistischen Leeraussagenhypothese, die, die Problematik der beiden anderen Erklärungswege erkennend, Theologie als Nonsens ausgibt, weil sie glaubt, auf diese Weise deren Sätze und die sie tragende Erfahrung unberücksichtigt lassen zu können. Aber auch sie versagt, weil sie setzt, daß nicht sein kann, was nicht sein darf, gegebene Erfahrung also einfach nicht zur Kenntnis nimmt und damit ihre Position als axiomatisch erweist.

Und schließlich gilt es auch gegenüber der Verdrängungshypothese. Diese besagt, daß das erfahrungswissenschaftliche Denken mit der Fülle seiner Welterfahrung die Theologie begründenden Erfahrungen verdrängt hat.

Es wären also dominante Zwänge, die die Wirklichkeit und ihre Erfahrung auf das Selbst ausüben. Sie wären es danach, die in unserer Zeit den Menschen hindern, die Erfahrungen zu machen, die früher Theologie begründet haben. Aber abgesehen davon, daß diese Hypothese in Wahrheit keine erfahrungstheoretische, sondern eine idealistische ist, ist sie auch in der Sache nicht zutreffend. Das ist zunächst schon einfach deshalb der Fall, weil, wie unsere Analyse gezeigt hat, die Theologie begründende Erfahrung *bestritten wird*. Sie wird negiert, nicht aber vergessen. Aussagen über Gott, sein Schöpfersein und seine Schöpfung, seinen Heilswillen für Mensch und Welt und sein Erlösungswerk sollen nicht *gelten*.

Nun könnte man auf diese Feststellung entgegnen, daß eben diese Urteile in Selbst- und Welterfahrungen begründet seien, die sie zu Zwängen für das Selbst werden lassen. Aber erfahrungstheoretisch betrachtet kann auch das nicht stimmen, weil Wirklichkeiten als solche keine Konkurenzverhältnisse kennen. Sie sind nebeneinander da, vom Subjekt stärker oder schwächer aufgenommen, dominant oder rezessiv das Handeln bestimmend, aber so wenig gegeneinander feindlich, wie dies zwei Töne sind, die das Ohr erreichen. Und auf keinen Fall wird man sagen können, daß die theologische Wirklichkeit von sich aus die schwächere sei. Ihre Aussagen sind, wo sie sich zu Gehör bringen, von ungleich größerer Direktheit, Klarheit und Prägnanz als die in vielen Manifestationen uns erreichende Selbst- und Weltwirklichkeit. Ist das aber richtig, dann kann die Nichtnachvollziehbarkeit der theologischen Erfahrung nicht Ausdruck verdrängender Wirklichkeit sein.

So muß es bei unserem Urteil bleiben, daß die Erklärungsversuche der Theologie untauglich sind. Deren Wirklichkeit bleibt unerklärt und wirkt als Infragestellung des erfahrungswissenschaftlichen Wissens.

3. *Erfahrung als Konstrukt von Freiheit*

Die oft genug dargetane Unbrauchbarkeit dieser Erklärungen der theologischen Erfahrung führt auf der Grundlage eines sich selbst ernst nehmenden erfahrungstheoretischen Standpunktes zur Widerlegung der Geltung dieses Standpunktes.

Diese Feststellung aber führt zu überraschenden Konsequenzen. Ist die theologische Erfahrung nämlich nicht unter die Welterfahrung subsumierbar, dann ist die Welterfahrung nicht das, als was sie sich versteht: Rezeption der Wirklichkeit. Als diese müßte sie die theologische Erfahrung ja annehmen, nicht aber sie verweigern. So deckt die Verweigerung der theologischen Erfahrung im Zusammenhang mit der Unfähigkeit, die theologische Erfahrung auf heteronome oder Welterfahrung zurückzuführen, auf, daß die erfahrungswissenschaftliche Erfahrung Konstrukt ist. Sie ist Konstrukt von Freiheit. Gehen wir mit der Erfahrungstheorie davon aus, daß das Selbst ein geschlossenes System mit bedingter Freiheit ist, ist die Verweigerung theologischer Erfahrung selbstverständlich nicht grundlos. Aber der Grund ihrer Möglichkeit, soviel ist deutlich geworden, kann, weil er nicht in der Erfahrung liegt, auch nicht in einer Notwendigkeit bestehen. Darum ist er vielmehr begründet zu denken in einer dem Selbst zugänglichen Freiheit. Er ist Können und nicht Müssen, darum Akt und nicht Schicksal.

Damit aber stellen sich dem Denken drei Fragen. Die erste lautet: Woher kommt dieses Verweigerung der Gotteserfahrung ermöglichende Können? Die zweite: Was begründet die Verweigerung? Und die dritte: Welche Gestalt nimmt die Verweigerung an, wie vollzieht sie sich?

Wenden wir uns der Beantwortung dieser drei Fragen zu, ergibt sich als erstes, daß die Möglichkeit der Negation oder Unterdrückung der Gotteserfahrung nur in einer freimachenden Kompetenzerfahrung Gottes wurzeln kann, also als Erfahrung gegeben sein muß. Denn die Selbst- und Welterfahrung, so sahen wir, macht unfrei, weil sie Zusammenhänge von Ursachen und Wirkungen aufbaut, deren Zwängen sich das Selbst nicht zu entziehen vermag. Sie also läßt Negation nicht zu. Die Möglichkeit der Negation einer Erfahrung wird daher allein auf der Basis von Gotteserfahrung denkbar, die den Menschen lehrt, sich im Widerspruch zu aller Nichtidentitätserfahrung als wesenhaft identisch zu begreifen und ihm damit die Macht gibt, um dieser Identitätserfahrung willen einzelne Erfahrungsinhalte zu verweigern, als wesenswidrig abzulehnen.

Zu der Frage nach der Möglichkeit der Negation tritt die nach ihrem Grunde. Was kann das Selbst, das in der Gotteserfahrung seine Identität gefunden hat, veranlassen, den Grund seiner Identitätserfahrung abzulehnen? Gehen wir davon aus, daß Negation nur dort sinnvoll ist, wo ein Selbst zu erkennen glaubt, daß es einen falschen Weg beschritten hat, lautet die allgemeinste Antwort: die Einsicht oder Annahme, die Orientierung an der Identität begründenden Erfahrung führe nicht zum Ziel. Und dieses Verständnis ist auch einleuchtend zu machen. Die Gotteserfahrung, die das Selbst macht, ist ja keine totale. Sie hebt die Welterfahrung nicht auf, sondern stellt das Selbst in ein Spannungsfeld zwischen Identität und Nichtidentität, zwischen Freiheit und Müssen. So muß die durch die Gotteserfahrung geschaffene Lage für das Selbst zur Herausforderung werden, seine Identität gegenüber dem Nichtidentischen, das Bestimmtsein durch die Gotteserfahrung durch Bestimmung der Welterfahrung zu bewähren. Das Selbst sieht sich, anders ausgedrückt, veranlaßt, seine Identität oder Gotteserfahrung als Potentialität zur Herrschaft über die Wirklichkeitserfahrung zu begreifen, also um seiner vollkommenen Verwirklichung willen von seiner Gotteserfahrung oder Identität abzusehen und sich den Möglichkeiten der endgültigen Realisation seiner Identität zuzuwenden. Das aber heißt, es muß sich mit der Wirklichkeit und ihren Bedingungen als den Verhinderungen seiner

Möglichkeit befassen oder, anders beschrieben, sein Sollen an den es begrenzenden Wirklichkeitserfahrungen orientieren lassen, weil diese es sind, die überwunden werden müssen.

Damit wird deutlich, inwiefern die Gotteserfahrung zugleich der Grund der Identitätsbewußtsein begründenden Freiheit und der Grund ihrer Negation durch das Selbst zu sein vermag. Würde die Identität des Selbst als Sein begriffen, wäre Teilhabe-Erfahrung dominant, würde Überwindung der in der Welterfahrung gesetzten Nichtidentität nicht stattfinden. Darum muß gerade das sich als identisch begreifende Selbst seine Identität als Potentialität, als Nein zum Erreichten und Ja zum noch nicht erreichten Ziel verstehen.

Unsere Überlegungen haben die Dialektik von Gotteserfahrung und ihrer Negation deutlich gemacht. Sie haben uns aber auch in die Lage versetzt, zu erkennen, inwiefern das Selbst Erfahrung im erfahrungstheoretischen Sinne als das Konstrukt seiner Freiheit bildet. Erfährt es das Wirkliche der Welt als den Bereich, der seine Identifikation verhindert, ist die Grundvoraussetzung jeder handelnden Verwirklichung die Erhebung der die Identität hindernden Bedingungen des Wirklichen. Die Erfahrung wird also perspektivistisch und total. Perspektivistisch wird sie, weil sie das Sein des Wirklichen nicht als solches zu erfahren sucht, sondern als eines, das die Verwirklichung des Menschen verhindert. Und total wird sie, weil es ja gerade das Unscheinbare und nicht Beobachtete sein könnte, das der erfolgreichen Identifikation entgegenstehen könnte. Das heißt: Erfahrungsorientierung wird zum Prinzip oder zur Theorie; das seine Identifikation suchende Selbst setzt sie als Konstrukt seiner Freiheit, es entäußert sich an sie, um sich selbst endgültig zu gewinnen.

Eine sich ernst nehmende erfahrungswissenschaftliche Kritik der Theologie und der sie begründenden Erfahrung führt also zu dem Ergebnis, daß die Nichtnachvollziehbarkeit der Theologie begründenden Erfahrung sich als aktive Verweigerung dieser Erfahrung darstellt, deren zureichender Grund die Theologie begründende Erfahrung menschlicher Kompetenz ist, von Gott verantwortlich reden zu dürfen.

4. Die erfahrungswissenschaftliche Kritik der Fundamentaltheologie als Manifestation der Grundlagenkrise erfahrungstheoretischer Erfahrung

a) Über den Zusammenhang erfahrungstheoretischer und identitätsphilosophischer Erfahrung

Wir haben uns am Beginn dieser Untersuchung klargemacht, daß die Krise der Theologie als erfahrungswissenschaftliche Bestreitung der theologischen ‚Erfahrung mit der Erfahrung' ans Licht tritt. Die kritische Analyse des Zustandekommens dieser Krise hat uns weiter dahin geführt, den Mechanismus der Bestreitung der theologischen Erfahrung zu begreifen. Offengeblieben aber ist die Notwendigkeit, die das erfahrende Subjekt veranlaßt hat, seine Identität als Potentialität zu aktualisieren. Wir vergegenwärtigen uns diese, indem wir uns zunächst den Zusammenhang klarmachen, in dem ‚Erfahrung mit der Erfahrung' und erfahrungstheoretische Erfahrung zueinander stehen.

Von Haus aus, ursprünglich, gehören beide Erfahrungsbegriffe zusammen, ja, der identitätsphilosophische Erfahrungsbegriff bildet die eigentliche Voraussetzung des erfahrungstheoretischen. Das liegt bei Descartes in seiner Verbindung von Neubegründung des ontologischen Gottesbeweises und Ausbildung der kritischen Methode deutlich am Tage und bestimmt das wissenschaftliche Denken bis ans Ende der idealistischen und existenzphilosophischen Systeme.

Und tatsächlich kann dies auch nicht anders sein. Denn ‚Erfahrung mit der Erfahrung' heißt ja, so haben wir uns eingangs klargemacht, daß das Zugehörigkeitsbewußtsein des Selbst zu Gott seine grundlegende Identitätserfahrung ist, die es mit dem anderen Selbst verbindet und das Selbstsein des anderen für die eigene Gotteserfahrung erheblich macht. So ist es das in der ‚Erfahrung mit der Erfahrung' real werdende Identitätsbewußtsein, das, historisch gesehen, die Möglichkeit des Konzeptes erfahrungstheoretischer Erfahrungen begründet. Dementsprechend auch haben Theologie und Wissenschaft in den großen Entwürfen neuzeitlichen Denkens immer in enger komplementärer Beziehung zueinander gestanden, und die Störung dieser Beziehung ist immer das Krisensymptom einer mit sich selbst zerfallenen Wirklichkeitserfahrung gewesen. Entsprechend hat auch die neuzeitliche Theologie auf dem Grunde ihres identitätsphilosophischen Denkansatzes die Gotteserfahrung in ihrer inhaltlichen Seite der Wirklichkeitserfahrung angepaßt und die Einwände der Wirklichkeitserfahrung gegen die Gotteserfahrung mit einer Spiritualisierung oder Entmaterialisierung der Gottes- und Identitätserfahrung aufzufangen gesucht. Dieser Grundzug läßt sich noch heute an den pluralistischen Handlungstheologien zeigen, deren utopische Freiheits- und Heilsbegriffe der absoluten Potentialität des die erfahrungswissenschaftliche Erfahrung tragenden Selbstbegriffes korrespondieren. Es ist daher auch bis heute das bestehende Beziehungsverhältnis zwischen beiden Erfahrungen, das die Bestreitung der einen durch die andere theologisch erheblich macht.

b) Die Negation der identitätsphilosophischen Erfahrung als Manifestation der Grundlagenkrise der erfahrungstheoretischen Erfahrung

Unser Überlegen wird geleitet von der Suche nach der Notwendigkeit, die das erfahrende Subjekt veranlaßt hat, seine Identität als Potentialität auszulegen. Das soeben Ausgeführte gibt Hinweise auf diese. Ein Selbst, das sich als identisch begreift, das sein besonderes Sein also als zu Gott gehörend versteht, sieht sich notorisch dem Widerspruch der Wirklichkeit ausgesetzt, die ihm seine Endlichkeit, Abhängigkeit, Zufälligkeit und Nichtidentität handgreiflich vor Augen führt. Indem das Selbst nun zum Zwecke der Sicherung seiner Identität gegen die Wirklichkeit das Konstrukt Erfahrung oder Bestimmung des Nichtidentischen bildet, ereignet sich ihm zweierlei. Ihm wird das Nichtidentische groß, weil es sich diesem zuwendet, es in seinen Dienst zu nehmen, also zu identifizieren trachtet. Indem ihm aber das Nichtidentische oder die Wirklichkeit groß wird, sieht es sich proportional dazu genötigt, sein Selbst nicht als identisches Sein, sondern als Grund von dessen Möglichkeit zu begreifen. Dem Mächtigwerden der Wirklichkeit im Bewußtsein korrespondiert infolgedessen eine Wendung vom Erkennen zum Handeln, von der Fülle-Erfahrung zur Bedürftigkeitserfahrung, von der Identität zur Potentialität. Der identitätsphilosophische Ansatz erzeugt, anders ausgedrückt, ein progressives Auseinanderstreben von Erfahrung und Freiheit, in dem die Freiheit immer spiritueller, formaler und weltflüchtiger und die Erfahrung immer umfassender wird, um schließlich das Selbst selbst als einen Modus seiner Bedingungen zu begreifen. In dem Augenblick, in dem das völlig erreicht ist, ist die ‚Erfahrung mit der Erfahrung' unbrauchbar geworden, weil ein Selbst, das sich als Modus seiner Bedingungen begreift, andere Selbste nicht anders zu begreifen vermag. Das aber heißt, diese hören auf, ihm als Selbst relevant zu erscheinen, da sie ja wie das eigene Selbst als Modi von Fremdem von ihm begriffen werden müssen.

Diesem Unbrauchbarwerden der ‚Erfahrung mit der Erfahrung' korrespondiert aber eine zunehmende und schließlich total werdende Direktionslosigkeit der Erfahrung. Erfahrungswissenschaftliche Erfahrung war, wie wir uns klargemacht haben, Konstrukt eines identischen Selbst zum Zwecke der Bewahrung der Identität gegenüber der selbstaufhebenden Wirklichkeit. Wo alles nun aber Wirklichkeit geworden ist, wo Freiheit sich in die Formalität der Möglichkeit zur Negation zurückgezogen hat, wo das Selbst sich selbst als Modus seiner Bedingungen erscheint, da hört gerichtete Erfahrung auf, möglich zu sein. An die Stelle des Selbst tritt die Wirklichkeit der Welt, die Totale umfassender Abhängigkeit von Erfahrung, die Unfähigkeit zur Identifikation und Direktion. Erfahrungstheoretisch bedeutet das – und das ist die Situation, die wir in der Gegenwart erleben –, daß die Welt dem Selbst zum Chaos wird, weil ihm als Modus von Bedingungen die Kompetenz verantwortlicher Zuordnung der Erfahrungen abgeht, so daß Erfahrungen gegen Erfahrungen aufzutreten scheinen: Gottes- und Freiheitserfahrung gegen Abhängigkeitserfahrungen, Erfahrungen mit der Macht gegen Erfahrungen mit der Macht der Ohnmacht, die die Politik zunehmend prägt, Erfahrungen mit dem Wissen gegen Erfahrungen mit den Lebensgefahren des Wissens.

Damit aber zeigt sich, daß die erfahrungstheoretische Negation der ‚Erfahrung mit der Erfahrung' als Signal oder Manifestation der Grundlagenkrise der erfahrungstheoretischen Erfahrung zu begreifen ist, deren reales, der Erfahrung anschauliches Gegebensein hier zwar angedeutet, aber nicht mehr entfaltet werden kann. Nur eines ist erkennbar: daß die Radikalisierung des Konzentrationsprozesses der erfahrungswissenschaftlichen Erfahrung, die wir mancherorts erleben, das Chaos immer größer macht.

III. Freiheit als Selbstoffenbarung Gottes

1. Zur Deutung erfahrungswissenschaftlicher Erfahrung als eines hypertrophen Versuches menschlicher Selbstverwirklichung

Wir würden die Tiefe der Krise, in die wir gefallen sind, unterschätzen, wenn wir der Meinung wären, sie sei durch Denken und Erkennen allein zu überwinden. Gerade der ihre Krise annehmenden Theologie, die sich Klarheit darüber verschafft hat, daß ihre Krise das wirksame Resultat Kompetenz begründender Freiheit ist, wird gegenwärtig, daß guter Wille nicht ausreicht, um Änderung zu schaffen. Das reale Wirklichkeitsgefüge, das das Produkt unserer intentionalen Erfahrung ist, und das nur potentielle Selbst, in das die Identitätserfahrung aufgelöst wurde, gestatten keine ‚Erfahrung mit der Erfahrung' mehr, weil das Selbst von den Determinanten als den Produkten seiner Freiheit gleichsam umstellt ist. Die Kompetenz der Erfahrung begründenden Freiheit schlägt sich also für das Subjekt als objektive Wirklichkeit der in der Freiheit begründenden Erfahrung nieder. Infolgedessen begegnet uns das Abgetrenntsein von der ‚Erfahrung mit der Erfahrung' wie die Krise der Direktionslosigkeit des Erfahrungsbegriffes als Geschick. Die Theologie erfährt das eine, wenn sie im Angesicht der chaotisch gewordenen Erfahrung Zugang zur Tradition ihrer Lehren von Gott und vom Menschen sucht, die Erfahrungswissenschaft das andere, wenn sie angeben soll, was angesichts der chaotisch gewordenen Erfahrungen zu tun ist, damit der Mensch wirklich werden könne.

Was folgt aus dieser Konstellation? Die erste Antwort lautet: daß wir, sofern die Analyse auch nur annähernd richtig ist, keine Freiheit mehr haben. Wir sind an die Wirklichkeit gebunden. Die Krise der Theologie und der Erfahrungswissenschaften führen zum gleichen Resultat: zur Auslieferung des Menschen an die Welt.

Aus diesem Resultat ergibt sich ein zweites: die Notwendigkeit der Kritik am erfahrungswissenschaftlichen Versuch der Selbstverwirklichung und dem es begründenden Konzept der Identitätssicherung des Selbst.

Auf dem Standpunkt des Ausgeliefertseins an die Erfahrung erscheint ein Konzept, das ein identisches Selbst sichern will, als „Animismus", als unberechtigte Anmaßung des Menschen, unberechtigt und verhängnisvoll, weil diese Intention dazu führt, daß Erfahrung nichts weniger ist als die Zuwendung eines Subjektes ins Offene der Wirklichkeit hinein. Sondern sie ist nur Sicherung des Selbstseins, bemühter Zugriff auf die Wirklichkeit, Experiment der Selbstverwirklichung. Das aber heißt, daß diese Erfahrung nur Antworten auf gestellte Fragen gibt, daß sie unbequeme und darum wichtige Antworten ausklammert, indem sie es zu entsprechenden „selbst-losen" Fragen nicht kommen läßt. Das aber, so erscheint es jetzt, hat die Krise des Erfahrungsbegriffes, das Chaotisch-Werden der Erfahrung begründet. Sie ist, um mit Eigen zu reden, auf mangelnde Berücksichtigung der Spielregeln als der Bedingungen des Spieles zurückzuführen. So wäre eine neue Wirklichkeitsorientierung der Erfahrung der Weg der Lösung unserer Probleme. Der Mensch müßte seinen hypertrophen Anspruch, etwas Besonderes im Rahmen der Wirklichkeit zu sein, fahren lassen und sich von der Welt her auslegen.

2. Zur theologischen Kritik des Versuches der Selbstsicherung

Die Theologie, auch und gerade die Theologie, die ihrer Identitätskrise innegeworden ist und sich vor die Frage gestellt sieht, wie Fundamentaltheologie möglich ist, wird diesen Versuch ablehnen und ihn in die Reihe der Selbstverwirklichungsversuche des Menschen einordnen, die er überwinden will. Und zwar wird sie dies tun nicht gegen die Wirklichkeit, sondern um der Wirklichkeit willen. Im Stande des Zurückgeworfenseins des Menschen auf die Wirklichkeit bleibt ihr die Theologie begründende Wirklichkeit menschlicher Aussagen über Gott, die sich heteronom nicht erklären lassen und deren Kritik durch das Erfahrungswissen dazu führte, daß sie den Konstruktcharakter des Erfahrungswissens erkannte. Und sie vermochte diesen als solchen auch nicht abzulehnen, weil er ihr als Ausdruck realer Freiheit erschien. Wirklichkeit von Freiheit aber darf sie um der Wirklichkeit willen nicht negieren.

So dem Geschickcharakter des auf die Wirklichkeit Geworfenseins ausgesetzt, sieht sie sich mit der Wirklichkeit konfrontiert und fragt nach den Gründen des Verspieltseins der Freiheit. Dabei wird ihr klar, daß, wenn je Freiheit im Spiel war, nicht die Notwendigkeit den Handelnden eingeholt haben kann, sondern der Handelnde seine Freiheit mißbrauchte. Das aber war nur in einem Punkt möglich: dem Versuch der Sicherung geschenkter Freiheit. So wird ihr deutlich: nicht daß das Selbst die Wirklichkeit dem Zugriff seiner Freiheit zu öffnen suchte, war der Fehler. Das ist die logische Folge der Freiheit, die darum auch von großen Erfolgen für den Handelnden gekennzeichnet ist. Sondern daß es dies versuchte, um sein Selbstsein zu sichern, daß es seine Freiheit als Mittel einsetzte, um seine Identität in Auseinandersetzung mit der Welt zu stabilisieren und sich anschaulich zu machen, mußte in die Krise führen. Denn damit wurde die Freiheit in den Dienst der Unfreiheit gestellt, weil Sicherung bereits per definitionem ein Bedingungsgefüge ist. So erscheint der Theologie die Krise darin begründet zu sein, daß das Selbst seiner Freiheit gegenüber zaghaft und ängstlich geworden ist und mit den Mitteln der Freiheit versucht hat, einer nicht gegebenen Notwendigkeit Rechnung zu tragen. Und die Theologie hat ihre Hand dazu gegeben, indem sie mit der Orientierung an der ‚Erfahrung mit der Erfahrung' die Identität des Selbst und nicht deren Grund als Basis der Freiheit bestimmte. Denn im Vollzug des Sicherungsgeschäftes mußte, wie wir gesehen haben, das Identitätsbewußtsein verschleißen, weil es erfahrungsabhängig, also bedingt ist und insofern von der Welterfahrung und deren Radikalisierung zunehmend tangiert wird.

3. Freiheit als Selbstoffenbarung Gottes

Nicht die Inhalte und Erkenntnisse des Erfahrungswissens sind es also, die im Verständnis der Theologie die Wirklichkeit der Freiheit verstellen. Für sie läuft alles auf die Verweigerung oder Nichtannahme der Freiheit durch den Menschen hinaus, und ihr erscheint als für ihre Deutung sprechend, daß die erkennbaren Geschehensverläufe, der Verlust des Identitätsbewußtseins, die Desorientierung des Erfahrungswissens, die Radikalisierung der Erfahrungsorientierung ihrer Sicht der Wirklichkeit entsprechen. Ist das aber richtig, dann besteht für die Überwindung der Krise – objektiv betrachtet – eine große Chance. Ist die Freiheit nämlich nicht die eigene des Menschen, sondern eine unbedingt gewährte, dann ist sie auch an keine Bedingung auf dessen Seite gebunden. Sie hängt daran, daß Gott geredet, Freiheit gewährt hat. Für die Theologie heißt das, daß sie sich jederzeit und in jeder Lage auf die Freiheit begründende menschliche Rede von Gott beziehen kann.

Dabei gehört es zur Kontingenz dieser Freiheit eröffnenden und damit menschliche Identität schaffenden Selbstoffenbarung Gottes, daß sie als menschliches Zeugnis auftritt, an bestimmtem Ort und zu bestimmter Zeit sich also ereignet. Indem sie aber hervortritt, sprengt sie alle ihre Bedingungen und wird so jedem Ort und jeder Zeit, an denen sie wiederholt wird, gegenwärtig. Weil dies so ist, ist es falsch, sie als ‚Erfahrung mit der Erfahrung' zu bestimmen. Denn in der Erfahrung ist der Mensch Subjekt; jede Erfahrung ist die, die er macht oder gemacht hat. Erfahrung ist also prinzipiell bedingt, und der Versuch, in ihr begründete Identität zu sichern, muß um dieser Bedingungsstruktur willen zum regressus ad infinitum unendlicher Bedingungen führen, genau gedacht Theologie also in Welt auflösen. Richtig erfaßt wird sie demgegenüber dann, wenn nicht der Sagende, sondern das Gesagte, die Zusage der Freiheit und des Heiles Gottes, die Rechtfertigung und Versöhnung des Sünders mit Gott in den Mittelpunkt treten.

Dabei gehört es weiter zur Kontingenz der Selbstoffenbarung Gottes, daß es an der menschlichen Rede, die das Gefäß der Epiphanie bildet, nicht auszumachen ist, ob, warum und inwiefern das Geredete wahr ist. Das hat seinen Grund einmal ganz einfach darin, daß es außerhalb der Epiphanie Gottes keine Wahrheit, sondern nur Bedingungsgefüge gibt; zum anderen aber darin, daß Kontingenz keine Kriterienkataloge kennt, die sie gültig machen. So muß es prinzipiell bei dem Indizienbeweis des Geistes und der Kraft bleiben, auf den Jesus bereits die Abgesandten des Täufers verwies (Mt 11,2–19). Die Selbstoffenbarung Gottes kann also auf keine Weise gesichert werden. Das einzige, was sie wahrmacht, ist ihr unerhörter Zuspruch selbst, die Freiheit und Identität des Menschen, die sie setzt, indem sie sie verkündigt und mit dem sie den Menschen in eine Freiheitsgeschichte hineinreißt, die unermeßlich ist. Dabei gibt es kein Jesuswort, das zum Ausdruck brächte, daß diese von der Selbstoffenbarung Gottes in Bewegung gesetzte Freiheitsgeschichte gefahrlos sei. Bereits die Versuchungsgeschichte Jesu Mt 4,1–11 bringt zum Ausdruck, daß die Zugehörigkeit zu Gott den Zugehörenden vor die Frage der Sicherung und Beglaubigung seiner Identität stellt, nimmt also die Geschichte der Gefährdung und des selbstischen Mißbrauchs christlicher Freiheit vorweg.

Angesichts dieser Risiken, die sie aufwirft und die im Vollzug der christlichen Geschichte offenbar geworden sind, ist es daher verständlich, daß manche Menschen in die scheinbare Geborgenheit des Heidentums zurückkehren, den Menschen also wieder als Produkt seiner Determinanten verstehen möchten, in deren Vollzug und Anerkennung er in Frieden leben kann. Aber so wenig der Mensch dies in Wahrheit je hat können, so wenig hat er die Möglichkeit zu einer solchen Rückkehr. Von den realen Folgen der christlichen Geschichte und der in ihr geschaffenen Sachverhalte einmal abgesehen, ist es die in Christus vorliegende Selbstoffenbarung Gottes selbst, die unerklärbar bleibt und damit den Menschen auf den Weg der Freiheit verweist. Die Menschheit kann sich gegen diese Freiheit wehren, sie kann sie zu vergessen suchen. Sie kann sich dabei zerstören. Aber sie kann sie nicht beseitigen.

4. *Fundamentaltheologie als Propädeutik der Selbstoffenbarung Gottes*

Unsere Überlegungen haben uns zu dem Ergebnis geführt, daß Theologie jederzeit und überall möglich ist, weil Gott selbst sich im menschlichen Wort offenbart hat. Damit ist indessen nicht gesagt, daß die Entfaltung dieser Rede überall die gleichen Möglichkeiten besäße. Theologie selbst ist ja ein durch und durch bedingtes System, dessen Funktion darin besteht, die Selbstoffenbarung Gottes den Menschen vernehmbar zu machen. Für die Fundamentaltheologie heißt dies, daß sie als Propädeutik der Verkündigung notwendig zur Kritik der Zeit und Welt wird, an die das Wort Gottes ergeht. Sie hat also die Bedingungen der Vernehmbarkeit der Freiheit zu klären und die Erfahrungen aufzuarbeiten, die dem Verständnis der Freiheit entgegenstehen. Und naturgemäß sind diese nach Ort und Zeit verschieden; schon deshalb, weil der Mensch ein geschichtliches Wesen ist und in seiner Freiheit dem Worte Gottes gegenüber objektive Widerstände aufzubauen vermag.

Für unsere Lage, auf dem Hintergrund einer christlichen Geschichte und Welt, der das Verständnis der christlichen Freiheit in die Krise der Ohnmachtserfahrung geraten ist, bedeutet dies eine umfassende Kritik der Bewußtseinsbildung, die mit Sicherheit auch vor ihren eigenen Prämissen und Selbstverständlichkeiten nicht haltmachen kann. So erscheint mir als offen, ob der Systemcharakter und der ontologische Dualismus nicht aufgegeben werden müssen, wobei mir aber die Formulierbarkeit menschlicher Identität unbedingt der Bewahrung bedürftig erscheint. Auf einzelnes kann hier verständlicherweise nicht eingegangen werden. Wichtig ist aber, und das sollte zum Ausdruck gebracht werden, daß es die Freiheit der göttlichen Selbstoffenbarung allein ist, die Kritik legitimiert. Das heißt nun nicht, daß diese Selbstoffenbarung gleichsam ein geschlossener Block von Wahrheiten wäre, der der Erfahrung gegenüberstünde. Lägen die Dinge so, bedürften wir keiner fundamentaltheologischen Propädeutik. Sondern es bedeutet, daß der gnädige Wille Gottes ins Spiel zu bringen ist, daß die Freiheit aufzudecken ist, die er ermöglicht, daß die Kompetenz zu zeigen ist, zu der er befreit. Im Zeichen der Krise der Gotteserfahrung hat die Theologie sich zu einem System der Negationen menschlicher Wirklichkeit zusammengezogen, das der, der gesagt hat: Kommet her zu mir alle, die ihr mühselig und beladen seid, ich will euch erquicken, sicher nicht gemeint hat. Das war begründet darin, daß sie sich auf die ‚Erfahrung mit der Erfahrung' bezog, daß sie, anders ausgedrückt, die menschliche Identität zu hoch und die Kontingenz der göttlichen Selbstoffenbarung zu gering veranschlagte, daß sie Ursache und Wirkung verwechselt hat.

Es ist gewiß so, daß menschliche Erfahrung ihrer Form nach Konstrukt ist, also Bildung unserer Subjektivität. Aber unsere Analysen haben auch gezeigt, daß die Inhalte unserer Erfahrung nicht frei sind, daß unsere Erfahrung nicht autonom, sondern heteronom bestimmt, daß sie Ausdruck von begegnender Wirklichkeit ist, der wir uns nicht entziehen können. Darum mußte das auf Sicherung seiner Identität bedachte Selbst in die Tiefe der Bedingungserfahrung eintauchen, die sich aus dem Konstrukt seiner erfahrungswissenschaftlichen Erfahrung ergab, das seinerseits in der Freiheitserfahrung begründet war, diese aber gegen ihren Grund und ihr Wesen zu sichern suchte. So hat Freiheit – was möglich ist – Unfreiheit produziert. An diese Zusammenhänge wird hier noch einmal erinnert, um deutlich zu machen, was fundamentaltheologisch Aufdeckung der Selbstoffenbarung Gottes oder Freiheit bedeutet: Erfahrbarmachung der Liebe Gottes in Christus, des Sinnes und der Güte des Seins, die in ihm zu ihrer Freiheit gekommen sind. So muß die Fundamentaltheologie – das ist ihre propädeutische Aufgabe – die Liebe Gottes, das unbedingte Angenommensein der Erfahrung der Menschen nahebringen. Und sie vermag dies in produktiver Rede, wo sie sich selbst an die Selbstoffenbarung Gottes preisgibt, weil sie hier Erfahrung der Freiheit wird.

Joachim Track

Die Begründung theologischer Aussagen
Hinweise zu einem unerledigten Problem der wissenschaftstheoretischen Debatte in der Theologie

Seit die Theologie im 13. Jahrhundert als eine facultas im Kreise der Wissenschaften auftritt, spielt die Frage nach ihrem Wissenschaftscharakter in der Theologie eine vordringliche Rolle. Die äußere Stellung nötigt die Theologie, in besonderer Weise Rechenschaft abzulegen über ihr Selbstverständnis als wissenschaftliche Disziplin. Diese Selbstbesinnung steht unter einem doppelten Aspekt: Theologie ist in Verantwortung ihrer selbst gefragt nach ihrer Eigenart und inneren Einheit. Von hier aus bestimmen sich ihre Begründungsverfahren, Methoden und Aufgaben sowie ihre innere Organisation. Theologie ist gefragt nach ihrem Selbstverständnis im Verhältnis zu anderen Wissenschaften. In Überlegungen zum Gemeinsamen und Unterscheidenden der Wissenschaften gewinnt die Theologie ihren Ort. Aspekte einer Fragestellung, die unterschieden, aber nicht getrennt werden dürfen.

In wechselnden Problemformulierungen und Lösungsvorschlägen hat diese Fragestellung die Theologie bis in die Gegenwart begleitet. Dabei ist zu beobachten, daß die Fragestellung im Zuge der Auseinandersetzung mit der neuzeitlichen Erkenntnis- und Religionskritik im gleichen Maße wie die Prinzipienlehre und die Fundamentaltheologie an Umfang und Gewicht gewinnt. Es zeigt sich in oft recht schmerzhaften Prozessen auch, daß die Schwierigkeiten, die für jede Wissenschaft in der Klärung ihrer Interessen, ihres Gegenstandes, ihrer Theoriebildung und Begründungsverfahren gegeben sind, in der Theologie aufgrund ihres besonderen Gegenstandes, der Selbsterschließung Gottes in der Geschichte, gleichsam auf die Spitze getrieben sind. Dies nötigt die Theologie im Dialog der Wissenschaften jede die Grundlagenproblematik vereinfachende oder zu rasch Aspekte abblendende Konzeption einer Einzelwissenschaft oder von der Einheit der Wissenschaft zu hinterfragen. In der gegenwärtigen Situation hat nun die Frage nach dem Wissenschaftscharakter der Theologie in dreifacher Hinsicht eine besonder Aktualisierung und Akzentuierung erfahren.

Zum ersten ist im Zuge der Reformbewegung der 60er Jahre das Daseinsrecht der theologischen Fakultäten innerhalb der Universitäten in Frage gestellt worden. Diese Fragestellung zielte dabei gleichermaßen auf das Verhältnis von Staat und Kirche, wie auf die Frage der Wissenschaftlichkeit der Theologie. Alte Begründungen für den Fortbestand der theologischen Fakultäten schienen obsolet geworden. Es erhob sich die Frage, ob der weithin faktisch der Theologie aus Pietät oder Rücksicht auf das gesellschaftliche Gewicht der Kirche zugestandene Platz gerechtfertigt werden kann. Dies fordert die Theologie heraus, ihr eigenes Selbstverständnis zu entfalten und im Kontext von Kirche, Gesellschaft und Wissenschaft zu begreifen und begreiflich zu machen.

Zum zweiten hat die wissenschaftstheoretische Fragestellung in Philosophie und Grundlagendiskussion der Einzelwissenschaften im 20. Jahrhundert entscheidendes Gewicht erhalten und eine bedeutsame Weiterentwicklung erfahren. Wenn sich auch diese Entwicklung weitgehend in der Auseinandersetzung philosophischer Richtungen vollzogen hat und vollzieht, so ist es doch möglich, von einem gemeinsamen Stand des Problembewußtseins und einem Stand gemeinsamer Erkenntnisse in der wissenschaftstheoretischen Diskussion zu sprechen. Theologie, die sich nicht von vornherein auf einen privilegierten Standpunkt in der Wahrheitsfrage zurückzieht oder sich dem Odium der Rückständigkeit aussetzen will, sieht sich hier provoziert, ihr eigenes Selbstverständnis im kritischen Bezug zur philosophischen Diskussion zu entfalten. Dieser Provokation von außen korrespondiert die Provokation von innen, die durch die Infragestellung eines wissenschaftstheoretischen Ausweises der Theologie im Rahmen eines allgemeinen Wissenschaftsbegriffs durch die Dialektische Theologie vorgegeben ist und der Aufarbeitung bedarf. Ist der Ort von Theologie allein von ihrer Begründung im Offenbarungsgeschehen und ihrer Bezogenheit auf die Kirche her zu bestimmen, und ist jeder Versuch einer rationalen Begründung schlechte Apologetik, die die Theologie vor das Forum einer ihr fremden und unangemessenen Instanz, der selbständigen Vernunft, bringt? Oder begibt sich die Theologie mit einem solchen Standpunkt nicht in die Position blanker Subjektivität und Irrationalität, die auch nicht durch den dogmatisch erhobenen Anspruch, Subjektivität und Irrationalität zu überwinden, aufgehoben werden kann? Es gilt für die Theologie, diese Alternativen kritisch zu befragen, nicht zuletzt daraufhin, ob diese Alternativen so zu Recht formuliert sind.

Zum dritten ließen die Universitätsreform und vor allem das Ringen um eine Studienreform die Frage nach der Eigenart und Einheit der Theologie, deren Aufgliederung in Disziplinen und ihre Gewichtung, aufbrechen. Theologie ist nicht zuletzt in dem ermüdenden Hin und Her ihrer Entwürfe, in ihrer Verstrickung in ungeklärte Bildungssprache, gefragt nach ihrem Selbstverständnis, um von daher sachgemäße Kriterien für ihre innere Organisation, die Bestimmung von Kenntnissen, Problembewußtsein und Urteilsfähigkeit, die im Theologiestudium zu vermitteln sind, zu gewinnen.

Dieser Herausforderung hat man sich in der Theologie, insbesondere im protestantischen Bereich, in einer Reihe von Arbeiten und Aufsätzen gestellt[1]. Intensiv wird die philosophische Debatte aufgearbeitet. Es gehört dabei zu den erfreulichen Seiten der wissenschaftstheoretischen Diskussion in der Theologie, daß nicht nur Einsichten aus der philosophischen Diskussion übernommen oder kritisch zurückgewiesen werden, sondern sich die Theologen als Philosophen argumentierend auch auf den Dialog um die Wissenschaftstheorie einlassen und ihn an wichtigen Stellen auch entscheidend fördern[2]. Zugleich werden sowohl neue Konzeptionen theologischen Selbstverständnisses als auch Hinweise zu Verfahren theologischer Theoriebildung gegeben. Wissenschaftstheorie wird zum Thema der ersten Hälfte der 70er Jahre. Gegenwärtig scheint nun eine gewisse „Atempause" eingetreten zu sein. Eine erste Phase der Auseinandersetzung, ein erster Durchgang, in dem das Selbstverständis der Theologie in seinem doppelten Aspekt entfaltet worden ist, scheint abgeschlossen. Das erlaubt und nötigt, in gewisser Distanz die Erkenntnisse und Einsichten der ersten Phase kritisch zu reflektieren und die offenen Fragen zu bearbeiten.

1. *Begründung – ein offenes und strittiges Problem*

Eine kritische Reflexion dieser ersten Phase stößt auf drei Problemkreise, die in der wissenschaftstheoretischen Debatte eine große Rolle

---

[1] Vgl. auf protestantischer Seite die Entwürfe von G. Ebeling, Studium der Theologie. Eine enzyklopädische Orientierung, Tübingen 1975 (UTB 446); O. Bayer, Was ist das: Theologie? Eine Skizze, Stuttgart 1973; F. Mildenberger, Theorie der Theologie. Enzyklopädie als Methodenlehre, Stuttgart 1972; G. Sauter (Hg.), Wissenschaftstheoretische Kritik der Theologie. Die Theologie und die neuere wissenschaftstheoretische Diskussion. Materialien, Analysen, Entwürfe, München 1973; W. Pannenberg, Wissenschaftstheorie und Theologie, Frankfurt 1973. Auf katholischer Seite: B. Casper/K. Hemmerle/P. Hünermann, Theologie als Wissenschaft. Methodische Zugänge, Freiburg–Basel–Wien 1970; A. Grabner-Haider, Theorie der Theologie als Wissenschaft, München 1972; F. Schupp, Auf dem Wege zu einer kritischen Theologie, Freiburg 1974; H. Peukert. Wissenschaftstheorie–Handlungstheorie–Fundamentale Theologie, Düsseldorf 1976. – Gegenwärtig erscheint eine Reihe von Fundamentaltheologien, eröffnet von der umsichtigen Arbeit von W. Joest, Fundamentaltheologie, Stuttgart 1974, in denen die Ergebnisse der wissenschaftstheoretischen Diskussion verarbeitet werden.

[2] Hervorzuheben sind m.E. in diesem Zusammenhang W. Pannenbergs Erwägungen zum Verhältnis von Verstehen und Erklären sowie seine Ausführungen zur Bedeutung

spielen: Das Problem der Verständlichkeit theologischer Aussagen, die Frage der Begründung theologischer Aussagen und die Frage nach der Einheit der Theologie. Ich will nun diese Debatte vor allem im Blick auf die Begründungsproblematik verfolgen. In diesem Problemkreis sind einerseits die größten Erkenntnisfortschritte erzielt worden, andererseits aber auch große Differenzen zu verzeichnen.

Ich will so vorgehen, daß ich zunächst den vieldeutigen Begriff der Begründung, Ergebnisse der Diskussion berücksichtigend und präzisierend, etwas näher expliziere. Dann soll der Stand gemeinsamer Einsichten beschrieben werden, um auf diesem Hintergrund die Differenzen und offenen Fragen genauer bestimmen zu können.

a) Zum Verständnis von Begründung

„Begründet" ist ein dreistelliger Metaprädikator: etwas (eine Aussage, die einen Sachverhalt behauptet, eine Norm) ist aufgrund von (anerkannten Begründungsverfahren, Kriterien) für jemand (Einzelne, Gruppen) begründet. Daß wir von einem Metaprädikator sprechen, weist darauf hin, daß in einem Begründungsverfahren nicht irgendwelche Sachverhalte objektsprachlich dargestellt werden, sondern Behauptungen über Sachverhalte geprüft werden. Dies ist ein Verweis auf die Grundsituation: In der Frage, ob unsere Aussagen die Wirklichkeit erreichen, steht uns keine sprachfreie Instanz der Überprüfung zur Verfügung. Sprache ist im Vollzug von Wirklichkeitserkenntnis die nicht hintergehbare und nicht umgehbare Bedingung. Sprache ist der Möglichkeitsraum von Erkenntnis der Wirklichkeit und zugleich das „Instrument" einer Verständigung über solche Erkenntnis. Daß „begründet" als dreistelliger Relator verstanden wird, macht auf einen doppelten Sachverhalt aufmerksam: In Analogie dazu, daß im Wahrheitsbegriff zwei Elemente wirksam sind, das Element der Korrespondenz von Aussage und Wirklichkeit und das Element des Konsensus, der subjektiven Anerkennung, impliziert auch das Begründen ein Element der Korrespondenz (Bezogenheit auf Gründe) und des Konsensus (Anerkennung der Gründe als Gründe und Anerkennung des Begründungsverfahrens). Entsprechend diesem Doppelaspekt kann der Ausdruck „begründen" recht unterschiedlich akzentuiert gebraucht werden, und dies ist auch oft ohne die erforderliche sprachliche Klarheit in der Diskussion geschehen.

1. Unter „begründen" kann man zunächst das Benennen und Aufzei-

---

umfassender Theorien im Rahmen der Sinnthematik, G. Sauters Überlegungen zum Entdeckungs- und Begründungszusammenhang, W. Peukerts Erörterungen zur Rückbindung von Wahrheit und Konsensus an Situationen kommunikativen Handelns.

gen der Gründe (Sätze) verstehen, die für eine Behauptung angegeben werden, um sie als begründet zu erweisen. Es werden also innerhalb eines Aussagenzusammenhanges die Aussagen aufgezeigt und genannt, die für andere Aussagen als Gründe gelten können (z.B. Grundannahmen und Basissätze). Gelungen ist eine Begründung dann, wenn das Begründungsverfahren Zustimmung findet, d.h. sowohl das Begründungsverfahren allgemein wie seine Anwendung im konkreten Fall anerkannt werden. Unter den Begründungsverfahren sei nun auf zwei besondere Typen hingewiesen: Zum einen kann Begründung vollzogen werden als eine logische Ableitung, als Entfaltung logischer Implikationen bzw. im Rahmen von Theorien des logischen Schließens. Von Basisaussagen aus werden mit Hilfe der logischen Operationen neue Aussagen gewonnen, die zugleich als begründet gelten dürfen. Man könnte hier von einem analytischen Begründungsverfahren sprechen[3]. Als schwieriger erweist sich der zweite Typ des Begründungsverfahrens, in dem rein logische Operationen nicht mehr genügen. Es gilt hier, neue Problemstellungen und neue Problemlösungen durch Zuordnung und Verknüpfung zu bisherigen begründeten Aussagen als begründet zu erweisen, z.B. die Begründung von aktuellen Normen im Bereich der Jurisprudenz auf Grund bisheriger schon festgelegter Gesetzesnormen. Die Frage, ob ein Begründungsverfahren geglückt ist, hinreichende Begründung angegeben ist, kann nun nicht mehr mit der formalen Sicherheit logischer Operationen beantwortet werden. Die Anerkennung des Begründungsverfahrens erfordert jeweils einen Konsensus. Man kann in diesem Zusammenhang davon sprechen, daß eine Argumentation dann begründet ist, wenn sie sich als verteidigungsfähig erweist. Wir schlagen vor, dieses Begründungsverfahren das synthetische Begründungsverfahren zu nennen.

2. Das bisherige Verständnis von Begründung wirft zwei Fragen auf: Wie gewinnen wir die Aussagen, die im Begründungsverfahren als bereits begründet vorausgesetzt werden? Es entsteht die Frage nach dem Erweis der Gültigkeit der vorausgesetzten Gründe. Wie kann darüber entschieden werden, so die zweite Frage, welche Begründungsverfahren als zuverlässig gelten oder nicht? Es entsteht die Frage nach dem Erweis der Gültigkeit der Begründungsverfahren. Beide Fragestellungen führen zur Frage nach der Letztbegründung. Die Begründungsfrage wird

---

[3] G. Sauter, Die Begründung theologischer Aussagen – wissenschaftstheoretisch gesehen, in: G. Sauter, Erwartung und Erfahrung, München 1972, 262–275, unterscheidet das Gewinnen und das Begründen von Aussagen. Das Gewinnen von Aussagen vollzieht sich im Entdeckungszusammenhang als Entfalten, Ableiten, Interpretieren von Aussagen. Zur Begründung bedarf es des verbindlichen Konsensus im Begründungszusammenhang. Diese Unterscheidung ist sicher zutreffend als Hinweis auf das Konsensuselement im Begründungsverfahren und als Hinweis auf die Unterscheidung zwischen der Absicht, Aussagen als begründetet erweisen zu wollen, und anerkannten Begründungen.

hier extensiviert. Die Begründung soll möglichst umfassend sein. Die Begründungsfrage wird hier intensiviert. Die Begründung soll möglichst hinreichend, vollständig und unbeliebig sein. Wird so nach einer Letztbegründung gefragt, so entsteht ein unendlicher Regreß. Es kann immer wieder erneut nach den Gründen gefragt werden, die für jeweils die angegebenen Gründe begründend sind. Dabei bezieht sich dieser unendliche Regreß sowohl auf die „begründenden Gründe", als auch, was meist nicht in der Diskussion deutlich gezeigt wird, auf die „begründeten Begründungsverfahren". Dieser Regreß ist nicht aufhebbar. Er kann nur abgebrochen werden oder in einem zirkelhaften Verfahren oder autoritär unterbrochen werden. Wird im Ausdruck „begründen" die Letztbegründung intendiert, so werden die Prädikatoren begründet und wahr (im Sinne von synthetisch wahr) äquivalent verwendet. Als begründet ist dann eine Aussage anzusehen, die Wahrheit beanspruchen kann.

3. Auch dort, wo von einer Letztbegründung Abstand genommen wird, kann man sich bemühen, zwischen begründeten und unbegründeten Aussagen zu unterscheiden. Das geschieht zum einen in dem unter 1. aufgezeigten Verständnis von Begründung: analytische und synthetische Begründung in einem Begründungszusammenhang. Das wird zum anderen dort angestrebt, wo man, wohl wissend darum, daß eine Letztbegründung unmöglich ist, sich doch bemüht, zwischen begründeten und unbegründeten Aussagen von Anfang an zu unterscheiden. Dies kann wieder unter einem zweifachen Aspekt geschehen, vom Gegenstandsbezug und vom Konsensusaspekt einer Behauptung her. Man kann danach fragen, welche Bedingungen eine Aussage erfüllen muß, um als begründet zu gelten (z.B. die Bedingungen der Verständlichkeit, der Prüfbarkeit von Behauptungen, Überprüfungen von Behauptungen aufgrund ihrer Implikationen). Man kann danach fragen, welche Anforderungen an Intersubjektivität als begründet gelten wollende Aussagen erfüllen müssen (z.B. Mitteilbarkeit, Bereitschaft, die Behauptungen im Dialog zu vertreten, Anerkennung durch die Gemeinschaft). Gerhard Sauter spricht in diesem Zusammenhang von der Legitimation. Als legitimiert mögen solche Aussagen gelten, die in einem Begründungszusammenhang jeweils als im Konsensus anerkannte begründete Aussagen ausgewiesen sind. Dies kann nur im Zusammenhang von Theoriebildung geschehen[4].

4. Im Zusammenhang mit der Einführung des Ausdrucks Legitimation wird nun eine weitere Unterscheidung verständlich: die Unterscheidung zwischen Entdeckungs- und Begründungszusammenhang. Zum Entdeckungszusammenhang gehört nach meinem Verständnis der Bereich der Lebenswirklichkeit, aus dem heraus Entdeckungen gemacht

---

[4] Vgl. G. Sauter, Grundzüge einer Wissenschaftstheorie der Theologie, in: G. Sauter, Kritik, 328f.

werden, Sachverhalte aufgedeckt und zur Sprache gebracht werden (Sphäre des Außer- und Vortheoretischen). Zum Entdeckungszusammenhang gehören weiter die Aussagen und Theorien, die darauf abzielen, sich einmal als begründet zu erweisen. Die bereits begründeten Aussagen hingegen können als Begründungszusammenhang begriffen werden.

Soweit die Bereitstellung der nötigen sprachlichen Unterscheidungen als Basis für unsere weiteren Überlegungen.

b) Konvergenzen

Gemeinsam ist den genannten Entwürfen zur Wissenschaftstheorie und Theologie, zur enzyklopädischen Orientierung die Annahme, daß Theologie sich als Wissenschaft konstituieren kann und von der Eigenart des Glaubens her auch in der gegenwärtigen Situation konstituieren soll. Unbeschadet der besonderen Schwierigkeiten der Theologie im Kreise der Wissenschaften und unbeschadet der gebotenen Vorsicht gegenüber einem einheitlichen Wissenschaftsbegriff gilt, daß die Theologie als sprachkritisch verantwortete und methodisch geordnete Rechenschaftslegung des christlichen Glaubens möglich und nötig ist[5]. Gottes Selbstbekundung in der Geschichte als ein ganzheitlich beanspruchendes und Einverständnis erschließendes Geschehen ermöglicht die Entfaltung und Präzisierung der Erfahrungen, denen sich der Glaube verdankt, das Aufzeigen der Gründe, die das Reden von Gott bestimmen, und die Entfaltung eines theologischen Begründungszusammenhangs. Insofern aber Gottes Selbstbekundung ein unabgeschlossenes, zugleich unsere Freiheit einschließendes, umstrittenes, zu glaubendes Geschehen ist, ist Theologie genötigt, in der Situation je neu verantwortet und geistesgegenwärtig zur Sprache zu bringen, wie der christliche Glaube als Daseins- und Handlungsorientierung in Entsprechung zu seinem Grund zu vertreten ist.

Gemeinsam ist den Entwürfen bei aller Unterschiedenheit der Konzeptionen und bei allen gegenseitigen Differenzen, auf die wir noch zu sprechen kommen, die Ausgangsposition in der Frage der Begründung theologischer Aussagen. Solche Gemeinsamkeit zeigt sich in der Abwehr einer bloßen Entgegensetzung von Offenbarung/Glaube und Vernunft, von Theologie und Wissenschaft. Auch dort, wo man sich dem Ansatz von Karl Barth darin verpflichtet weiß, daß alles theologische

---

[5] Vgl. die Zusammenfassung der Ergebnisse des ersten Durchgangs durch die wissenschaftstheoretische Fragestellung in der Theologie bei W. Joest, Fundamentaltheologie, 248 ff.

Reden das Offenbarungsgeschehen als seinen bestimmenden Grund voraussetzt und darum theologisches Reden sich vor keinem anderen Forum als letztgültiger Instanz zu rechtfertigen hat, wird doch die Barth'sche Position in ihrem Verhaftetsein in der Frontstellung gegen den Kulturprotestantismus in zweifacher Weise kritisiert. Zum einen bedeutet jene offenbarungstheologische Position nicht notwendig den Verzicht auf eine kritische Inbeziehungsetzung theologischer Aussagen zu Ergebnissen der Wissenschaft und Fragestellungen der Wissenschaftstheorie. Vielmehr entspricht es dem eigenen Anspruch der Offenbarung, wenn dieses Geschehen in seiner Denkbarkeit und Sagbarkeit im Kontext gegenwärtigen Bewußtseins ausgewiesen und vermittelt wird. Korrektur, Neuformulierung traditioneller theologischer Aussagen, neue Problemformulierungen und Problemlösungen sind in der Situation geboten. Zum anderen bedeutet jene offenbarungstheologische Position nicht notwendig, daß auf eine „wissenschaftstheoretische Durchklärung der Theologie"[6] verzichtet wird. Auch wenn der Glaube von einer Voraussetzung ausgeht, die in ihrem Vorausgesetztsein durch keinerlei methodische Anstrengung eingeholt werden kann, auf die man sich nur einlassen kann und sie nachdenkend explizieren, entläßt dies doch nicht den Glauben aus einer rationalen Rechenschaft über die Gründe, die sein Nachdenken bestimmen. Der Glaube ist an Verständigung, geordneter Kommunikation und am möglichen Konsensus interessiert. Darüber bedarf es des wissenschaftlichen Diskurses als Frage nach einer Theorie theologischer Theoriebildung und als Vollzug dieser Theoriebildung. Alle Entwürfe sind also, wenn auch in recht unterschiedlicher Akzentuierung, an einer positiven Zuordnung von Glaube und Vernunft sowohl im Selbstverständnis der Theologie nach außen wie in der Verantwortung ihrer inneren Organisation interessiert.

Gehen wir einen Schritt weiter, so entdecken wir als Gemeinsamkeit in der Begründungsfrage die Zurückweisung empirischer wie idealistischer Begründungsversuche der Theologie. Den Einsichten der allgemeinen Wissenschaftstheorie folgend wird die Kurzschlüssigkeit positivistischer Sinnkriterien aufgedeckt. In der Orientierung an den experimentbestätigten Basisaussagen verkennt der logische Empirismus den hohen interpretativen Anteil aller Erfahrungsaussagen, die Eingebundenheit von Erfahrungsaussagen in den geschichtlichen und sozialen Kontext. Es wird verkannt, daß sich Wirklichkeitserkenntnis als wahr und bewährt immer nur im Bezug zu den behaupteten Sachverhalten und im Dialog der Beteiligten erweisen kann. Wahrheit wird gewonnen in Korrespondenz von Aussage und Sachverhalt und im Konsensus auf-

---

[6] G. Sauter, Ansätze zu einer wissenschaftstheoretischen Selbstreflexion der Theologie, in: G. Sauter, Kritik, 44; vgl. ebd. 223 ff.

grund intersubjektiver Verständlichkeit, Prüfbarkeit und Anerkennung. Darüber hinaus wird für die Theologie wegen der Besonderheit ihres Grundes geltend gemacht, daß eine unmittelbare empirische Prüfung unmöglich und dem Gegenstand unangemessen ist. Gegenüber einer Rekonstruktion der Theologie im Vollzug der Selbstbegründung der Vernunft wird geltend gemacht, daß der geschichtlich offene Charakter der Vernunft, der in der Unabgeschlossenheit der Wirklichkeit begründet ist, es verbietet, Aussagen über das Ganze der Wirklichkeit und Gott als alles bestimmende Wirklichkeit anders denn als auf Bewährung hin formulierte Hypothesen zu begreifen[7]. Eine solche Rekonstruktion arbeitet mit einem explikativen Wahrheitsbegriff und übergeht darin das notwendige produktive Element des Wahrheitsverständnisses, das einen Konsensus einschließt. Es verkennt die Strittigkeit all unserer Aussagen über die Wirklichkeit und die Bedingungen der Vernunft und ihrer Denkbewegung. Dieser Abwehr empirischer und idealistischer Begründungsversuche korrespondiert der Verzicht auf Letztbegründung theologischer Aussagen im philosophischen Kontext. Dem Ergebnis der allgemeinen wissenschaftstheoretischen Debatte wiederum folgend wird gezeigt, daß Behauptungen über die Wirklichkeit immer hypothetischen Charakter haben. Ein Versuch der Letztbegründung muß daran scheitern, daß keine Instanz zur Verfügung steht, vor der diese zweifelsfrei geschehen könnte. Das Moment der Evidenz, das in jedem Reden von Gott, das Wahrheit beansprucht, vorausgesetzt wird, muß in seinem Konsensusaspekt und antizipatorischen Charakter durchschaut werden. Alle Aussagen über die Wirklichkeit haben den Charakter eines Vorgriffs auf das, was endgültig erst sich herausstellen wird. Dies gilt für Aussagen empirischer Wissenschaften wie für philosophische und theologische Aussagen gleichermaßen. Auch dort, wo man sich in der Diskussion scheut, von theologischen Aussagen als Hypothesen zu sprechen, wird doch ihr in philosophischer Sicht hypothetischer Charakter insofern zugestanden, als man von der besonderen Vergewisserung theologischer Wahrheit und der Strittigkeit theologischer Aussagen ausgeht.

Eng verbunden mit diesem Abschied von einem Begründungsdenken, das versucht, theologische Aussagen in vernünftiger Rekonstruktion oder empirischer Beweisführung zu erweisen, ist die allseits spürbare Nötigung, Kriterien und Verfahren zu erarbeiten, mit deren Hilfe nun aber doch sowohl im innertheologischen Diskurs als auch im Außenverhältnis der Theologie theologische Aussagen als bewährt aufgewiesen werden können oder als glaubwürdig sich erweisen.

---

[7] Vgl. W. Pannenberg, a.a.O. 312f., 315f., 423; G. Sauter, Kritik, 48f., 246ff. Eine gründliche Auseinandersetzung mit dem konsequenten Ansatz F. Wagners muß ich mir hier wegen der gebotenen Kürze versagen.

Zusammenfassend lassen sich also folgende gemeinsamen Einsichten erkennen: Theologie kann sich als wissenschaftliche Disziplin konstituieren. Theologie ist über eine bloße Entgegensetzung von Offenbarung und Vernunft, Wissen und Glaube hinaus um Rationalität im Innen- und Außenverhältnis bemüht. Theologie kann sich weder im Rückgriff auf empirischen Ausweis noch in einem idealistischen Rekonstruktionsversuch begründen. Eine philosophisch eindeutige und hinreichende Letztbegründung ist nicht möglich und auch dem theologischen Gegenstand nicht angemessen. Es bedarf aber „unterhalb" dieser Einsicht des Ringens um Kriterien im Verfahren zur Begründung theologischer Behauptungen.

c) Strittiges und Unerledigtes

Diesen Konvergenzen in der wissenschaftstheoretischen Debatte, diesem gemeinsamen Problembewußtsein und Problemlösungen, die mir überzeugend erscheinen und die ich mir darum als Basis der weiteren Überlegungen zu eigen machen will, entspricht nun freilich eine deutliche Divergenz. Mit jedem Schritt der aufgezeigten Gemeinsamkeiten wächst auch die Divergenz. So wird schon die gemeinsame Einsicht, daß sich Theologie als Wissenschaft konstituieren kann, von einer recht unterschiedlichen Sicht des Verhältnisses von Theologie und allgemeinem Wissenschaftsbegriff begleitet. Der Barthschen Position verpflichtet wird einerseits betont, daß Theologie sich keinesfalls von einem unhinterfragten allgemeinen Wissenschaftsbegriff her bestimmen lassen dürfe. Pannenberg dagegen betont sehr deutlich unter Verweis auf die Einheit der Wahrheit den notwendigen kritischen Dialog mit der Wissenschaftstheorie, in dem es gilt, gemeinsame Einsichten zu gewinnen. Deutlicher noch werden die Differenzen in der Zuordnung von Offenbarung und Vernunft und in der Bestimmung dessen, was verständlich, kommunikabel und glaubwürdig ist. Ich will nun nicht die verschiedenen Schritte noch einmal durchgehen, um die wachsenden Differenzen aufzuzeigen. Vielmehr soll in systematischem Zugriff eine Problemstellung herausgehoben werden, die nach meiner Meinung das wesentliche strittige Problem darstellt. Keine der Arbeiten zur Wissenschaftstheorie hat den Versuch einer Letztbegründung theologischer Aussagen und Theorien unternommen. So ist, wie gezeigt, das Begründungsproblem der Theologie nicht zu lösen. Dennoch kann, wie ebenfalls deutlich gemacht wurde, unterhalb dieser Einsicht sehr wohl nach Begründung im Kontext des allgemeinen Wissenschaftsbegriffs gefragt werden. Hier nun kommt es zu einer divergierenden Einschätzung der Situation und der Möglichkeiten bei G. Ebeling und W. Pannenberg auf der einen und bei

G. Sauter und F. Mildenberger auf der anderen Seite. Auch wenn nun zwischen Ebelings und Pannenbergs Auffassung und Vorgehen deutliche Unterschiede sind, so sind doch beide vom Interesse gekennzeichnet, im Horizont der allgemeinen Welt- und Selbsterfahrung und der allgemeinen Gottesfrage Gründe für das christliche theologische Reden von Gott aufzuweisen. Beiden geht es um Begründung in dem von mir unter drittens angesprochenen Sinn. Man könnte hier auch von Begründung im Sinne von Bewährung sprechen. Sauter und Mildenberger, selbst wieder unterschiedlich in ihren Auffassungen, bearbeiten die anstehende Begründungsfrage vor allem als Frage nach dem theologischen Begründungszusammenhang und seiner Konstitution. Das strittige Problem sei nun in einer Gegenüberstellung der Auffassungen Pannenbergs und Sauters genauer beschrieben.

Pannenberg geht davon aus, daß Gott der Gegenstand der Theologie ist, von dem her die Theologie ihre Einheit gewinnt. „Die Frage nach der Wahrheit des Christentums ist diskutierbar erst im Rahmen einer Wissenschaft, die nicht nur das Christentum, sondern die Wirklichkeit Gottes zu ihrem Thema hat, auf die sich der christliche Glaube beruft."[8] Die Annahme der Wirklichkeit Gottes ist jedoch umstritten. Das Wissen um die Offenheit und Unabgeschlossenheit der Gottesfrage gehört zum gegenwärtigen Problembewußtsein. Das entspricht gleichermaßen dem theologischen Selbstverständnis (vor dem Geheimnis Gottes findet die menschliche Weisheit ihre Grenze) wie der philosophischen Einsicht von der Unmöglichkeit einer Letztbegründung. Auch dort, wo die Frage nach Gott als eine dem menschlichen Bewußtsein sich aufnötigende Frage erscheint, ist die Annahme der Wirklichkeit Gottes nicht letztlich dem Illusionsverdacht zu entheben. Begründung theologischen Redens wird darum, wie alle philosophische Begründung auch, nur so erfolgen können, daß die theologischen Behauptungen an ihren Implikationen gemessen werden und sich darin dann als verteidigungsfähig erweisen. Für den Gottesgedanken arbeitet Pannenberg heraus: Der Gottesgedanke erfordert, daß Gott als „alles bestimmende Wirklichkeit" gedacht wird. Dies bedeutet, daß sich von Gott her der Sinn der Wirklichkeit des Ganzen der Geschichte erschließt, der Sinn, den Gott konstituiert. Der Gottesgedanke ist also im Zusammenhang der Frage nach der Sinntotalität zu entfalten. Seine geschichtliche Kraft gewinnt der Gottesgedanke in der konkret erfahrenen Selbstbekundung Gottes, die erlaubt, antizipatorisch den Sinn des Ganzen zu ergreifen und zu begreifen. Diese Selbstbekundung erschließt sich in den religiösen Erfahrungen, die ihrerseits im Zusammenhang der historischen Religionen und ihrem Überlieferungszusammenhang thematisiert und entfaltet werden. In der

---

[8] W. Pannenberg, a.a.O. 299/300.

Die Begründung theologischer Aussagen 113

Theologie als Wissenschaft werden die so gewonnenen Einsichten als Hypothesen über die Sinntotalität der Erfahrung unter dem Gesichtspunkt von Gott als alles bestimmender Wirklichkeit und im Hinblick darauf, wie sich diese Wirklichkeit im religiösen Bewußtsein begründet hat, entfaltet[9]. Eine Prüfung dieser Behauptungen als unmittelbare Prüfung des einen Sachverhaltes, nämlich der Annahme der Wirklichkeit Gottes und seiner historischen Begründung in den religiösen Erfahrungen, verbietet sich aber, da die Erfahrung Gottes keine jederzeit reproduzierbare, endliche Begebenheit ist, die verfügbar gemacht werden kann. So kann die Prüfung, die theologische Aussagen als begründet und in diesem Sinne als bewährt erweisen will, nur so erfolgen, daß zumindest die „Rahmenbedingungen" erfüllt sein müssen, die mit dem Gottesgedanken und seiner Auslegung im christlichen Überlieferungszusammenhang gegeben sind. Als solche Rahmenbedingungen können genannt werden: Theologische Aussagen haben sich darin als christlich-theologische Aussagen zu bewähren, daß sie sich als Formulierungen von Implikationen biblischer Überlieferungen ausweisen lassen. Sie bewähren sich, indem sie ihrem Gegenstand, Gott als der alles bestimmenden Wirklichkeit, so entsprechen, daß sie einen Bezug zur Wirklichkeit im ganzen haben, der für die gegenwärtige Erfahrung einlösbar ist, und daß sie zur Integration des jeweils zugeordneten Erfahrungsbereiches tauglich sind. Dies hat im theologischen Diskurs so zu geschehen, daß die theologischen Aussagen einerseits zum Stand des philosophischen Problembewußtseins und andererseits zum bisherigen Stand des theologischen Problembewußtseins in Beziehung gesetzt werden, sich der philosophischen Kritik aussetzen und die Deutungskraft vorhandener theologischer Hypothesen erreichen und in der Diskussion herausgestellte Schranken überwinden[10].

Gegen diese Auffassung Pannenbergs führt G. Sauter als Einwände ins Feld[11]: In Pannenbergs Position wird an das Erbe des deutschen Idealismus anknüpfend das, was geschichtlich sich ereignet hat und ereignen wird, in einem alles umfassenden geschichtlichen Rahmen im nachhinein sinnhaft verstanden und vorweg begreiflich gemacht. Damit wird das zukünftige Geschehen von bisherigen Sinndeutungen bestimmt und ihnen unterworfen. Entspricht es aber nicht der Kontingenz der jeweiligen Erfahrung Gottes, daß Gott als der Zukünftige verstanden wird, der sich kenntlich gemacht hat in der Geschichte, aber in seiner Freiheit und Treue immer auch neue Wege mit uns und zu uns geht? Die

---

[9] Vgl. zum Zusammenhang insgesamt W. Pannenberg, a.a.O. 299–348.
[10] W. Pannenberg, a.a.O. 348. Pannenberg formuliert die Kriterien, um ihren Charakter als Rahmenkriterien deutlich zu machen, negativ abgrenzend.
[11] G. Sauter, Kritik, 48, 244 ff., 296 ff.

Orientierung an einer Gesamtdeutung führt dazu, daß jede Zukunft als wirkungsgeschichtliche Verlängerung des Vergangenen aufgefaßt wird. Zugleich gilt für solche umfassenden Deutungen, daß sie, so imponierend und suggestiv sie auch sind, sich letzten Endes der Kontrolle entziehen und zur Lösung begrenzter Probleme ungeeignet sind. Wie im Rahmen einer Gesamtdeutung das einzelne Geschehen und seine Auslegung jeweils als sinnvoll oder nicht sinnvoll, als wahr oder falsch, bewährt oder nicht bewährt beurteilt werden soll, bleibt offen. Gott verifiziert sich nicht erst am Ende des Ganzen, nach einem geschichtlichen Prozeß des Ringens der Ideen, sondern er macht sich hier und jetzt kenntlich, uns konkret betreffend. In der Konzeption Pannenbergs wird aber von einem Wahrheitsverständnis ausgegangen, das das Element des Konsensus im Wahrheitsbegriff vernachlässigt. Als Gradmesser für die Verstehbarkeit der Tradition erscheint deren faktische Geltung. Damit aber verwickelt sich die Theologie ständig in das alte Dilemma von Autorität und Rationalität. Theologie setzt als Grund allen Redens Gottes Handeln voraus. Diese Voraussetzung läßt sich aber nicht mehr begründen, vielmehr kann es in der Theologie nur darum gehen, die Gründe für das Reden von Gott aufzuzeigen und zu fragen, wie angemessen in der Situation von Gott geredet werden kann. Wo aber Theologie ihren „Grund", das Handeln Gottes, als vernünftig und „begründet" aufweisen will, belastet sie sich ständig mit einer Überforderung. Sie will sich nicht nur verständlich machen und in ihren Gründen innerhalb des theologischen Begründungszusammenhangs ausweisen, sondern in apologetischer Manier jeweils allgemeines Einverständnis herbeiführen. Das kann aber weder von der Eigenart des Gegenstandes noch von dem Element des Konsensus im Wahrheitsbegriff her geschehen. Der Ort, an dem die Geltung theologischer Aussagen gewonnen und vermittelt wird, ist die Kirche. „Theologische Beschreibungen wollen das Reden von Gott ermöglichen und Gotteserfahrungen vorbereiten. Bewirken können sie diese Erfahrungen nicht, aber sie können dazu verhelfen, daß keine Hindernisse durch falsche Erwartungen und fehlgeleitete Ansprüche entstehen."[12] Was not tut, ist eine Theologie, die ihre Theoriebildung bewußt unternimmt und verantwortet. Indem die Theologie begründet, wie von Gott zu reden ist, indem sie konkrete Fragen und Probleme, die im Raum der Kirche in der Situation entstehen, angeht, dient sie der Vorbereitung eines kirchlichen Konsensus und der kirchlichen Handlungsorientierung. Theologie bewährt ihre Wissenschaftlichkeit pragmatisch, indem sie die Aporien, die im Zusammenhang ihres Gegenstandes, des Redens von Gott, auftreten, in strukturelle Probleme überführt. Durch ihre Problemformulierungen und durch die Rechenschaft, die sie über

---

[12] G. Sauter, Rechenschaft über das Reden von Gott, EvK 7 (1974) 82.

ihre Verfahren gibt, zeigt sie, welche Bedeutung die unüberholbaren Sachfragen der Theologie im Zusammenhang des theologischen Diskurses gewinnen und wie sie bearbeitet werden können. Ihre intersubjektive Diskussionsfähigkeit erweist Theologie dabei darin, daß sie sich um einen analytisch-theoretischen Denkstil bemüht, der auf genaue Problembeschreibung abzielt und kooperativ an gemeinsamen Problemlösungen arbeitet. Für theologische Aussagen gilt dabei, daß sie keine apodiktische Endgültigkeit für sich in Anspruch nehmen können, sondern jeweils als hypothetische Aussagen auf Erprobung und Korrektur hin zu verstehen sind. Dies gilt aufgrund der geschichtlichen Dynamik, in der neue Problemformulierungen erwachsen, und dies entspricht dem Verheißungscharakter christlichen Glaubens, der sich hoffend auf die Zukunft und das zukünftige Ankommen Gottes bezieht. Gerade indem Theologie so ihre Aussagen verständlich, konkret auf die Situation und ihre Probleme bezogen, argumentativ entfaltet, ermöglicht sie das Gespräch mit anderen Wissenschaften als Vergleich zwischen Theorien und Auseinandersetzung unterschiedlicher Theorien. Für die Frage der Begründung bedeutet dieser Ansatz, daß Sauter auf den Begründungsbegriff im Sinne von ,,synthetischer Begründung" abhebt. Er geht davon aus, daß in der Kirche und folgend in der Theologie immer schon ein Begründungszusammenhang vorgegeben ist. Es gibt eine Reihe von Begründungen und Gründen, die im Konsensus der Kirche als solche anerkannt, legitimiert sind. Sauter spricht in diesem Zusammenhang von Dialogregel. ,,Dialogregeln sind Gesprächskondensate, Formulierungen abgeschlossener Gesprächsleistungen"[13]. Solche Dialogregeln sind also nicht nur bestimmte Regelungen eines Gesprächsverlaufes, die gewährleisten, daß ein Gespräch ordentlich geführt wird, sondern werden von Sauter verstanden als diejenigen Gründe, von denen in einem Begründungszusammenhang ausgegangen werden kann, bzw. auf die man sich zurückbeziehen kann und die so den Begründungsvorgang regeln. Diese Dialogregeln gehen auf die Bibel als die Basis für dialogdefinite Aussagen zurück. Als zweite Klasse von Dialogregeln können die Interpretationsregeln angesehen werden, die in den Bekenntnissen formuliert sind. Dabei will die Formulierung ,,Dialogregel" gerade anzeigen, daß es sich nicht um unveränderbare Axiome und eine Folge doktrinärer Sätze handelt. Vielmehr ist im kirchlichen Konsensus auch immer wieder neu zu fragen, welche Dialogregeln zu vertreten sind. Die Legitimierung von Dialogregeln geschieht im kirchlichen Konsensus, von dem der Diskurs der Theologie herkommt und den er vorbereiten will. ,,Wie aber diese Legitimation zu geschehen hat, kann nur im Rahmen einer Dialog-

---

[13] G. Sauter, Grundzüge einer Wissenschaftstheorie der Theologie, 323.

führung dargestellt werden. Aus diesem Zirkel kann die Theologie nicht heraustreten"[14].

Pannenberg hat unter Zurückweisung des Vorwurfs, daß seine Interpretation des Redens von Gott im Horizont von Geschichte und Sinnthematik das Reden von Gott abschließend deutet, an Sauter die naheliegende Frage gestellt, ob seine Auffassung nicht die Gefahr eines „extremen kirchlichen Konventionalismus" bedeute[15]. Es scheint sich also das strittige Problem auf folgende Alternative zuzuspitzen: Auf der einen Seite der Versuch, theologische Aussagen im Gegenüber zur allgemeinen vernünftigen Reflexion und im Gegenüber zur theologisch-wissenschaftlichen Reflexion als bewährt auf Grund der Rahmenbedingungen jedes christlichen Redens von Gott zu erweisen. Auf der anderen Seite der Versuch, theologische Aussagen als begründet im theologischen Begründungszusammenhang auszuweisen, Rationalität der Theologie gerade darin zu erweisen, wie sie ihre theologische Theoriebildung vornimmt und verantwortet. Doch gilt es gerade diese Alternative, die in der Auseinandersetzung zwischen Pannenberg und Sauter auch immer wieder formuliert wird, kritisch zu befragen. Mein theologisches Interesse geht nicht dahin, die Divergenz als grundsätzliche positionelle Verschiedenheit auszulegen. Das ist schon hinreichend geschehen. Dem Denkstil, den G. Sauter als analytisch-theoretisch bezeichnet hat, und dem W. Joest in all seinem umsichtigen theologischen Arbeiten gefolgt ist, verpflichtet, will ich erproben, ob die strittige Frage nicht zugleich als ein beiden gemeinsames offenes Problem begriffen und darin die Alternative überwunden werden kann. Beide Konzeptionen nämlich erweisen sich in einer praktischen Anwendung darin als schwierig, daß sie keine konkreten Hinweise zur Anwendung des jeweils vorgeschlagenen Begründungsverfahren anbieten und daß das Problem der Erfahrung und ihrer Bedeutung für die Theologie nicht näher untersucht wird. So läßt Pannenbergs Kriterium „für die gegenwärtige Erfahrung einlösbar" die Frage aufkommen, wie denn dieses „einlösbar" näher zu bestimmen ist. In gleicher Weise läßt sich der von Sauter zugestandene Zirkel bei der Legitimation theologischer Aussagen auf seine Vollzugsbedingungen hin befragen. Auch dabei wird von einer anderen Seite her auf die Erfahrungsthematik hingewiesen, die ein Element in der gegenwärtigen Konsensusbildung darstellt. Neue Problemstellungen und auch neue Plausibilitäten haben immer mit Erfahrungen zu tun. Es wird also im Folgenden zu prüfen sein, ob die Divergenz in ein offenes bearbeitbares Problem überführt werden kann.

---

[14] Ebd. 329.
[15] W. Pannenberg, a.a.O. 291–298.

2. Begründung und Erfahrung im theologischen Diskurs

Die Kennzeichnung und Präzisierung des Problemstandes hat uns zur Vermutung geführt, daß die Alternative zwischen den Auffassungen von Pannenberg und Sauter in einer Näherbestimmung der Funktion von Erfahrung im Begründungsprozeß überwunden und darin das Begründungsproblem seiner Lösung näher geführt werden kann. Diese Vermutung soll nun so entfaltet und auf ihre Tragfähigkeit hin geprüft werden, daß ich in einem Durchgang durch die Schritte theologischer Begründung den Ort und die Funktion von Erfahrung im theologischen Begründungszusammenhang analysiere.

a) Schritte theologischer Begründung

Die Bedingungen unserer Situation, die W. Joest treffend als spätneuzeitliche Situation gekennzeichnet hat, und das im christlichen Glauben implizierte Verständnis des Grundes und der Voraussetzung aller Theologie erfordern gleichermaßen einen Einsatz theologischer Begründung beim Offenbarungsgeschehen und Offenbarungszeugnis. Als spätneuzeitlich kann unsere Situation insofern begriffen werden, als sich die Vernunft des konstruktiven und hypothetischen Charakters all ihrer Setzungen und Behauptungen bewußt geworden ist. Vernünftiges Denken hat auf allen Gebieten und Feldern seiner Aktivität Abschied genommen vom Gedanken einer möglichen Letztbegründung und ist sich seiner Geschichtlichkeit, Offenheit und Bedingtheit durch Interessen und Situationen bewußt geworden. Solche Einsicht bedeutet freilich nicht den Abschied der Vernunft von der Intention der Aufklärung, vernünftige Reflexionen zum Forum zu machen, vor dem alles sich auszuweisen hat. Die Wahrheit von Behauptungen hat sich in einem vernünftigen Dialog aller Beteiligten erst zu bewähren. Unter dieser Voraussetzung gilt, daß die Annahme der Existenz Gottes nicht mehr als denk- oder lebensnotwendig im Sinne einer Letztbegründung ausgewiesen werden kann. Vielmehr erscheinen das Reden von Gott als alles bestimmender Wirklichkeit und das Bekenntnis zu Jesus Christus als dem, in dem Gott unsere Geschichte ein für allemal ins Heil gewendet hat, als Behauptungen des Glaubens, die in ihrem Offenbarungsanspruch nur als sehr menschliche und darin fragwürdige Behauptungen vertreten werden können. Diese neuzeitliche Infragestellung des Gottesgedankens entspricht dem christlichen Glaubensverständnis darin, daß Glaube seiner inneren Struktur nach als ein Geschehen zu verstehen ist, das vernünftige Gründe, geschichtliche Erfahrungen und das freie, antwortende Vertrauen einschließt. Gott als der Grund dieses Glaubens ist, wie es E. Jüngel zutreffend formuliert hat, mehr als notwendig[16]. Daß Gott sich in der Geschichte bekundet und auf eine Geschichte mit uns einläßt, ist als ein Ereignis zu begreifen, das wir nur glaubend erfassen und erfahren können. Theologie verdankt sich der Voraussetzung, daß Gott in Jesus Christus gegenwärtig wird und allem menschlichen Leben Grund zu unbedingtem Vertrauen gegeben hat, uns unbedingte Ausrichtung gewährt und unbedingte Zukunft eröffnet. „Auf diesen Grund des Glaubens kann die Theologie wesensgemäß nur hinweisen, ohne seine Tragfähigkeit nach Kriterien, die jenseits des Sich-Einlassens auf ihn gelegen wären, begründen zu können."[17] Begründung theologischer Aussagen ist also als das Zur-Sprache-Bringen des Grundes des Redens von Gott zu verstehen und es geschieht so, daß die Gründe für einzelne Aussagen in diesem Reden genannt werden. Die theologische Begründung theologischer Aussagen hat von dem geschichtlichen Offenbarungszeugnis in seinem Überlieferungszusammenhang auszugehen. Solch offenbarungsbestimmter Ansatz bedeutet freilich nicht den Verzicht auf die argumentative Auseinandersetzung mit philosophischen Entfaltungen der Implikationen des Gottesgedankens. Er bedeutet noch weniger den Verzicht auf eine um Begründung bemühte Entfaltung des christlichen Gottesverständnisses im Horizont des gegenwärtigen Menschen-, Welt- und Geschichtsverständnisses. Der Verzicht auf den Erweis der Denknotwendigkeit Gottes bedeutet nicht notwendig den Verzicht auf den Ausweis der Denkbarkeit Gottes. Gerade in der Geschichte des Kommens Gottes wird deutlich, daß Gott so zum Menschen kommt, daß er die menschliche Vernunft und Erkenntnisstruktur nicht aufhebt oder zerstört, sondern in dieser Struktur begegnet. Aus dieser Sicht der Problemlage ergibt sich, daß theologische Begründung theologischer Aussagen sich in drei Schritten oder Stufen vollziehen muß. Theologische Argumentationen und Begründungen vollziehen sich innerhalb der formalen Bedingungen aller vernünftigen Reflexionen. Deshalb ist danach zu fragen, welchen formalen Bedingungen ein theologisches Begründungsverfahren zu genügen hat. Theologische Aussagen müssen sich als Entfaltung der Selbstbekundung Gottes in Jesus Christus ausweisen lassen. Deshalb wird danach zu fragen sein, mit Hilfe welcher Kriterien sich theologische Aussagen begründet als Entfaltung der Selbstbekundung Gottes in Jesus Christus ausweisen können. Theologische Aussagen müssen entsprechend ihren eigenen Implikationen als Behauptungssätze die Möglichkeit zu ihrer „Prüfung" in sich schließen. Es wird nach den Bedingungen zu fragen sein, unter denen eine solche Prüfung vollzogen werden kann und darin theologische Aussagen als begründet und

---

[16] Vgl. E. Jüngel, Gott als Geheimnis der Welt, Tübingen 1977, 30.
[17] W. Joest, Fundamentaltheologie, 255.

bewährt erscheinen. Diese Aufstellung der Schritte der Begründung ist ihrerseits schon wieder von einem theologischen Ansatz und theologischen Gründen bestimmt. Es läßt sich also nicht verleugnen, daß wir in einem Zirkel argumentieren, in dem gleichsam vorweg schon festgelegt wird, anhand welcher Kriterien wir theologische Aussagen als begründet erweisen können. Diese Zirkelstruktur kann nicht aufgebrochen werden. Es kommt jedoch darauf an, daß sich im Fortgang der Argumentation der Zirkel nicht als circulus vitiosus erweist, sondern die Argumentation Plausibilität gewinnt.

b) Die formalen Bedingungen des theologischen Begründungsverfahrens

Im Anschluß und in Differenzierung des Kohärenzpostulates von Scholz können wir als erstes Kriterium, dem ein theologisches Begründungsverfahren zu genügen hat, formulieren: Theologische Aussagen müssen sich von anderen Aussagen darin unterscheiden, daß sie sich auf einen einheitlichen Gegenstandsbereich beziehen. Sie müssen sich weiter darin von anderen Aussagen unterscheiden, daß sie diesen einheitlichen Gegenstandsbereich in je eigener und unterscheidbarer Weise zur Sprache bringen. Einfacher formuliert: Theologische Aussagen müssen sich in einem ersten Schritt darin als begründet erweisen, daß sie sich als *theologische* Aussagen ausweisen *(Kriterium: Theologizität).* Als theologische Aussagen, so läßt sich dieses Kriterium weiter entfalten, können solche Aussagen gelten, die Gott und Gottes Handeln reflektierend beschreiben und darin implizit oder im Anschluß daran explizit eine Daseins- und Handlungsorientierung entfalten. Insofern Gott seinem Begriffe nach als alles bestimmende Wirklichkeit verstanden werden muß, sind theologische Aussagen als Aussagen über die Sinntotalität der Erfahrung zu verstehen. Von wissenschaftlichen oder philosophischen Aussagen, die ebenfalls Gott und sein Handeln zum Gegenstand haben können, unterscheiden sich theologische Aussagen dadurch, daß sie behauptend von Gottes Wirklichkeit und seinem Handeln als alles bestimmender Macht ausgehen und in der Auslegung Gottes und seines Handelns auf die religiösen Erfahrungen bestimmter Gruppen und ihre Überlieferung Bezug nehmen. Diese Bestimmung macht deutlich: die theologische Sprache, die in theologischen Aussagen zum Zuge kommt, ist keine eigene Sprache, die von der übrigen Sprache völlig unterschieden wäre. Vielmehr werden in theologischen Aussagen Begriffe verwendet, die auch in Philosophie und Wissenschaft Verwendung finden, bzw. aus der Umgangssprache gewonnene terminologisch präzisierte Ausdrücke darstellen. Die „Sprachspielfamilie" theologischer Aussagen entsteht als eigenständige Größe, weil sie auf einen einheitlichen

Gegenstand bezogen ist und in dieser Bezogenheit die Aussagen in besonderer Weise gebraucht werden. Das besondere an diesem theologischen Gebrauch liegt darin, daß die Ausdrücke einem grammatischen Subjekt, nämlich Gott, zugeordnet werden und sich dabei die übliche Bedeutung der Ausdrücke und Begriffe ändert, und neue Regeln für ihren Gebrauch entstehen. Die theologische Tradition hat die Änderung der Bedeutung, der Begriffe und Ausdrücke unter dem Stichwort Analogie behandelt. Neue sprachkritische Untersuchungen erlauben die Änderungen der Regeln des Gebrauchs näher zu bestimmen als Änderungen der internen Regeln[18].

Insofern theologische Aussagen in Aussagezusammenhängen oder Theorien auftreten, müssen sie sich in formaler Hinsicht darin als begründet erweisen, daß der Aussagezusammenhang in sich widerspruchsfrei und konsistent ist *(Kriterium: Widerspruchsfreiheit und Konsistenz)*. Eine Überprüfung auf Widerspruchsfreiheit und Konsistenz wird dabei mit den Mitteln der Logik vollzogen.

Weiter müssen sich theologische Aussagen, die in Aussagezusammenhängen und Theorien auftreten, darin als begründet erweisen, daß die innerhalb des Aussagezusammenhangs vorgenommenen synthetischen Begründungen verteidigungsfähig sind. Dies bedeutet u.a., daß angegebene Voraussetzungen, Grundannahmen und Basissätze tatsächlich in dieser Funktion im Aussagezusammenhang wirksam und daß nicht weitere unbekannte Voraussetzungen angenommen sind (Kriterium: *innere Kohärenz*). An diesem Punkt weist die formale Bedingung der Begründbarkeit über sich hinaus. Denn die Feststellung, ob ein synthetisches Begründungsverfahren gelungen ist, ist nur im Konsensus und im Bezug zu jeweiliger Erfahrung möglich. So führen schon die Überlegungen zu den formalen Bedingungen theologischer Begründung entsprechend den Ausführungen zum Begründungsbegriff zur Einsicht, daß Begründung sich jeweils als systematische und kritische Rekonstruktion zu vollziehen hat und in einer systematischen und kritischen Prüfung auf dem Hintergrund von Erfahrung befragt werden muß. Schon dieser Sachverhalt verbietet, das Begründungsverfahren als ein konventionalistisches kirchliches Begründungsverfahren zu verstehen[19].

---

[18] Genauer zum Problem der Analogie und der internen Regeln habe ich mich im Art. „Analogie", in: TRE II, 625–650, geäußert.
[19] Vgl. den interessanten Aufsatz von J. Werbick, Theologie als Theorie, KuD 24 (1978) 204–228.

c) Zur Begründung christlich-theologischer Aussagen

Christlich-theologische Aussagen erweisen sich darin als begründet, daß sie die Selbstbekundung Gottes, die in Jesus Christus ihre Mitte, ihr Kriterium und ihr Ziel hat, angemessen zur Sprache bringen. Diese in ihrer Kürze recht anfechtbare Formulierung bedarf in mehrfacher Richtung der Entfaltung. Christliche Theologie versteht sich als dadurch bestimmt, daß sie den Glauben an Jesus Christus als das „eine Wort Gottes, das wir zu hören, dem wir im Leben und im Sterben zu vertrauen und zu gehorchen haben"[20], voraussetzt. Die Auslegung Gottes, der sich christliche Theologie verpflichtet weiß, versteht Jesus Christus als Ereignis in der Geschichte des Kommens Gottes in Israel, in dem Gott sich selbst letztgültig offenbart und bestimmt. Sie kommt davon her, daß Jesus Christus ein Ereignis der Geschichte ist. Im Leben dieses einen geschichtlichen Menschen Jesus von Nazareth, in seinem Geschick und seiner Auferstehung, offenbart sich Gott. Sie kommt weiter davon her, daß Jesus Christus als der Gekreuzigte und Auferstandene der lebendige Herr in der Geschichte ist und als lebendiger Herr in der Geschichte wirkt. Darin eröffnet er Glauben, gewährt er Hoffnung und Zukunft. Von diesen Voraussetzungen her kann als Kriterium, mit dessen Hilfe theologische Aussagen sich als christlich-theologische Aussagen begründet erweisen, *Christusgemäßheit* gefordert werden. Dieses Kriterium „christusgemäß" ist jedoch kein Kriterium, das unmittelbar methodisch angewandt werden kann. Es gehört zum Bekenntnis des Glaubens an Jesus Christus, daß Jesus Christus als lebendiger Herr bezeugt wird, der sich jeder methodischen Verfügung entzieht. Vielmehr bekennt die Kirche, daß Jesus Christus als der Gekreuzigte und Auferstandene durch den Heiligen Geist erst in alle Wahrheit führt und alle Lebensäußerungen seiner Kirche verifiziert oder falsifiziert. So kann das Kriterium christusgemäß nur in einem abgeleiteten und mittelbaren Sinn im theologischen Begründungsprozeß fungieren. Eine solche mittelbare und indirekte Anwendung ist dadurch ermöglicht und theologisch legitimiert, daß Jesus Christus sich im Vollzug seiner Selbstvergegenwärtigung in der geschichtlichen Wirklichkeit Entsprechungen seiner unverfügbaren Wirksamkeit und Wirklichkeit gibt. Zu diesen Entsprechungen gehört das Zeugnis des Glaubens von Jesus Christus. Die Geschichte, in der sich Gott kenntlich macht, wird als erfahrene Geschichte im Zeugnis des Glaubens zur Sprache gebracht. Dies geschieht in vielfachen Formen: In Geschichten, Gebeten, Liedern, Bearbeitung von Geschichten,

---

[20] Theologische Erklärung der ersten Bekenntnissynode der Deutschen Evangelischen Kirche, These I.

die ihrerseits aus sich Impulse, Perspektiven und Deutungen entlassen und zur Entfaltung einer Daseins- und Handlungsorientierung in der Situation führen. Christliche Theologie kommt in ihren Begründungsverfahren von diesen Voraussetzungen her und versucht, in systematischer Reflexion und Rekonstruktion darzulegen, welche Aussagen von diesem Geschehen her zu Recht vertreten werden können. „Christusgemäß" sind theologische Aussagen dann, wenn sie der geschichtlichen Wirklichkeit und Wirksamkeit Jesu und der gegenwärtigen Wirklichkeit Jesu Christi entsprechen. Dies führt zu drei Kriterien, die als Rahmenbedingungen für die Begründung christlich-theologischer Aussagen beachten werden müssen: *Schriftgemäß, bekenntnis- und traditionsorientiert, zeitgemäß*[21]. Dabei gilt, daß keines dieser Kriterien von den beiden anderen prinzipiell isolierbar ist. So wie der biblisch bezogene, sich in der Situation vergegenwärtigende Christus einer ist, so entspricht dem durch die Zeiten hindurch mit sich selbst einen Wort Gottes die Untrennbarkeit und Wechselbeziehung der drei Kriterien. Dies bedeutet nicht, daß nicht in der konkreten Anwendung Spannungen auftreten können.

Das *Kriterium „schriftgemäß"* hat darin seinen Grund, daß das Ereignis des Kommens Gottes in Jesus Christus ein geschichtliches Ereignis ist, zu dem als geschichtliches Ereignis konstitutiv das Zeugnis von ihm gehört. In dem kontingenten geschichtlichen Ereignis Jesus Christus begegnet uns das eine Wort Gottes, das wir uns nicht selbst sagen können. Daß wir als die Unannehmbaren angenommen sind, daß Gott den Menschen auch noch im äußersten Widerspruch, der Tötung Jesu im Namen des Gesetzes Gottes, seiner Liebe für wert hält, daß sich in Jesus Christus die Wende ins Heil ereignet hat, kann nur aus einer geschichtlichen Erfahrung des Glaubens heraus erkannt und bekannt werden. Der Glaube, den Theologie zur Sprache bringt, weiß sich darum an diese grundlegenden und ursprünglichen Erfahrungen zurückverwiesen, in denen das eine Wort Gottes in allem und durch alles menschliche Wort hindurch begegnet. Die Schrift wird von daher als das Glauben bezeugende und Glauben weckende Zeugnis angesehen, durch das sich Jesus Christus immer wieder selbst vergegenwärtigt. Die Kirche Jesu Christi hat in einer historischen Entscheidung diese Erfahrung in der Kanonsbildung nachvollzogen.

Daß von „schriftgemäß" als einem Rahmenkriterium gesprochen wird und darin die Aussagen der Schrift nicht einfach als Basisaussagen in einem analytischen Begründungsverfahren verwendet werden, hat seinen dreifachen Grund: Zum ersten muß einer Auffassung der bibli-

---

[21] Ich übernehme die Formulierung der Kriterien „schriftgemäß" und „zeitgemäß" von F. Mildenberger, Theorie der Theologie, 27ff. Vgl. auch F. Mildenberger, Theologie als Anwendungswissenschaft, KuD 20 (1974) 91–105.

schen Überlieferung als Sammlung zeitloser, doktrinärer Sätze, die in einem analytischen Begründungsverfahren als Grundannahme fungieren könnten, von der Einsicht her widersprochen werden, daß die Schrift ein lebendiges Zeugnis der Erfahrungen des Kommens Gottes ist. Die Schrift stellt sich selbst als eine Geschichte immer neuen Ringens dar, das Ereignis des Kommens Gottes, das in Jesus Christus sein Ziel findet, recht und neu auszulegen. Weder die unterschiedlichen sprachlichen Formen, noch die spannungsreiche Folge der Auslegungen erlauben uns etwa in einem Kompilationsverfahren aus der Schrift eine Sammlung von Basissätzen zu machen. Die Anwendung des Kriteriums schriftgemäß hat vielmehr so zu erfolgen, daß die Theologie in einem ersten Arbeitsgang die Aussagen der Schrift in ihrem geschichtlichen Zusammenhang zu verstehen versucht und von daher dann die Dialogregeln gewinnt, die in einem synthetischen Begründungsverfahren Anwendung finden können. Damit ist schon der zweite Grund anvisiert. Es gibt kein geschichtsloses, objektives Verständnis der Aussagen der Schrift. Einen Konsensus läßt die Schrift für jeden insoweit erkennen, als sie Jesus Christus als Grund und Maß unseres Glaubens, als die Wende zum Heil bestimmt. Darüber hinaus ist für jeden zugänglich, wo die Hauptanliegen und die Hauptthemen der Schrift sind. Eine eindeutige Bestimmung jedoch der Aussagen der Schrift, die zu einer einheitlichen Anwendung führt, läßt sich nicht als objektiv vorgegeben erweisen. Vielmehr bedarf es immer wieder der Entfaltung dessen, was Mitte und Einheit der Schrift heißt, im eigenen geschichtlichen Durchgang durch die Schrift. Solcher Durchgang durch die Schrift weiß sich dabei gleichermaßen den hermeneutischen Regeln zur Erschließung von Texten[22], wie den drei Bezugspunkten aller unterschiedlichen Aussagen des Neuen Testamentes verpflichtet. Diese drei Bezugspunkte können als memoria Jesu Christi, als Entfaltung der Erfahrung, daß in keinem anderen Heil ist in der geschichtlichen Situation, und als ökumenische Tendenz der Schrift charakterisiert werden. Die ökumenische Tendenz der Schrift zeigt sich darin, daß man versucht, in all den verschiedenen Situationen und den verschiedenen geschichtlichen Zeugnissen von Jesus Christus von dem einen Christus in der einen Gemeinde das Gemeinsame und Wesentliche auszusagen. Die Anwendung des Kriteriums schriftgemäß muß also so erfolgen, daß jeweils in einem schöpferischen und zu verantwortenden Akt die Entfaltung der Mitte der Schrift und der einheitlichen Anwendung der Schrift vorgenommen wird. Dieser Akt wird vor Willkürlichkeit darin bewahrt, daß er sich im Dialog mit der Schrift im geschichtlichen Durchgang durch die Schrift ausweist und jeweils auf den Konsensus der Kirche zielt. Drittens ist die Schrift als geschichtliches Zeugnis

---

[22] Vgl. zu diesem Komplex W. Joest, Fundamentaltheologie, 174–212.

darin ernst zu nehmen, daß sie in ihrer Zeitgebundenheit gesehen wird. Dies verbietet, die Aussagen der Schrift zu zeitlosen Basissätzen im Begründungsverfahren umzustilisieren. Solche Geschichtlichkeit der Schrift zeigt sich darin, daß die Schrift auf die Fragen ihrer Zeit und ihrer Situation antwortet und nicht unmittelbar auf unsere Fragen. Die Begründung gegenwärtiger theologischer Aussagen läßt sich darum nur in einem synthetischen Begründungsverfahren in Bezug zu den Aussagen der Schrift bringen. Solche Geschichtlichkeit der Schrift zeigt sich weiter darin, daß die Schrift, wie alles Zeugnis von Jesus Christus, ihn nur bedingt und darin auch unvollkommen auslegt. Jedes Zeugnis von Jesus Christus bleibt auch im Widerspruch gegen die Erwartungen, Sehnsüchte und Ideologien der Zeit, doch noch diesen Perspektiven und Sehnsüchten verhaftet. Gott will gerade mitten in dieser geschichtlichen Bedingtheit zum Menschen kommen und Gottes Wort gerade so im Menschenwort wirksam werden. Es gibt also eine bleibende Spannung zwischen allem Zeugnis von Jesus Christus und Christus selbst. Die Anwendung des Kriteriums schriftgemäß im Begründungsverfahren hat sich diese Spannung bewußt zu machen und muß sich innerhalb dieser Spannung vollziehen.

Das *Kriterium bekenntnis- und traditionsorientiert* hat darin seinen Grund, daß Jesus Christus in der Geschichte seiner Bewegung sich als lebendiger Herr erweist und die Geschichte der Kirche eine Geschichte lebendigen Umgangs mit der Schrift und mit den gegenwärtigen Erfahrungen von der Schrift her ist. Die Kirche sieht sich in dieser Situation genötigt, sowohl jeweils nach dem angemessenen Umgang mit der Schrift als auch nach der in der Situation zu verantwortenden Entfaltung des Christuszeugnisses zu fragen und diese Entfaltung im kirchlichen Konsensus, in Dogmen und lehramtlichen Entscheidungen zu regeln. Die Geschichte der Bewegung Jesu Christi ist eine Geschichte immer neuer Formulierungen des Bekenntnisses zu ihm. Christlich-theologische Aussagen können nicht diese Geschichte überspringend oder an dieser Geschichte vorbei sich als begründet erweisen. Daß das Kriterium bekenntnis- und traditionsorientiert und nicht bekenntnis- und traditionsgemäß lautet, ist ein Hinweis auf den Stellenwert, den Bekenntnis und Tradition in der Geschichte der Kirche haben. Indem die reformatorischen Kirchen die Schrift als norma normans und das Bekenntnis als norma normata bezeichnen, geben sie den Aussagen der Schrift im theologischen Begründungsverfahren den Vorrang. Die Bekenntnisse als Ausdruck des kirchlichen Konsensus in der Situation, sowie die Aussagen der theologischen Tradition, sind nur als Einweisungen in das rechte Verständnis der Schrift zu sehen, die immer wieder auch von der Schrift selbst her zu korrigieren sind. Hier wird freilich ein Zirkel sichtbar, der nicht übersprungen, sondern nur thematisiert werden kann.

Das *Kriterium zeitgemäß* hat darin seinen Grund, daß Jesus Christus sich als der gegenwärtige Herr erweist, in der Situation begegnet und die gegenwärtigen Situationen in all ihren Bezügen bestimmen will. Theologische Aussagen müssen sich darin als begründet erweisen, daß sie Jesus Christus in der Situation zur Sprache bringen. Wir sprechen von zeitgemäß als einem Rahmenkriterium im theologischen Begründungszusammenhang und schließen damit wieder ein analytisches Begründungsverfahren aus, da die Bestimmung dessen, was zeitgemäß ist, nicht vorgegeben ist, sondern immer wieder erst neu in geschichtlichem Ringen gewonnen werden muß. Theologische Aussagen sind in formaler Hinsicht darin zeitgemäß, daß sie in der Sprache ihrer Zeit formuliert werden bzw. zur sprachlich verfaßten Wirklichkeit der Zeit in Beziehung gesetzt werden. Theologische Aussagen müssen sich auf die Fragen und den Problemstand der gesellschaftlichen und kirchlichen Situation beziehen, wie er nicht zuletzt im wissenschaftlichen, philosophischen und theologischen Problembewußtsein formuliert wird. Weil Form und Inhalt nicht zu trennen sind, wird schon hier das Problem des Kriteriums zeitgemäß deutlich. Die Erhebung der „Zeitsituation" wie die Analyse des Problemstandes sind jeweils ein schöpferischer geschichtlicher Akt, in dem die Grundgegebenheiten, Grundstrukturen, Einsichten und das Selbstverständnis einer Zeit interpretiert werden. So bedeutet die formale Bezugnahme zur Zeit einen Akt der Interpretation, der immer auch schon vom theologischen Vorverständnis mit angeleitet ist. Wie die Auslegung dessen, was uns in der Schrift von Jesus Christus überliefert ist, immer mit von der gegenwärtigen Situation bestimmt ist, so ist umgekehrt unser Umgang mit der Zeit und die Erhebung der Zeitsituation ein von der Schrift angeleiteter schöpferischer Akt. Über diese formale Bezogenheit auf die Zeit hinaus erfordert das Kriterium zeitgemäß inhaltliche Zeitgenossenschaft. Zeitgemäß als Rahmenkriterium macht darauf aufmerksam, daß sich die theologischen Aussagen als relevant für die Zeit erweisen müssen. In dem Akt, der inhaltlich die Relevanz des Christuszeugnisses zur Sprache bringt, muß die Bedeutung dieses Zeugnisses für die gegenwärtige Daseins- und Handlungsorientierung deutlich gemacht werden. Theologische Aussagen sind daraufhin zu befragen, ob sie Bezug zur Erfahrung des Ganzen der Wirklichkeit haben und ob dieser Bezug in der gegenwärtigen Erfahrung einlösbar ist, ob sie eine Daseins- und Handlungsorientierung in der Situation zur Sprache bringen können. Solche inhaltliche Bezugnahme wird als Anknüpfung und Widerspruch zur Zeit geschehen. Theologische Aussagen knüpfen an an Fragen, konkretes Wissen und philosophische Einsichten der Zeit sowie an die bestimmten geschichtlichen Erfahrungen der Glaubensgemeinschaft. Zugleich stellen theologische Aussagen in ihrer Herkunft von bestimmten Erfahrungen und als Ausdruck einer bestimmten Daseins- und

Handlungsorientierung einen Widerspruch gegen andere zeitbedingte Daseins- und Handlungsorientierungen und andere Erfahrungen und ihre Interpretation dar. So führt die Anwendung des Kriteriums zeitgemäß im theologischen Begründungsverfahren auch immer in den Streit um das, was an der Zeit ist, in die Strittigkeit von Erfahrungen und Theorien. Als zeitgemäß schließlich haben sich theologische Aussagen darin zu erweisen, daß sie auf Konsensus zielen und konsensusfähig sind. Sie sollen den Konsensus in der Zeit vorbereiten. Theologische Aussagen dienen der Vorbereitung der Ereigniswerdung des Wortes Gottes im gemeinsamen Hören und in gemeinsamen Erfahrungen der Glaubensgemeinschaft. So zielen theologische Aussagen zunächst auf den Konsensus des Glaubens. Insofern aber die Offenbarung ein einverständniserschließendes Geschehen sein will, dienen theologische Aussagen der Vorbereitung eines Konsensus, der über die je bestehende Glaubensgemeinschaft hinausgeht.

d) theologische Begründung im Gegenüber von Wort und Erfahrung

Der Durchgang durch die Kriterien des theologischen Begründungsverfahrens läßt deutlich werden: Gemeinsam mit G. Sauter ist das theologische Begründungsverfahren als ein „synthetisches" Begründungsverfahren zu kennzeichnen, in dem die Aussagen von Schrift und Bekenntnis als Dialogregeln bzw. Interpretationsregeln fungieren. Begründen ist dabei nicht als Reduktion des Redens auf das in jedem Fall noch Vertretbare und Unanfechtbare zu verstehen. „Es vollzieht sich vielmehr im Ausschreiten und Weiterschreiten im Raum einer gemeinsamen Erkenntnis."[23] An Sauters Auffassungen ergeben sich jedoch aus den Darlegungen des vorigen Abschnittes zwei kritische Anfragen: 1. Sauter setzt im Begründungsverfahren jeweils schon geltende Dialogregeln voraus. Das entspricht der Zirkelstruktur des Begründungsverfahrens. Es bleibt aber zu fragen, ob seine Auffassung nicht darin einen von ihm nicht gewollten, positivistischen Zug erhält, daß er in der Beschreibung des formalen Rahmens des Begründungsvorgangs nicht den jeweils gegebenen Rekurs auf die geschichtliche Erfahrung des argumentierenden Theologen und den mit Schrift, Bekenntnis, Tradition, Situation zu führenden Dialog thematisiert. Die Eigenart des Offenbarungszeugnisses und die Eigenart des Begründens erfordern es, zu zeigen, wo und wie jeweils im Begründungsvorgang die geschichtliche Erfahrung und die zu verantwortende Interpretation zum Zuge kommen. Darin wird der Zir-

---

[23] G. Sauter/A. Stock, Arbeitsweisen Systematischer Theologie, München–Mainz 1976, 113.

kel des Begründungsverfahrens zwar nicht aufgebrochen, aber die Argumentationen gewinnen dadurch an Plausibilität, daß von Anfang an die Gründe und Entscheidungen aufgezeigt werden. Anders formuliert: Die von Sauter angestrebte Glaubwürdigkeit muß sich in jedem Schritt des Begründungsverfahrens erweisen. 2. Eine Begründung theologischer Aussagen im Sinne von Bewährung, die auf das Einverständnis aller zielt, ist nicht als äußerlich herangetragene und apologetische Überlastung des Begründungsverfahrens abzutun. Auch wenn es nicht darum gehen kann, den vorausgesetzten Grund der Theologie letztgültig begründen und eine Legitimierung theologischer Aussagen im Konsensus aller vollziehen zu wollen, kann sich ein theologisches Begründungsverfahren nicht der Frage nach der Bewährung theologischer Behauptungen entziehen. Gerade weil nicht einfach bestimmte Dialogregeln als eine zeitlos anwendbare Sammlung vorliegen, sondern erst im geschichtlichen Durchgang die Interpretation der Dialogregeln gewonnen wird, stellt sich in der Frage nach den Gründen solcher Interpretation die Thematik der Bewährung theologischer Aussagen mit ein. Weil im Prozeß der Anwendung der drei Kriterien die geschichtliche Erfahrung wirksam ist, bedarf es der Frage nach der Bewährung theologischer Aussagen in der Erfahrung. Nicht zuletzt das Kriterium „zeitgemäß" erfordert die Frage nach der Zeitgenossenschaft des Glaubenden.

Es ist also Pannenbergs Auffassung darin zuzustimmen, daß Begründung christlich-theologischer Aussagen nicht nur heißen kann, sie als christlich-theologisch im Sinne ihrer Herkunft und Gestalt im kirchlichen Konsensus auszuweisen, sondern sie als Aussagen zu verstehen, die auf allgemeine Bewährung zielen und darum zumindest die Rahmenbedingungen für die Einlösung solchen Anspruchs erfüllen müssen. Behauptungen erweisen sich darin als begründbar, daß sie sich in ihren Implikationen als der Prüfung fähig erweisen. Dies führt, wie in den Überlegungen zum Begründungsbegriff dargetan, in zweifache Richtung: Ein Gegenstand oder Sachverhalt, über den etwas behauptet wird, muß von der Behauptung selbst unterschieden sein. So ist in der Behauptung mitgesetzt, daß es einen – freilich nicht sprachfreien – Zugang zum Gegenstand gibt. Eine Behauptung zielt auf Konsensus. Für theologische Aussagen ist darum als Schritt zu ihrer Begründung (im Sinne von Bewährung als wirklich, wahr, sinnvoll) darzutun, in welchem Feld und in welcher Weise Zugang zu der von ihnen angesagten Wirklichkeit möglich ist und wo und wie hier ein Konsensus möglich ist. Theologie kann die Bewährung nicht herbeiführen. Als begründet aber müssen sich theologische Aussagen darin ausweisen, daß für sie bewährt erscheinende Gründe genannt werden und die Bedingungen für die Bewährung reflektiert und angegeben werden können. Bleiben wir bei der Frage nach diesen Bedingungen (über die Gründe wird jeweils im Einzelfall zu sprechen sein), so zeigt ein Blick auf die Rahmenkriterien, die Pannenberg aufstellt: Sie sind vornehmlich am Korrespondenzaspekt von Bewährung, nicht am Konsensusaspekt orientiert. Bei den von Pannenberg aufgestellten Kriterien für den Gegenstandsbezug zeigt sich, daß Pannenberg zu wenig die in der konkreten Situation Identität schaffende und Identität verbürgende Funktion des Redens von Gott herausstellt. Im Reden von Gott als alles bestimmender Wirklichkeit geht es gleichermaßen um den Sinn des unabgeschlossenen Ganzen der Wirklichkeit wie um den Sinn individuellen menschlichen Lebens in der konkreten Situation. So wenig es zu trennen ist, so wenig fällt dies im unabgeschlossenen Prozeß der Geschichte und angesichts des Kreuzes als der Weisheit Gottes schlicht in eins. Auch dort, wo man von „Antizipationen der Sinntotalität" bestimmt ist, muß jeweils in der Situation konkret zwischen wahr und falsch sinnsetzend entschieden werden. In einem solchen Prozeß findet Leben Gestalt, Identität und Richtung. Weil in Pannenbergs Überlegungen die Fragen des Konsensus und der je konkreten Sinnfindung und Sinnsetzung nur berührt, aber nicht näher untersucht werden, fällt eine weitergehende Reflexion der Erfahrungsthematik aus. Das Thema Erfahrung kommt aber, wie die Reflexion der drei Kriterien gezeigt hat, bei einer genaueren Untersuchung des theologischen Begründungsverfahrens so in den Blick, daß sich Erfahrung als Bindeglied zwischen umfassender und konkreter Sinndeutung, zwischen Korrespondenzaspekt und Konsensusaspekt, zwischen Geschichte und Gegenwart, Glaube und Zeitgenossenschaft, unverfügbarer und gegebener Wahrheit erweist. M. E. können die alternativen Auffassungen von Sauter und Pannenberg in der Begründungsfrage darin überwunden und der Lösung näher geführt werden, daß die Erfahrungsthematik an den aufgezeigten Weichenstellungen stärker berücksichtigt und geklärt wird.

Dies erfordert als ersten Schritt eine Untersuchung der Eigenart der Glaubenserfahrung und des damit gegebenen Zugangs zur Wirklichkeit Gottes. Glaubenserfahrungen können als unmittelbare Erfahrungen und Widerfahrnisse charakterisiert werden. Das macht darauf aufmerksam, wie alle „Bewährung" von theologischen Aussagen nur geschehen kann: Sie ereignet sich als unverfügbares und doch in unserer Situation treffendes Ereignis, im Grund-Folge-Zusammenhang von Offenbarung und Erfahrung, Wort Gottes und Glaubenserfahrung. Die Erfahrung, auf die die Theologie abhebt, ist keine selbständige, unabgeleitete Größe. Sie ist auf das Wort zurückverwiesen, das sie anleitet, hervorruft und ausrichtet. Der Verweis auf Erfahrung zur Bewährung bleibt also im „theologischen Zirkel" und zeigt zugleich den Ort des Zugangs zum Zirkel. Glaubenserfahrungen sind Erschließungserfahrungen, Erfahrungen mit der Erfahrung. Es sind Erfahrungen, die alles Bisherige neu sehen lehren und darin das Erfahren selbst neu werden lassen. Offenbarungserkenntnis will sich nun an der Erfahrung und in der Erfahrung bewähren. Solche Erschließungserfahrungen eröffnen neuen Sinn und schaffen Identität. Christliche Glaubenserfahrungen, in denen sich Jesus Christus als der Gekreuzigte und Auferstandene vergegenwärtigt, führen dazu, Identität gerade hierin neu zu verstehen: Identität wird nicht aus uns gewonnen, sondern von Gott her, als die Erfahrung wider alle Erfahrung, daß Kreuz und Gott nun zusammengehören und darin Tod und Schuld überwunden sind. Darin sind sie neues Lebenkönnen eröffnende Erfahrungen. So weist das Thema Erfahrung im Begründungszusammenhang der Theologie auf das Element des Vertrauens hin und verhindert in der Verbindung von Erfahrung und Vertrauen, daß der Glaube als willkürlich mißverstanden wird.

Reinhard Slenczka

Gotteserkenntnis und Gotteserfahrung

Randbemerkungen zu einem dogmatischen Gespräch

„Verborgene Frage des nachchristlichen Menschen nach Gott?" war das Thema von Heft 1/1973 der Zeitschrift „Kerygma und Dogma". Es war der Niederschlag eines Gesprächs im Herausgeberkreis über den theologischen Standort und die zukünftigen Aufgaben der Zeitschrift. Bei seiner Behandlung in verschiedenen Beiträgen dieses Hefts wurde ein zaghafter Versuch gemacht, den monologischen Zeitschriftenaufsatz einmal durch dialogische Thesenreihen zu ersetzen. Denn das theologische Gespräch bedarf der Pflege, wo die Gefahr besteht, daß die Gemeinsamkeit des tragenden Grundes hinter dem unermüdlichen Bestreben um die Profilierung von Standpunkten und Richtungen gänzlich verdrängt wird. Zumal bei der Gotteserkenntnis, der umfassenden Aufgabe aller rechten Theologie, würde mit der Pflege theologischer Originalitäten die Sache selbst verfehlt.

Das damals formulierte Thema stand unter dem Eindruck der sogenannten „Theologie nach dem Tode Gottes", die, abgesehen von aller Vergänglichkeit auch theologischer Moden, einen fundamentalen Gegensatz von Erkenntnis und Erfahrung im Reden von Gott artikulierte. Erkenntnis bezieht sich in dieser keineswegs eindeutigen Gegenüberstellung auf das, was Inhalt der Offenbarung und damit Gegenstand der christlichen Verkündigung ist. Erfahrung bezieht sich auf den weiten Bereich dessen, was menschlicher Existenz in der Gegenwart begegnet. Die Betroffenheit von diesem Auseinandertreten von Erkenntnis und Erfahrung hat zu einer intensiven Beschäftigung mit dem Themenkreis der Gotteslehre geführt. Die Zahl der Titel, der teilweise beachtliche Umfang der Werke und die Höhe der Auflage in einzelnen Fällen zeigen ein über die Grenzen der Fachtheologie hinausgehendes Interesse an der Frage, ob Gott nun ist oder nicht. Das widerlegt geradezu die den Ausgangspunkt bildende Behauptung, der heutige Mensch frage nicht mehr nach Gott[1].

---

[1] Der Sinn dieser Überlegungen ist nicht eine Auseinandersetzung mit einzelnen Autoren, die daher mit Absicht nicht ausdrücklich genannt werden. Vielmehr soll auf einen

Vielleicht unbeachtet, doch keineswegs absichtslos war hinter das aktuelle Thema ein Fragezeichen gesetzt worden. Denn ob und inwieweit Erfahrungen als Zeiterscheinungen generalisiert eine quasi-dogmatische Relevanz haben, das war die Frage; sie ist es heute noch. Allerdings gehört es zu den allgemeinen Erfahrungen, daß negative Dogmen, die geltendes Dogma in Frage stellen, stets einen starken Widerhall finden. Denn im Widerspruch kann man sich am leichtesten dem Anspruch des Denkens entziehen.

Ein merkwürdiges Wort aus Luthers Römerbriefvorlesung soll als Leitmotiv den weiteren Überlegungen vorangestellt sein: *„Qualis est unusquisque in seipso, talis est ei deus in obiecto."* – „Wie ein jeder in sich selbst ist, so ist ihm Gott in der Begegnung."[2] Dazu wird von Luther Ps 18,27 aufgenommen, um das Ineinander von Erkenntnis und Erfahrung in der Verbindung von göttlichen und menschlichen Eigenschaften deutlich zu machen: „Si iustus, iustus; si mundus, mundus; si iniquus, iniquus etc." Bei der Auslegung derselben Psalmstelle in der Psalmenvorlesung von 1513–16 wird in der Glosse auf Röm 8,28 angespielt[3]. Das ist der niemals zu systematisierende Spitzensatz der Anfechtungserfahrung mit der Erkenntnis, daß in der Liebe zu Gott das Mitwirken Gottes zum Guten in *allen* Dingen erkannt wird[4].

Erkenntnis und Erfahrung scheinen hier völlig unvermittelt. Gottesbewußtsein und Selbstbewußtsein scheinen eins zu sein. Weder stellt sich die Frage nach einer geschichtlichen Vermittlung von Einst und Jetzt, noch stellt sich die Frage nach einer ontologischen Vermittlung von Gott und Mensch. Um diesen theologischen Realismus geht es.

I. Erkennbarkeit und Erkenntnis Gottes

> „Nicht der Mensch soll Gott verteidigen, sondern Gott verteidigt den Menschen oder – mit anderen Worten – Gott soll man nicht verteidigen, sondern suchen."[5]

Sachverhalt hingewiesen werden, der zwar in der Gotteslehre greifbar wird, aber wohl tiefer in der Eigenart unserer theologischen Arbeit verwurzelt ist.
  [2] WA 56, 234, 4f.   [3] WA 3, 116, 40f.
  [4] W. Joest, Ontologie der Person bei Luther, Göttingen 1967, hat diesen Zusammenhang sehr klar herausgestellt, bes. in § 9 „Der responsorische Charakter des Person-Seins" (274 ff.). Der für das Weitere wichtige Sachverhalt steht bei Luther u. a. auch in der Wendung aus der Gal.-Vorlesung „fides creatrix divinitatis". Vgl. dazu: H. M. Barth, Fides Creatrix Divinitatis. Bemerkungen zu Luthers Rede von Gott und dem Glauben, NZsystThRPh 14 (1972) 89ff. Als Versuch einer Anwendung auf heutige Probleme ist jetzt gerade erschienen: W. Mostert, ‚Fides creatrix'. Dogmatische Erwägungen über Kreativität und Konkretion des Glaubens, ZThK 75 (1978) 233 ff.
  [5] L. Šestov, Vlast' Ključej. Potestas Clavium, Berlin 1923, 273.

Im üblichen dogmatischen System beginnt die Gotteslehre bereits in der Prinzipienlehre. Denn die Prinzipienlehre dient der Verständigung über zwei Voraussetzungen: Über den Erkenntnisgrund, d.h. das ‚principium cognoscendi', also die Heilige Schrift, sowie über den Erkenntnisgegenstand, d.h. obiectum oder finis cognoscendi, also Gott, der zugleich das ‚principium essendi' ist.

Für die Anlage der Prinzipienlehre gibt es eine Zahl von Varianten. Doch auch wo der christliche Glaube oder die Kirche als Ausgangspunkt gewählt werden, sind die beiden Voraussetzungen der Heiligen Schrift und der Existenz Gottes eingeschlossen. Die Nötigung zu einer ausführlicheren Behandlung einzelner Prinzipien ergibt sich meist aus der jeweiligen Situation. So steht in der Reformationszeit die systematische Entfaltung des Schriftprinzips vor der Aufgabe, die Unterscheidung von Gotteswort und Menschenwort einzuüben und klare Kriterien für den Unterschied zwischen göttlicher und menschlicher Autorität in der Kirche zu gewinnen.

In ähnlicher Weise dient die besondere Behandlung der Gottesfrage in der Prinzipienlehre einer in bestimmter Hinsicht notwendigen Verständigung über den Erkenntnisgegenstand. Denn würde die Existenz Gottes als Voraussetzung bestritten, dann wäre das ganze weitere Unternehmen sinnlos. Die christliche Theologie folgt in diesem Punkt den Prinzipienfragen des antiken Wissenschaftssystems, wie sie z.B. von der Stoa in der Gotteslehre verwendet werden: 1. esse deos; 2. quales sint; 3. mundum ab his administrari; 4. consulere eos rebus humanis[6]. Die heuristische Bestimmung des Grundlegenden ist zu allen Zeiten zugleich eine Auseinandersetzung mit der faktischen Bestreitung solcher Grundlagen[7]. Das ist also nicht nur eine Zeiterscheinung, sondern eine Grundsatzentscheidung.

Die Gottesbeweise haben in diesem Zusammenhang ihren Ort und ihre Funktion[8]. Man kann sie verstehen als ein Bemühen um die Erfahrungsgrundlage für die weitere Erkenntnis, und sie zielen daher auf die

---

[6] M. Tullius Cicero, De natura deorum II, 1, 3. Vgl. in christlicher Verwendung neben Hebr. 11,6: L. C. F. Lactantius, De ira dei II, 1–3.

[7] Die durch D. Bonhoeffer verbreitete und auf Grotius zurückverfolgte Wendung „etsi deus non daretur" nimmt, wie gerade der Text bei Grotius zeigt, die stoische Systematisierung der Gotteslehre auf. Dazu jetzt E. Jüngel, Gott als Geheimnis der Welt, Tübingen 1977, 21 ff. Sie steht aber bereits bei Cicero, De natura deorum III, 3,7: „Quia sic adgredior . . . ad hanc disputationem, quasi nihil umquam audierim de dis immortalibus nihil cogitaverim . . ." Nach dem Zusammenhang ist das sowohl heuristischer Zweifel wie faktische Bestreitung angesichts der verschiedenen theologischen Positionen, die ins Gespräch gebracht werden.

[8] In Kürze ist hier aufgenommen, was ich früher einmal weiter ausgeführt habe: R. Slenczka, Gottesbeweise. Eine theo-logische Studie, KuD 14 (1968) 83 ff.

Erkennbarkeit des Erkenntnisgegenstandes. Die Form des hypothetischen Schlusses macht das deutlich, sofern es dabei – mindestens im aristotelischen Verständnis der Logik – nicht um Erkenntnis, sondern um Verständigung und Zustimmung, also um Konsensbildung geht[9]. Bei der Klärung der Prinzipien haben die Gottesbeweise im Grunde eine deutliche soziale Dimension. Denn jeder Konsens bezieht sich auf eine Gemeinschaft von Menschen, und sein Wert ist quantifizierbar nach dem Umfang seines Geltungsbereichs. Ein paar Beispiele können das zeigen:

Von der Bezeichnung wie von der Sache ist das leicht einzusehen beim ‚consensus gentium‘, der die Beobachtung zusammenfaßt, daß es bei allen Völkern, so verschieden sie im Einzelfall sein mag, eine Gottesverehrung gibt. Das Reden von Gott ist damit vorgegeben. Aber auch bei den übrigen Gottesbeweisen in ihrer großen Fülle ist das Ziel der Konsensfeststellung zu erkennen. Bei den apriorischen Gottesbeweisen (ontologisches Argument) wird das Reden von Gott mit dem Schritt vom Bewußtsein zum Sein verbunden. Dahinter steckt das *psychische* Problem der Konstitution des Ich und der Einheit der Vernunft. Bei den aposteriorischen Argumenten geht es regelmäßig um Grundfragen des *physischen* und des *sozialen* Bereichs. Im physischen Bereich zielt die Frage auf Grund und Ziel des Seienden. Im sozialen und ethischen Bereich geht es um die Frage nach der Unverbrüchlichkeit des Sittengesetzes oder auch der sogenannten Grundwerte[10]. Stets aber sind es aus der menschlichen Erfahrung aufweisbare Zusammenhänge, in denen das Reden von Gott denkerisch sinnvoll, ja als Antwort auf einzelne Fragen und zur Lösung bestimmter Probleme, die Menschen umtreiben, sogar praktisch nützlich und notwendig scheint. Der Realitätsgehalt menschlichen Denkens, das Gefüge der natürlichen Welt, die Ordnung menschlicher Gesellschaft liefern dafür eine große Zahl von evidenten Beispielen. Im Rahmen der Prinzipienlehre wird durch die Gottesbeweise festgestellt, daß die Frage, ob Gott sei, jedenfalls nicht negiert werden kann. Die daraus gefolgerte Erkennbarkeit ist indes noch keine Erkenntnis, vor allem keine sogenannte ‚natürliche‘ Gotteserkenntnis.

Dieser sehr geraffte Hinweis auf die von manchen theologischen und philosophischen Vorurteilen belasteten Gottesbeweise soll lediglich

---

[9] „Sie werden nicht durch Schlußfolgerung bewiesen, sondern alle durch eine Übereinkunft anerkannt." Aristoteles, Analytica Priora A 44.

[10] Es ist für eine philosophische Behauptung ethischer und sozialer Prinzipien bezeichnend, daß in diesem Fall umgekehrt die Religion bzw. Gottesverehrung herangezogen wird. So z. B. bei Cicero die These, daß ohne Gottesverehrung die Treue (fides), menschliche Gemeinschaft (societas generis humani) und vor allem die Gerechtigkeit aufgehoben werden. Aufhebung der Religion bedeutet Anarchie. De natura deorum I, 2, 4; vgl. I, 6, 14 u. ö.). Ähnlich auch Kants Postulat der praktischen Vernunft, R. Slenczka (o. Anm. 8), 93 f.

eine Hilfe sein, um zu verstehen und einzuordnen, was uns als Grundlagenproblematik in der heutigen Theologie umtreibt. Wenn behauptet wird, daß Gott für das heutige Denken und den modernen Menschen nicht mehr – falls er das jemals gewesen ist – eine selbstverständliche Voraussetzung bilde, so bedeutet das zunächst lediglich, daß eine bislang als selbstverständlich angenommene Verständigung über den Erkenntnisgegenstand nicht mehr auf einen Konsens rechnen kann. Erfahrung und Erkenntnis treten auseinander; damit wird schon im Ansatz der Erkenntnisgang problematisch. Es spricht dann für die Eigenart des angestrebten Konsens, daß er in unserer Kirche heute statistisch-demoskopisch zu erheben versucht wird. Das aber ist nicht nur ein isoliertes akademisches Problem der Prinzipienlehre, sondern in erster Linie ein ganz praktisches Problem, das dort einsetzt, wo die volkskirchliche Gleichsetzung von Gemeinde und Gesellschaft auseinanderstrebt.

Es ist nicht überraschend, wenn in einer solchen Situation kirchliche und theologische Bemühungen in breiter Front darauf zielen, den Konsens im Prinzipiellen wieder herzustellen oder einen neuen Konsens zu finden. Das verbreitete vermittlungstheologische Korrelationsverfahren ist dafür bezeichnend, in dem noetisch wie praktisch Erkenntnis und Erfahrung wieder in Verbindung gebracht werden sollen. Die durchgefeilte Formalisierung der klassischen Gottesbeweise läßt vielleicht die Übereinstimmung des Verfahrens nicht auf den ersten Blick erkennen. Doch die jeweils herangezogenen Erfahrungsbereiche machen es deutlich. In beiden Fällen geht es um die Grundfragen des Psychischen, Physischen und Sozialen, mit denen die Erkennbarkeit Gottes bzw. die Möglichkeit, von Gott zu reden, steht und fällt.

In diesem Zusammenhang steht die Thematisierung der Gottesfrage in der Theologie unserer Zeit. Denn alles scheint in erster Linie darauf gerichtet, einen verlorenen Konsens als Grundlage für die Erkenntnis Gottes wiederzugewinnen. Ohne nun einzelne Autoren dafür in Anspruch zu nehmen, lassen sich folgende Ansätze zur Konsensbildung feststellen:

– Eine Integration des christlichen Redens von Gott in den *Zusammenhang abendländischer Geistesgeschichte*. Vielfach wird, beginnend mit der Philosophie Descartes, die Aufhebung des Konsens im Reden von Gott konstatiert. Das Bemühen der geschichtlichen Aufarbeitung richtet sich entsprechend auf die Stellen der Geistesgeschichte, an denen christliche Verkündigung und menschliches Denken auseinanderzugehen scheinen.

– Eine Integration des christlichen Redens von Gott in den allgemein anerkannten *Rahmen moderner Wissenschaft*. Seit Schleiermacher ist das die Frage nach der Universitätsfähigkeit der Theologie. In den Arbeiten über Theologie und Wissenschaftstheorie finden die ent-

sprechenden Bemühungen um eine Konsensbildung ihren Niederschlag.
— Die Integration des christlichen Redens von Gott in den grundlegenden *Zusammenhang der Sprache.* In diesem Fall ist die Sprache das allgemein anerkannte Element menschlicher Erfahrung, auf das die Konsensbildung zielt.
— Die Integration des Redens von Gott in die *psychische und soziale Lebenswirklichkeit* des heutigen Menschen. Die Basis bzw. den Anknüpfungspunkt für den Konsens liefern in diesem Fall die großen gesellschaftlichen und individuellen Lebensfragen.

Daß eine typische Ausrichtung kirchlicher Praxis in ähnlicher Weise der Konsensbildung über eine Vermittlung von Erfahrung und Erkenntnis dient, ist nicht zu verkennen: ein *Predigtstil,* der den Menschen in der Modernität seiner Erfahrung abzuholen versucht, bevor er, wenn überhaupt, zum Zuspruch von Gesetz und Evangelium kommt. Eine *Seelsorge,* die an der Therapie psychischer Probleme ausgerichtet ist, eine *Unterweisung,* die auf einem Konsens heutiger Pädagogik aufzubauen sucht[11].

Diese Hinweise auf verbreitete und geradezu als selbstverständlich und notwendig empfundene Erscheinungen enthalten noch keinerlei Kritik. Doch jedermann weiß, daß hier die neuralgischen Punkte für die Auslösung von Konflikten und Polarisierungen in Theologie und Kirche liegen. Freilich ist die Empfindlichkeit immer ein Hinweis darauf, daß echte Prinzipienfragen im Spiel sind, bei denen es um die tragenden Grundlagen geht, mit denen ein Mensch steht – oder auch fällt. Jeder weiß, oder er spürt es vielmehr existentiell, daß es in der Entscheidung bzw. Verständigung über die Erkennbarkeit Gottes zugleich um Sinn oder Sinnlosigkeit der Gotteserkenntnis vor der Welt und in der Gesellschaft geht.

Trotz der Schärfe der Gegensätze, wie sie in diesen Zusammenhängen aufbrechen, mag es im Grund aber dasselbe Motiv sein, aus dem der eine derartige Vermittlungsbemühungen energisch verficht, während der andere sie ebenso energisch ablehnt. Denn für die christliche Gemeinde kann diese Grundsatzfrage nach der Existenz Gottes im theologischen Erkenntnisgang immer nur ein Rückschritt bzw. ein Rückblick sein, eben weil sie von der Offenbarung Gottes herkommt und weil sie weiß,

---

[11] Ein in vieler Hinsicht bezeichnendes Beispiel für die aus unserer heutigen Theologie für die Praxis gezogene Konsequenzen bildet der Evangelische Erwachsenenkatechismus. Kursbuch des Glaubens, hrsg. von W. Jentsch, H. Jetter, M. Kießig und H. Reller, Gütersloh (1975)³1977. Dazu H.-J. Ruppert, einige Bemerkungen zur Lehre des Evangelischen Erwachsenenkatechismus unter besonderer Berücksichtigung der Christologie, KuD 23 (1977) 233 ff.

daß Gott sich in der Kraft seines Geistes durch sein Wort bezeugt und Glauben schafft. Ihr Weg kann daher nur immer von der Erkenntnis zur Erfahrung führen, gerade auch dann, wenn die Erfahrung im Widerspruch zur Erkenntnis zu stehen scheint.

II. Erkenntnis und Erfahrung

> „Gewiß sollte kein Lehrer von Dingen sprechen, die er nicht selbst erlebt hat. Doch zur Not genügt, daß er liebe und das im Sinne habe, wovon er spricht und ihm kein Hindernis bereite. Doch wisset, daß es nicht anders sein kann."[12]

Das Schwergewicht unserer theologischen Arbeit liegt auf den Prinzipien- und Methodenfragen. Andere Sachfragen können darüber leicht zu kurz kommen oder völlig vernachlässigt werden. Bei der breiten Beschäftigung mit der Gottesfrage unter dem Aspekt der Erkennbarkeit Gottes mit dem Ziel einer Konsensbildung läßt sich das sehr gut zeigen. Denn es gibt eine Anzahl von Themen, die darin kaum noch zum Zuge kommen.

An erster Stelle betrifft das die Lehre von den *Eigenschaften und Handlungsweisen Gottes*[13].

Weiter gilt dies für den Zusammenhang von *Erkenntnis und Anerkennung Gottes,* wenn man darunter einmal zusammenfaßt, was in Röm 1–3 entfaltet ist: die Unterscheidung von Gott und Göttern, von Schöpfer und Geschöpf, wie sie praktisch vollzogen wird in der Verehrung des wahren Gottes und im Gehorsam gegen sein Gebot.

Schließlich ist – mindestens in der evangelischen Theologie – nahezu völlig verschwunden das Thema der eschatologischen *Schau der Herrlichkeit Gottes* als Ziel unseres Glaubens und Erfüllung der Verheißung des Wortes. Allein der Sprachgebrauch macht die Entleerung an dieser Stelle deutlich, wenn man bedenkt, daß ‚theologia' und ‚theoria' ursprünglich die unmittelbare Schau des göttlichen Wesens bezeichneten, wo bei uns die ‚theologische Theorie' offenbar ganz auf Machbarkeit und Praxisausweis begrenzt scheint.

---

[12] J. Tauler, Predigten. Übertragen und herausgegeben von G. Hofmann, Freiburg, Basel, Wien 1961. 313. Im Original steht das schöne Wortspiel: „Doch ist es ze nöten genug das er si mînne und meine . . ." zit. nach G. Wrede, Unio Mystica. Problem der Erfahrung bei Johannes Tauler, Uppsala 1974, 270.

[13] Mit der Bezeichnung Eigenschaften und Handlungsweisen soll zum Ausdruck gebracht werden, daß unter diesem Thema sowohl die ‚attributa absoluta et quiescentia' als auch die ‚attributa relativa et operativa' zu verstehen sind. Damit wird die Verbindung mit der ‚providentia dei' sichtbar.

Die Vernachlässigung dieser Themenkreise bedeutet keineswegs nur einen Verlust an dogmatischer Vollständigkeit, sondern vielmehr steht dahinter ein Verlust an theologisch zu bewältigender Wirklichkeitserfahrung. Dies ist der Gesichtspunkt für die weiteren Überlegungen, die natürlich nicht einmal annähernd die berührten Themen erschöpfen können.

1. Die Eigenschaften und Handlungsweisen Gottes

Die Frage ‚*ob* Gott ist' fordert eine disjunktive Antwort: ja oder nein. Die unvermeidliche soziale Folge einer solchen Antwort ist Konsens oder Dissens. Mit der systematisch darauf folgenden Frage ‚*wie* Gott ist' setzt erst die eigentliche Erkenntnis ein. So vollzieht sich der Schritt vom Begriff ‚Gott', wie er in allen möglichen Zusammenhängen auftauchen und verwendet werden kann, zum Begreifen Gottes. Das Mittel zur Beantwortung dieser Frage ist die Lehre von den Eigenschaften und Handlungsweisen Gottes. Sie ist völlig vernachlässigt in unserer Theologie, und dies ist auch ein Indiz für die Reduktion der Gotteslehre auf die Prinzipienfrage der Erkennbarkeit Gottes, vermutlich aber auch die Folge aus einem zum Kompendienstoff verdorrten Lehrstück, dessen Sitz im Leben nicht mehr erkennbar ist.

Besonders sind es aber wohl zwei Gründe, die die dogmatische Aufgabe verstellen. Auf der einen Seite steht das der Theologie und der Philosophie gemeinsame Verfahren der ‚via triplex' (eminentiae, negationis, causalitatis), bei dem die Eigenschaften durch die Entfernung Gottes von der erfahrenen Wirklichkeit gebildet werden: Gott ist der ganz andere.

Auf der anderen Seite steht die vor allem in der neueren evangelischen Theologie bei Schleiermacher, H. Cremer und Karl Barth[14], vorliegende

---

[14] F. D. Schleiermacher, Der christliche Glaube. Zum Thema bes.: G. Ebeling, Schleiermachers Lehre von den göttlichen Eigenschaften (1968), in: Ders., Wort und Glaube II, Tübingen 1969, 305 ff.; F. Beißer, Schleiermachers Lehre von Gott, Göttingen 1970, bes. 129 ff.; H. Cremer, Die christliche Lehre von den Eigenschaften Gottes, Gütersloh ²1917; K. Barth, Kirchliche Dogmatik II, 1, bes. 288 ff. Es wäre zu überlegen, ob nicht eine ganze Anzahl heute virulenter Probleme, die im Rahmen der Frage nach der Erkennbarkeit Gottes ständig zu den mit dem Pauschalbegriff ‚natürliche Theologie' bezeichneten Konflikten führen, im Rahmen der Lehre von den Eigenschaften und Handlungsweisen Gottes wesentlich besser behandelt werden könnten: das Verhältnis Theologie und Philosophie; Natur und Glaube; Christentum und Religionen. In der frühen dialektischen Theologie scheint etwas davon durch, was später durch die Kontroverse Barth–Brunner und angesichts des Kirchenkampfes ganz zurückgedrängt wird. Ich denke an Heinrich Barth, Gotteserkenntnis (1919), abgedr. in J. Moltmann (Hrsg.), Anfänge der dialektischen Theologie, Teil I (ThB 17), München 1962, 221 ff.

konsequente Ablösung von einer philosophischen Theologie durch die Reduktion der Lehre von den Eigenschaften auf ihren ausschließlichen Erkenntnisgrund in Jesus Christus als der Wesensoffenbarung: Gott ist Liebe (1. Joh 4,8.16).

Die wesenhafte Unbegreiflichkeit Gottes in der ontologischen Differenz von Gott und Welt ist ein ebenso unverzichtbarer Grundsatz wie die Wesensoffenbarung Gottes in der gefallenen Welt in der Person Jesu Christi. Denn Gott können und sollen wir nicht anders erkennen als in Jesus Christus. Das ist die Gewißheit und das Zeugnis des christlichen Glaubens.

Hinter diesen Grundsätzen, wie sie in der Lehre festzuhalten sind, liegt aber bereits eine Entscheidung, die dogmatisch im Blick auf das Leben zu vertreten ist. Das betrifft gerade den Erfahrungsbereich, in dem weder die Allmacht, Hoheit und Gerechtigkeit Gottes noch seine wesenhafte Offenbarung als Liebe in Jesus Christus zu erkennen sind. Und dieser Widerspruch von Erfahrung und Erkenntnis wird ja im Grunde mit der ständig variierten Theodizeefrage für das Verstehen wie für das Handeln zum Ausdruck gebracht, wo Ungerechtigkeit und Leiden in dieser Welt das vielfach stilisierte, aber schlechterdings nicht wegzuinterpretierende Gegenüber theologischer Reflexion und kirchlichen Handelns bilden.

Der in diesem Zusammenhang oft überwältigend aufbrechende Widerspruch von Erkenntnis und Erfahrung ist jedenfalls für den Christen im Grunde genommen ein Widerspruch von Eigenschaften und Handlungsweisen Gottes in einer unvermittelbaren Gegensätzlichkeit: Ich erfahre Gott so, wie ich ihn in Christus nicht kenne. Damit ist bereits das entscheidende Problem in der Vernachlässigung der Lehre von den Eigenschaften und Handlungsweisen Gottes berührt, nämlich die Tatsache, daß die erfahrene Wirklichkeit nicht in ihrer unmittelbaren Bestimmung durch Gott bedacht wird. Es scheint leichter und mindestens ungefährlicher, den Widerspruch scheinbar gottloser Erfahrungen zu der Erkenntnis Gottes in der Christusoffenbarung zu ertragen, als einen Widerspruch von Gotteserfahrung und Gotteserkenntnis. Hier aber ist die Wurzel eines theologischen Wirklichkeitsverlustes.

Das damit berührte Problem ist in vieler Hinsicht und zu allererst existentiell abgründig. In seiner ganzen Härte zeigt es sich, sobald man versucht, den heilsnotwendigen[15] Grundsatz festzuhalten, daß zwischen dem Wesen und den Eigenschaften Gottes nicht zu unterscheiden ist.

---

[15] Die selten durchgehaltene schärfste theologische Ausformung und doch zugleich pastorale Anwendung dieses Grundsatzes findet sich zweifellos bei M. Luther, De servo arbitrio. Der Grundsatz „omnia necessitate fieri" führt, wie Luther selbst sieht, zu einer Gleichsetzung von „res facta" und „Deus ipse". „Notwendig und heilsam" aber ist dieser

Denn dies führt in systematischer Konsequenz zweifellos zu einer Gleichsetzung von Gottes Handeln und Weltgeschehen, von Gott und Natur, ja von Gottes Willen und Naturgesetz. Daraus würde theologisch ein Pantheismus folgen, ethisch aber ein Fatalismus oder Quietismus. Gibt man den Grundsatz jedoch auf, dann ergibt sich ebenso unvermeidlich ein Dualismus in dieser Welt zwischen dem Guten und dem Bösen, der ethisch in dem Kampf für das Gute und gegen das Böse seinen Niederschlag findet. Es kommt zu einer theologischen Radikalisierung von Spannungen, die dem menschlichen Bewußtsein, der Natur und der Gesellschaft eigentümlich sind. Die denkerischen Aporien und die praktischen Konsequenzen gehören jeweils untrennbar zusammen.

Zu der Erfahrung, daß Gott für den heutigen Menschen nicht mehr das selbstverständlich Gegebene sei, gehört vermutlich in erster Linie, daß Gott nicht mehr mit dem Gottlosen und Lebenswidrigen in Zusammenhang gebracht wird, sondern einseitig auf positive Werte und Zustände festgelegt ist. Nur die nach menschlicher Erfahrung guten Eigenschaften und Handlungsweisen werden auf Gott bezogen; anderes wird von ihm ferngehalten. Die Folge ist sowohl bei den theoretischen wie bei den praktischen Vermittlungsbemühungen dann stets ein mehr oder minder ausgeprägter Hedonismus, bei dem alles darauf gerichtet ist, das erfahrene Leid mit der im Evangelium erkannten Freude in Einklang zu bringen. Vielleicht liegt darin auch so etwas wie ein theologischer Reflex einer Wohlstandsgesellschaft.

Die vom Wesen Gottes nicht zu trennenden Eigenschaften und Handlungsweisen enthalten aber nun nicht nur eine Antwort auf die Frage ‚wie Gott ist'. Die Eigenschaften sind vielmehr Weisen der Beziehung und Begegnung (relativa, operativa). Was das bedeutet, ist am besten zu erkennen, wenn einige der dafür verwendeten Fachausdrücke verbal aufgelöst und damit in Tätigkeiten umgewandelt werden: „Attributa" bezeichnen das, was Gott beigelegt und auf ihn bezogen wird; „praedicata" bezeichnen das, was von Gott verkündigt und wofür er gepriesen wird; „appellationes" sind die Anrufungen Gottes. Die volle Funktion einer recht verstandenen Lehre von den Eigenschaften und Handlungsweisen Gottes für das Leben ist dann doch wohl eine Lehre von der Art und Weise, wie *von* Gott und wie *zu* Gott zu reden ist.

Der sachliche Zusammenhang der Lehre von den Eigenschaften Gottes mit dem Gebet enthält zugleich das systematische Mittel für die Einhaltung der Distinktion von Schöpfer und Geschöpf an der Stelle, wo es den Anschein hat, daß sie durch Gleichsetzung von Wesen und Eigen-

---

Grundsatz, wenn man in ihm die Entfaltung von Röm 8,28 ff. sieht (WA 18, 615, 7 ff.; 617, 6 ff. = BoA III, 108, 7 ff.; 109, 21 ff.). „... quod omnia incommutabili et aeterna, infallibilique voluntate et praevidet et proponit et facit."

schaften aufgehoben wird. Außerdem ist hier das gebotene Mittel, die Einheit der Person Gottes in der Widersprüchlichkeit der erfahrenen Eigenschaften und Handlungsweisen festzuhalten. Damit sind wir bei dem zweiten Thema, das in der neueren Behandlung der Gottesfrage weithin fehlt.

2. Erkenntnis und Anerkennung Gottes

Gott erkennen heißt, ihn als Gott anzuerkennen, indem man ihn preist, ihm dankt und ihm gehorcht. Eine Gotteslehre, in der dieser Zusammenhang nicht behandelt wird, ist noch nicht bei der Gotteserkenntnis und wird sie trotz allem Bemühen niemals vermitteln können. Aber auch sonst ist die Trennung von „sitzender und betender Theologie" (Karl Rahner) zu allen Zeiten ein Problem, weil in der Lehre oft das nicht zum Ausdruck kommt, was im Leben eine Selbstverständlichkeit sein mag. Der verbreitete Zerfall geistlicher Lebensordnung gerade unter den Theologen nötigt aber, das Selbstverständliche wieder theologisch zu bedenken. Das gehört zur dogmatischen Verantwortung für die kirchliche Praxis; es sollte nicht dem Kommen und Gehen sogenannter ‚frommer Wellen' überlassen bleiben; es darf auch nicht als eine Sache theologischer Ausrichtung oder persönlichen Geschmacks sich selbst überlassen bleiben. Sonst verfällt gerade hier die Theologie der Ideologie, das ist im wörtlichen Sinne eine Verabsolutierung von Gottesbildern und Gottesbegriffen. An Beispielen dafür fehlt es nicht.

Selbstverständliches zu sagen ist freilich oft beschämend für den Redenden wie für den Hörenden. Gerade deshalb wird es oft übergangen und dann eben auch vergessen und verlernt. Kennzeichen des Gebets ist, daß Gott angeredet wird. Der Begriff wird zum Namen; das unfaßbare Bild wird zur ansprechbaren Person. Das Gebet, in dem wir Gott als Vater anreden, ist im strengen Sinne Offenbarung, nämlich wie der Sohn Gottes seine Jünger beten lehrte „Vater unser" und wie sie es nicht von selbst sagen konnten (Luk. 11,1f.). Das ist der sichtbare Ausdruck für die – in der Taufe! – empfangene Gabe des Geistes (Röm. 8,15; Gal. 4,6) mit der Freiheit, als Kinder Gott in allen Dingen anzurufen. Weil das christliche Gebet in der Unterweisung Jesu Christi und in der Gabe des Geistes seinen Grund hat, ist in seinem Vollzug bereits die Vermittlung von Erkenntnis und Erfahrung geschehen.

Was wir ontologisch als die Realdistinktion von Schöpfer und Geschöpf zu bestimmen versuchen und was wir soteriologisch auf die Erkenntnis des Wesens Gottes in seiner Offenbarung in Jesus Christus zu beziehen haben, das ereignet sich im Gebet. Entgegen verbreiteten Vorstellungen ist es kein allgemeines religiöses Phänomen wie die „schönsten Gebete der Welt". Vielmehr entscheidet sich in der Anrede, zu wem und wie wir beten, ja auch wer wir sind.

Wir berühren damit einen wunden Punkt nicht nur in unserer theologischen Arbeit, sondern vor allem in unserem kirchlichen Leben und weithin in der Gebetsliteratur und Gebetspraxis. Die Verkümmerung der Liturgiewissenschaft im üppigen Lehrangebot unserer Fakultäten ist dafür ein Symptom. Bekommt man das aber zu Gesicht, dann kann weiter bedacht werden, was in einer Lehre von den Eigenschaften Gottes ganz praktisch zu vertreten ist. Es kann einsichtig werden, inwiefern der von der Transzendenz Gottes entfernte und von dem Licht des Evangeliums nicht bestrahlte Bereich menschlicher Erfahrung bis ins letzte unter die Eigenschaften und Handlungsweisen des Einen Gottes gehört. Nicht umsonst kommt im Zeugnis der Schrift dieser Zusammenhang nirgends schärfer zum Vorschein als in der täglichen Selbstverständlichkeit der sechsten und siebten Bitte des Vaterunser: „. . . und führe uns nicht in *Versuchung,* sondern erlöse uns von dem *Bösen . . .*" Die Bitte zu Gott dem Vater, dies nicht zu tun, umschließt die Möglichkeit, daß Gott in Versuchung führen und an das Böse binden kann. Im Alten wie im Neuen Testament gibt es dafür viele Beispiele. Aber wer würde wohl, von Gott redend, im Blick auf menschliche Erfahrungen zu sagen wagen, „daß Gott das Herz verzagt macht" (Lev. 26,36); daß ein „böser Geist vom Herrn" über einen Menschen kommt (1. Sam. 19,9)? Zorn und Eifer Gottes mögen noch in einer bestimmten Überlieferungsschicht hingenommen werden; Verstockung aber heißt schon, daß Menschen nicht verstehen, weil Gott das nicht will. Wer würde schließlich mit Röm. 1,18ff. offensichtliche Zerfallserscheinungen als Strafe Gottes für den Abfall von Gott zu deuten wagen? Wer würde sagen, „Gott schickt ihnen die Kraft der Verführung, daß sie der Lüge glauben" (2. Thess. 2,11)? Von Hiob bis zur Versuchung Jesu ist das aber eine ungebrochene Linie zwischen dem alten und dem neuen Bund. Wir kennen sie, wissen aber auch, wie schwer das theologisch zu vertreten ist.

Manche dieser Beispiele lassen sich religions- und traditionsgeschichtlich neutralisieren. Schwerlich wird jemand wagen, auf eigene Faust Erfahrungen in dieser Weise zu interpretieren, die er viel lieber von sich ebenso wie von Gott fernhalten möchte. Trotzdem wird niemand die gegenwärtige Wirklichkeit solcher Erfahrungen in seinem Leben bestreiten können, und zwar gerade dort, wo wir meinen, davor fliehen oder dagegen kämpfen zu können. Es sind menschliche und menschheitliche Erfahrungen, die in diesen Texten festgehalten sind. Das Besondere geschieht aber erst in dem Augenblick, wo aus der Erkenntnis Gottes Gott in der Erfahrung anerkannt wird. Er erscheint dann nicht als Ersatz für eine noch unbekannte Ursache, sondern als Herr über bekannte Erfahrungen. Gott in den Schattenseiten des Lebens zu erkennen heißt praktisch, dies in den Vollzug des Gebets aufzunehmen. Die Psalmen sind dafür das Beispiel. Auf diese Weise wird der Widerspruch unter den erfahrenen Eigenschaften und Handlungsweisen in der Hinwendung zu dem einen Gott aufgehoben.

Ein Gebet, das, wie es immer häufiger bei Sündenbekenntnissen und allgemeinen Kirchengebeten begegnet, lediglich ein aus der Predigt verlängerter Appell an die Gemeinde ist, mit Gottes Hilfe den Kampf gegen solche Finsternisse aufzunehmen, ist im Grunde unrealistisch. Freilich ist die Sorge weit verbreitet, auf diese Weise resignierend hinzunehmen, was eigentlich der verändernden Tat bedürfte und wo früheren Zeiten der Vorwurf der Untätigkeit gemacht wird. Die theologische Konsequenz ist dann immer die Umsetzung des Glaubens in eine allgemeine Moralität. Das ist nicht nur eine theologische Richtung, es sitzt tief in unserem Herzen[16].

Die im Gebet vollzogene Anerkennung Gottes als Gott duldet keinerlei Ausnahme, indem alles, was vor ihn gebracht werden kann, auch von ihm kommt und unter seiner Herrschaft steht. Objektivierend, also außerhalb der Ich-Du-Beziehung, kann die erfahrene Wirklichkeit gerade in ihrer Negativität als vom Wesen nicht zu unterscheidende Eigenschaft und Handlungsweise Gottes nicht aufgefaßt werden. Sie verselbständigt sich dann in eigener Macht zu göttlicher Größe negativer Art, während die christliche Gemeinde sich auf eine Vergottung positiver Werte und Zustände beschränkt.

Es ist merkwürdig, wie eine Theologie, die darauf bedacht ist, der christlichen Verkündigung die Wirklichkeit gegenwärtiger Erfahrung zu erschließen, diese Wirklichkeit gerade dort verfehlt, wo sie bereits von Gott erschlossen und beherrscht ist. Es ist umgekehrt gerade die Aufgabe und Möglichkeit einer dogmatisch recht vertretenen und im Gebet praktisch verankerten Lehre von den Eigenschaften Gottes, einer dualistischen Hypostasierung menschlicher Erfahrung energisch zu wehren.

---

[16] Vorbild für diese in der kirchlichen Gebetspraxis verbreitete Erscheinung ist das „Politische Nachtgebet in Köln". Das theologische Problem liegt dabei nicht in der nach Information und Meditation geforderten Aktion, die durchaus eine Sache christlichen Gehorsams und politischen Ermessens sein kann. Unrealistisch ist vielmehr daran, daß der Gegenstand der Bitte, wie er sich aus den typischen Dualismen von arm und reich, konservativ und progressiv u. a. ergibt, seine Verwirklichung durch die eigene gute Tat im Kampf gegen das Böse findet. Denn dann wird zwangsläufig Gott mit dem Guten gleichgesetzt, und der Gute denkt sich als Vollzugsorgan Gottes. Daß in einer derartigen angenommenen Evidenz von Gut und Böse Gott schließlich ganz entfallen kann, liegt eigentlich auf der Hand. Entscheidend im Rahmen der Überlegungen zu den Eigenschaften und Handlungsweisen Gottes aber ist, daß bei solchen Beispielen bestimmte Bereiche von Wirklichkeit und Erfahrung als gottlos deklariert und bekämpft werden. Der Dienst im Gehorsam gegen Gottes Gebot pervertiert in einen Kampf gegen solche, von denen man meint, daß sie dem Gebot nicht gehorchen. Fanatismus ist die Folge.

Denn nur so wird in der Einheit des einen Gottes zusammengefaßt, was anders in der Widersprüchlichkeit der Erfahrungen in einem subtilen Polytheismus vergotteter (guter) und verteufelter (böser) Befindlichkeiten endet. So kommt alles darauf an, die Erfahrungen der Erkenntnis Gottes zu unterstellen, nicht aber die Erkenntnis Gottes in den Erfahrungen aufgehen zu lassen. Indem Gott als Gott anerkannt und ihm recht gegeben wird, wird er „verifiziert"[17].

3. Die Schau der Herrlichkeit Gottes

Ein drittes in unserer Gotteslehre vernachlässigtes Element ist die Schau Gottes, also die theologische Theorie im wesentlichen Sinne[18]. Seit langem fehlt dieses Thema aber auch in der Eschatologie, und das liegt wohl nicht nur an der meist technisch bedingten Verkürzung, daß die Letzten Dinge an letzter Stelle behandelt werden. In den neueren Dogmatiken wird in diesem Zusammenhang der Begriff des Reiches Gottes vorgezogen, meist jedoch als Bezeichnung eines Zustandes und weniger als Tat und Herrschaft Gottes. Schlägt man bei älteren Dogmatikern nach[19], dann ist die Behandlung des Themas belastet mit Abgrenzungen z.B. gegen den Heiligenkult oder gegen eine mystische Weltflucht. Dahinter steht aber keineswegs die Schwierigkeit der Verstehensfrage in einer Sache, die wir ohnehin nur nachbuchstabieren können. Viel eher steht dahinter die Faszination und Gefährlichkeit dieses Themas. Dogmatisch wird in früheren Zeiten etwas abgedrängt, was wir allerdings als eine lebhafte Wirklichkeit heute ausgerechnet an solchen Stellen zu Gesicht bekommen in Meditationspraktiken und religiösen Gruppierungen, wo die theologische Verantwortung nur noch schwer wahrgenommen werden kann, weil die entsprechenden Kriterien verloren sind. Auch hier ist ein Wirklichkeitsverlust festzustellen, bei dem es nicht darum geht, diese Wirklichkeit mit allen möglichen Mitteln wieder

---

[17] Wenn heute in der Theologie vielfach das Wort „verifizieren" im Sinne eines kritischen Rationalismus als Bewährung durch Erfahrung verstanden wird, muß man sich daran erinnern, daß ‚verificare' von Luther gleichbedeutend mit ‚iustificare' für den Vollzug der Rechtfertigung verwendet wird. So wird Gott ‚verifiziert', indem ich ihm recht gebe und mich als Sünder bekenne, der zu Recht die Strafe verdient hat. So zu Röm. 3,7: WA 56, 221, 4.
[18] Aus der ostkirchlichen Theologie ist u. a. zu nennen: Wl. Lossky, Schau Gottes (Bibl. für orth. Theologie und Kirche 2), Zürich 1964; von katholischer Seite das große Werk von H. U. von Balthasar, Herrlichkeit. Eine theologische Ästhetik, 3 Bde, Einsiedeln 1961–1969.
[19] J. Gerhard, Loci Theologici. Ausg. Ed. Preuss, Berlin 1863 ff. Bd. VIII, 254 ff.; Bd. IX, 343 ff.

für den christlichen Glauben zu erschließen, sondern die Maßstäbe für ihre theologische Bestimmung anzugeben.

In der Schau der Herrlichkeit Gottes vollendet sich die Gotteserkenntnis in der Weise, daß Erkenntnis und Erfahrung völlig zusammenfallen. Wir werden Gott schauen von Angesicht zu Angesicht, also in einer unmittelbaren, personhaften Beziehung; wir werden erkennen – nun aber nicht einfach so, wie wir in diesem Leben fragmentarisch und spiegelbildlich erkannt haben, sondern wie wir von Gott erkannt worden sind (1. Kor. 13,12f.; vgl. Gal. 4,9). Der Weg führt von der Praxis des Glaubensgehorsams zur Theorie der unmittelbaren Schau[20]. Aber die Schau Gottes ist nicht einfach ein individueller oder geschichtlicher Erkenntnisfortschritt bis zur Vollendung. Vielmehr ist sie erschlossen von dem Geheimnis der Erwählung. Es ist die vor allem in den johanneischen Schriften hervorgehobene Klammer zwischen der personhaftsichtbaren Erkenntnis Gottes in der geschichtlichen Erscheinung Jesu Christi und der verheißenen Schau Gottes am Ende der Zeiten. So ist die Schau Gottes für die christliche Gemeinde immer eine in der Erscheinung Christi, dem Bild Gottes, und in dem apostolischen Wort von Christus begründete Verheißung.

Der zeitlichen Gotteserkenntnis werden ganz bestimmte Grenzen gesetzt. Sie betreffen die Transzendenz im ontologischen Sinne und die Zukunft im eschatologischen Sinne. Das hat auch eine prinzipielle Bedeutung für das, was wir als Geschichte und als Gotteserkenntnis im Horizont der Geschichtserfahrung verstehen. Denn genau genommen hat dann die Gotteserkenntnis in der Geschichte überhaupt keine Geschichte. Geschichtlich wandelbar wären vielmehr nur die der Gotteserkenntnis entgegentretenden Bestreitungen.

Vor der Schau Gottes steht die Grenze des Todes und des Gerichts. In ihrer Schrecklichkeit ist das aber auch eine schützende und damit dieses irdische Leben überhaupt erst ermöglichende Grenze. Von ihr gilt, daß jeder, der Gott schaut, sterben muß, weil er als Sünder dem Gericht verfallen ist (Ex. 33,20; Jes. 6,5; 1. Tim. 6,16 u.a.). Daß wir Gott schauend nicht erkennen können, ist die Situation des aufgehaltenen Gerichts; daß wir ihn schauend erkennen werden, ist die im Wort von Jesus Christus zugesagte personale Kontinuität durch Tod und Gericht hindurch. Aber auch Tod und Gericht sind in Gottes Hand.

---

[20] In diesen eschatologischen Zusammenhang gehört der alte Grundsatz „praxis epibasis theoorias": „Du willst einmal ein Theologe werden und der Gottheit würdig? So halte die Gebote, ziehe deinen Weg durch die Dinge, Praxis ist der Zugang zur Theorie. Zuerst gilt es rein zu werden, und dann kann man mit dem Reinen reden ..." Gregor von Nazianz, Orationes 20, 12, MPG 35, 1080.

Die richtige Reduktion der Eigenschaften auf die Erkenntnis Gottes in Jesus Christus darf nicht dazu führen, die daraus sich ergebende Erkenntnis menschlicher Wirklichkeit abzublenden[21].

Unter den menschlichen Wahrnehmungen bildet das Sehen und Schauen zweifellos die höchste Stufe. Die anderen Sinneswahrnehmungen sind, um sie vermittelbar zu machen, immer auf das Mittel der Sprache angewiesen. Bei dem verheißenen Schauen kann man schweigen, wo wir oft genug als von Gott Redende aus der Sorge, nicht verstanden zu werden, nicht mehr zu schweigen wagen, sondern immer lauter reden.

Auf die verheißene Schau der Herrlichkeit Gottes aber richtet sich letzten Endes die Liebe zu Gott, dessen Liebe wir in Christus wesenhaft erkennen (2. Kor. 5,14; Eph. 3,19). Daß das Affektive in Theologie und Verkündigung so sehr ausgeblendet ist, wird heute vielfach beklagt und durch manche Methoden zu ersetzen versucht. Nichts aber ist wichtiger zu rechter Gotteserkenntnis, als aus der Liebe Gottes zu uns unsere Liebe zu Gott zu wecken und zu stärken.

III. Gott in der Erfahrung

> „Deus tantum cognoscitur quantum diligitur."
> (Bernhard von Clairvaux)

Die *Erkennbarkeit* Gottes betrifft eine Verständigung über Prinzipien. Die *Erkenntnis* Gottes aber geschieht in der Anerkennung Gottes im Verstehen von Erfahrung und mithin unter der Anwendung von Prinzipien. Aus der praktischen Vermischung der systematisch sehr wohl zu unterscheidenden Themenkreise erwächst eine hoffnungslose Verwirrung gerade dort, wo es um die Wirklichkeit unserer Erfahrung geht. Denn es wird dann nicht mehr deutlich, daß der Glaube keineswegs als Erfahrung zu ermöglichen ist, sondern daß es gilt, im Glauben alle Erfahrung aufzunehmen. Erfahrung kann den Glauben nicht bestätigen; wohl aber mag sich der Glaube in der Erfahrung bewähren oder auch von ihr angefochten werden, ja gar an ihr zerbrechen.

---

[21] Die vor allem von H. Cremer und dann von K. Barth (o. Anm. 14) vorgenommene Konzentration aller Eigenschaften auf die Erlösung bzw. auf die Christusoffenbarung ist die dogmatisch sachgemäße Abgrenzung, die in Verkündigung, Seelsorge und Gebet nachzuvollziehen ist, wo sie eben im christlichen Leben ständig angefochten wird. In diesem Sinne wird von H. Cremer gleich zu Beginn (S. 8) betont, man dürfe die Wesenseigenschaft ‚Gott ist Liebe' nicht bloß als Prädikat mit anderen Eigenschaften verbinden, sondern es gilt, das Heil „als Produkt der Betätigung aller Eigenschaften Gottes" festzuhalten. Hier liegt in der dogmatischen Verantwortung die praktische Aufgabe, nicht von den Eigenschaften und Erfahrungen her Gott zu bestimmen, sondern von Gott her die Eigenschaften und Erfahrungen.

Von Gott in der Erfahrung zu sprechen ist zumal für evangelische Theologen bedenklich, weil sie oft Anlaß hatten, eine schwärmerische Verklärung der Erfahrung zur Offenbarung abzuweisen. Nicht weniger bedenklich ist es jedoch, von einer Erfahrung ohne Gott zu sprechen. Denn wo Gott erkannt ist, und das gilt für die christliche Gemeinde als Grundvoraussetzung, dort gibt es nichts ohne Gott, d.h. nichts ohne daß sich darin Gottes Herrschaft und Handeln vollzieht. Dies freilich ist nicht eine Sache der bloßen Erkenntnis, die hier oft enttäuscht wird, sondern der Anerkennung und des Festhaltens an dem Erkannten.

Diese Anerkennung der Eigenschaften und Handlungsweisen Gottes und mithin die Anerkennung Gottes in der Erfahrung ist wie alle Erfahrung auch im theologischen Sinne a posteriori (vgl. Ex. 33,23). Denn gegenüber dem Vorsehen Gottes haben wir immer das Nachsehen. Die Anerkennung Gottes in der Erfahrung steht so überhaupt nicht im Gegensatz zur menschlichen Tat. Auch der Wille Gottes ist in diesem Rückblick auf die Erfahrung nicht zu erkennen, sondern nur anzuerkennen. Denn wie sollten wir in diesem Rückblick entscheiden können, was Gott etwa gewollt und was er nicht gewollt hat?

Daß die Weisen der Begegnung Gottes mit den Weisen unseres Seins zusammenfallen, ist die Behauptung in dem als Leitmotiv gewählten Zitat aus Luthers Römerbriefvorlesung gewesen. Es ist der Ausdruck einer Lebenswirklichkeit in der Bindung an Gott, die aus der Bindung Gottes an uns lebt. Es ist eine gelebte, oft auch erlittene Identität von Erkenntnis Gottes und Erfahrung des Menschlichen, die von der Verheißung zukünftiger Schau der Herrlichkeit Gottes getragen wird. So wird Lebenserfahrung zu Gotteserkenntnis.

Edmund Schlink

Theodizee als fundamentaltheologisches Problem

Es soll in diesem Beitrag nicht von einem bestimmten Begriff der Fundamentaltheologie ausgegangen werden, um dann im Rahmen dieses Begriffs Erwägungen über das Theodizeeproblem anzustellen. Vielmehr wird hier von einigen elementaren Überlegungen zum Theodizeeproblem ausgegangen, um dann zu fragen, welche Folgerungen sich daraus für die Aufgabe und den Ansatz der Fundamentaltheologie ergeben. Das Theodizeeproblem ist ein Abgrund, an dessen Rand das theologische Denken immer wieder erschrickt und fragt und auch dann, wenn es eine Antwort gefunden hat, von neuem weiter fragt. Ohne hier auf die Geschichte dieses Fragens und Antwortens näher eingehen zu können, und ohne das Theodizeeproblem in allen seinen Dimensionen entfalten zu wollen, sollen in dem folgenden Gedankengang nur einige der wichtigsten Gesichtspunkte geltend gemacht werden, unter denen dieses Problem heute zu erörtern ist. Dabei müssen wir uns darauf beschränken, diesen Gedankengang in einer Weise zu entwickeln, die eher den Charakter einer Thesenfolge, als einer im einzelnen begründeten und nach den verschiedenen Seiten abgesicherten Abhandlung hat.

I.

1. Alle Kirchen lehren, daß Gott die Weltgeschichte regiert. Es ist die elementare Gewißheit des Glaubens an Gott den Schöpfer, daß dieser ohne irgendeine Ausnahme jedes Geschehen regiert, das Geschehen in der Natur und in der Menschheitsgeschichte, das Geringfügigste und das Folgenschwerste, das Leben des Sperlings und das Leben des Menschen, – das Leben jedes einzelnen, jeder Familie, jedes Volkes und der Menschheit als ganzer. Keine, schlechterdings keine Entscheidung des Menschen und keine ihrer Auswirkungen kann geschehen ohne Gottes Schöpferwirken. Auch wenn Menschen meinen, selbst über sich und die Umwelt verfügen zu können, vermögen sie nicht, sich Gottes Herrschaft über ihr Tun und über die Umwelt zu entziehen. Die Herrschaft Gottes wäre verkannt, wenn darunter nur die Erhaltung der Welt und des Men-

schen und damit nur die Ermöglichung der Entscheidung des Menschen verstanden würde. Gott gewährt nicht nur die Möglichkeit geschöpflichen Eigenwirkens, sondern er regiert auch den Gebrauch, den die Geschöpfe von dieser Möglichkeit machen. Er begegnet dem Menschen nicht nur mit dem Anspruch, auf den die Menschen so oder so antworten, sondern er regiert auch die Geschichte ihrer Antworten. Er regiert die Entscheidungen, durch die er gepriesen und auch die, durch die er gelästert wird. Er regiert die Entscheidungen, durch die Mitmenschen geholfen wird und auch die, durch die sie vernichtet werden. Über die Frage, wie das göttliche und das menschliche Handeln in diesem Geschehen ineinandergreifen, bestehen quer durch die Kirchen hindurch verschiedene Schulmeinungen. Aber die biblischen Zeugnisse von Gottes Lenken, Fördern und Hindern, Erheben und Stürzen sind zu stark, als daß sein Regieren auf die Ermöglichung und das Gewährenlassen geschöpflichen Eigenwirkens und auf das Wissen Gottes um dessen Verlauf reduziert werden könnte.

2. Alle Kirchen lehren, daß Gott die Weltgeschichte in seiner Güte regiert und daß dieses Regieren zum Wohl der Geschöpfe geschieht. Gottes Herrschaft über die Weltgeschichte ist nicht nur als Tat seiner Allmacht und als Auswirkung der prima causa zu verstehen. Die Allmacht seines Regierens ist nicht zu trennen von seiner Güte, in der er das All geschaffen hat und an dem All weiterhin zum Guten wirkt. Als der Gute ist Gott der Feind des Bösen. Seine Herrschaft über die Geschichte vollzieht sich daher auch in Gerichten. Aber der Glaube an Gott den Schöpfer ist gewiß, daß seine Gerichte nicht Selbstzweck sind, sondern dem Guten dienen. Gott will nicht den Untergang der Menschen, sondern ihr Leben. Diese Gewißheit sieht sich im Ablauf der Weltgeschichte zum Beispiel dadurch bestätigt, daß der Hybris im Gebrauch der Gewalt Verblendung und Zerfall folgen und daß der Gebrauch der politischen Gewalt im Dienste der Gerechtigkeit sich in der Erhaltung des Lebens und in der Steigerung des Wohlstandes auswirkt. Indessen geschieht auch das Gegenteil, nämlich, daß die brutale Gewalt sich durchsetzt und friedliebende Völker und gerechte staatliche Ordnungen vernichtet. Dann ist die gute göttliche Weltregierung in der Geschichte verborgen. Die Wahrheit des Wortes: „Die Gewaltigen stürzt er von den Thronen und die Niedrigen erhöht er" (Lk. 1,52) wird in der Geschichte keineswegs durchwegs sichtbar. Der Glaube an die Güte von Gottes Herrschen über die Geschichte umgreift die sichtbaren Rätsel und vertraut darauf, daß Gott auch da zum Guten wirkt, wo dies unserer Einsicht entzogen ist. So ist es in manchen Begräbnisliturgien üblich, den Tod eines Gemeindegliedes in jedem Fall, selbst wenn es durch einen Verbrecher zu Tode gebracht wurde, mit den Worten abzukündigen: „Es hat dem allmächtigen Gott gefallen, unseren Bruder X aus dieser Zeitlichkeit abzu-

rufen in die Ewigkeit." Mit diesem Wort wird nicht nur Gottes Allwirksamkeit anerkannt, sondern seinem Wohlgefallen vertraut, auch wenn es ganz verborgen ist. In gar keiner Weise bedeutet jedoch dieses Wort eine Entschuldigung des Mörders.

3. Die Gewißheit, daß Gott die Weltgeschichte regiert, hat in unserem Jahrhundert eine Erschütterung erlitten, die über die Erschütterung weit hinausgeht, die 1755 das Erdbeben von Lissabon für den Glauben an Gottes Vorsehung ausgelöst hatte. Damals war es eine lokale Katastrophe, in unserem Jahrhundert geht es um globale Katastrophen, die sich in den beiden Weltkriegen bereits an Millionen von Menschen vernichtend vollzogen haben und von denen vollends die Zukunft der Menschheit bedroht ist. Der Triumph der Gewalt über die Gerechtigkeit, die Zerstörung geordneter Lebensgemeinschaft, die Vernichtung friedliebender Menschen, der Mord an ungezählten Kindern und ein Folgezustand, der in vielen Teilen der Welt kein Friede, sondern nur ein Waffenstillstand mit Bürgerkriegen ist, – all das sind Geschehnisse, die mit einem die Welt regierenden gütigen Gott unvereinbar erscheinen. Unzählige fragen: Wie kann Gott das zulassen? Unzählige klagen Gott an, daß er von seiner Allmacht keinen Gebrauch mache, durch die dieses Leiden verhindert werden könnte. Und sie folgern weiter: Gott mag allmächtig sein, aber dann ist er nicht gütig, – oder er mag gütig sein, aber dann ist er nicht allmächtig, sondern schwächlich und ohnmächtig. Bei Unzähligen ist unter solchen Fragen und Antworten das Vertrauen zu Gott erloschen und das Gebet verstummt. Sie haben Gott zuerst schuldig gesprochen und dann seine Existenz und sein Wirken überhaupt bestritten.

4. Gegen die Anklage, daß Gott eine Welt erschaffen hat und regiert, in der Sünde und Verderben herrschen, ist Gott mit vielen Argumenten verteidigt worden, die jedoch in der existentiellen Erfahrung des Bedroht- und Überwältigtwerdens von der bösen Gewalt nicht standhalten. So spielte in der altkirchlichen und mittelalterlichen Theologie eine große Rolle die neuplatonische Deutung der Sünde als das Nichtige, das von dem Guten als dem allein Seienden unterschieden ist. Zwar ist in der Erwartung des kommenden Weltgerichtes zu sagen, daß einst die gottfeindlichen Gewalten entmächtigt und zunichte gemacht werden. Aber im Jetzt begegnen sie mit bedrohender und zerstörerischer Macht, und es bleibt der Vorwurf gegen Gott, daß er ihnen Raum gibt. – Leibniz hatte die physischen und moralischen Übel der Welt von dem allem Eigenwirken der Geschöpfe vorgegebenen metaphysischen Übel, nämlich von der im Unterschied zu Gottes Vollkommenheit bestehenden Unvollkommenheit der Geschöpfe abgeleitet. Dabei benütze Gott die Sünde, wenngleich er sie nicht will, um das Gute im Unterschied zum Bösen um so stärker hervortreten zu lassen. Aber auch diese Verharmlosung von Sünde und Verderben durch ihre Einordnung in die Harmonie des

Guten hält angesichts der Exzesse des Bösen und des Verderbens nicht stand und ist keine Rechtfertigung Gottes, der es alles geschehen läßt. – Vollends aber wird Gott für schuldig erklärt, wenn man im Anschluß an Schellings Ansatz meint, daß Gott der Welt und ihres Widerspruchs bedurft habe, um sich selbst zu entfalten und wirklich Gott zu werden, nämlich um aus einem dunklen unbewußten Urdrang heraus Person, Geist und Liebe zu werden.

5. Es ist nicht gottlos, anklagende Fragen an Gott zu richten. Die Psalmen sind voll davon. Entscheidend ist es, im Fragen fortzufahren. Dann aber wird deutlich, daß das Theodizeeproblem auch ganz anders formuliert werden kann, als es gemeinhin geschieht, – ja, daß es letztlich ganz anders formuliert werden muß. Es geht im Theodizeeproblem nicht nur um das, was Gott durch seine Weltregierung den Menschen antut, sondern was er sich selbst antut, – nicht nur darum, daß die Weltgeschichte seine Güte zu uns Menschen zu widerlegen scheint, sondern darum, daß sie seine Feindschaft gegen die Sünde und in diesem Sinn seine Heiligkeit zu widerlegen scheint. Durch die Weltgeschichte ist Gott nicht nur in Frage gestellt als der Wohltäter der Schöpfung, sondern auch als der Richter der Sünde und des Verderbens. Das Problem seiner Herrschaft über die Weltgeschichte ist eine Radikalisierung der Paradoxie seiner Erhaltung der Welt, und zwar dieser sich im Aufruhr gegen ihn befindlichen und dem Gericht verfallenen Welt. Diese Paradoxie tritt bereits hervor in der Sintflutgeschichte: Weil alles Trachten des Menschen böse war (Gen. 6,5), richtete Gott die Menschheit durch die Flut, und mit eben derselben Begründung (8,21) versprach er ihre Erhaltung. Dieselbe Paradoxie besteht zwischen der Gerichtsankündigung der alttestamentlichen Propheten und ihren immer neuen Verheißungen, und vor allem zwischen der Gerichtsankündigung Jesu und der Apostel einerseits und dem Gerichts- und Parusieverzug andererseits. Die Paradoxie, daß Gott, der Feind der Sünde, die dem Gericht verfallene Menschheit erhält, wird dadurch vollends radikalisiert, daß er, der Feind der Sünde, das sündige Treiben der Menschen nicht nur ermöglicht, sondern regiert, und somit (wie man auch das Problem des concursus divinus genauer formuliert) in irgendeiner Weise daran beteiligt ist. Nimmt man die Sünde und Gottes Zorn ernst, dann sind am erstaunlichsten in der Weltgeschichte nicht die Katastrophen, sondern die Wohltaten, die Gott den dem Gericht Verfallenen immer wieder erweist. „Er läßt die Sonne aufgehen über die Bösen und über die Guten und läßt regnen über Gerechte und Ungerechte" (Mt. 5,45).

6. Die Antwort auf das Theodizeeproblem ist an anderer Stelle zu suchen, als in allgemeinen Überlegungen über Gottes Eigenschaften und Gottes Wirken und in allgemeinen Beobachtungen der Weltgeschichte in ihren Aufbrüchen und Zusammenbrüchen. Sie ist auch nicht zu finden

in dem Eindruck der konkreten Ereignisse, die jeweils den Menschen bedrohen und überfallen. Die Antwort ist vielmehr dort zu suchen, wo Gott inmitten der Weltgeschichte am allertiefsten verborgen ist, nämlich im Tode Jesu am Kreuz. Daß die Menschen den, der ihnen in Hingabe gedient, der sie geliebt, der ihnen den Zugang zu Gott und zu einer neuen Gemeinschaft miteinander erschlossen hatte, ans Kreuz geheftet haben, ist ein himmelschreiendes Unrecht. Aber sein Tod war nicht nur Untat der Menschen. Vielmehr hat Gott ihn in die Hände der Menschen gegeben. Gott selbst hat Jesus in den Tod gegeben. Daß gerade dies die Rechtfertigung Gottes und der Erweis der Güte seiner Weltregierung ist, bleibt für den Anblick des Kreuzesgeschehens als solchen schlechthin verborgen. Erst durch die Auferweckung Jesu vom Tode hat Gott offenbar gemacht, daß am Kreuz der Schuldlose das Gericht durchlitten hat, das dem Schuldigen gebührt, – daß Gott an seinem Sohn das Gericht vollzogen hat, dem die Menschheit verfallen war, – das Gericht, das Gott als Ende der Menschheitsgeschichte angedroht, aber immer wieder hinausgeschoben hat. Die Rechtfertigung Gottes gegenüber den Anklagen, daß seine Weltherrschaft ungerecht und seine Zulassung von Sünde und Leid mit seiner Güte unvereinbar seien, ist Jesu Tod und Auferstehung. Die Gerechtigkeit Gottes ist in dem am Kreuz vollzogenen Gericht geoffenbart. Im Tode Jesu hat Gott selbst das Gericht auf sich genommen. Diese Gerechtigkeit ist Erbarmen. Die Dahingabe seines Sohnes ist die Tat der Liebe Gottes zur Welt. Diese Tat ist der feste Grund für das Vertrauen auf Gottes Güte in all seinem Handeln an der Welt.

7. Bedenken wir von diesem Ereignis her die Widersprüche, die in der Weltgeschichte zwischen Gottes Allmacht und dem Aufruhr der Menschen und zwischen Gottes Güte und den Leiden der Menschen zu bestehen scheinen, dann bemerken wir, daß bereits seine Regierung der Weltgeschichte die Struktur seines Sicherniedrigens, seines Leidens unter der Sünde und des Aufsichnehmens des Gerichtes erkennen läßt. Denn im Theodizeeproblem geht es letztlich nicht um die Rechtfertigung der göttlichen Weltregierung vor unserem Anspruch auf Wohlergehen, sondern darum, daß Gott den Menschen trotz ihrer Sünde und Gerichtsverfallenheit immer noch Raum gibt für die Exzesse ihrer Feindschaft gegen ihn und gegeneinander, – darum, daß er dieses böse Treiben erträgt und immer noch nicht beendet. Die Erkenntnis der göttlichen Heilstat schließt es aus, in den Exzessen der Weltgeschichte nur Zeichen seiner Schwäche und Ohnmacht zu sehen. Auch die Untaten der Menschen geschehen unter der Allmacht Gottes, der sie verhindern kann. Ihre Zulassung ist nicht nur ein Zusehen Gottes, sondern sein Tun. Gott ist den Unterscheidungen, die wir hier machen, so überlegen, daß er frei ist, seine Macht in der Ohnmacht, sein Herrsein im Dienen und Leiden zu verwirklichen. Er hört damit nicht auf, der Herr, der Allmäch-

tige zu sein. Die Offenbarung seiner rettenden Kraft in Jesu Ohnmacht ist der Schlüssel für die Erkenntnis von Gottes Herrschaft über die Weltgeschichte. Auf diese Offenbarung hin hat Gott die Menschheit erhalten und geleitet, von dieser Offenbarung her ist all sein Schöpferwirken an den Sündern bestimmt.

8. In dem Erleiden des Aufruhrs und in dem Verzug seines Gerichtes hat Gott die Bestimmung festgehalten, für die er den Menschen geschaffen hat und die vom Menschen verfehlt worden ist, die Bestimmung zum Ebenbild Gottes, nämlich in *freier* Entscheidung Gott wieder zu lieben, der ihn zuerst geliebt und ihm das Leben gegeben hat. Die Erschaffung des Menschen zum Partner Gottes schloß die Freiheit ein, Gott die Gegenliebe zu verweigern. In seiner Weltregierung achtet Gott diese Freiheit, auch wenn der Mensch sie gegen ihn mißbraucht. Die Bestimmung zum Ebenbild Gottes in der Liebe zu Gott, in der Gemeinschaft der Menschen miteinander und in der gottebenbildlichen Herrschaft über die außermenschliche Kreatur ist als Gottesforderung über den Menschen geblieben, auch wenn sie sie mißachteten. In Jesus Christus ist diese Bestimmung des Menschen verwirklicht, er ist das Ebenbild Gottes, der neue Mensch. Das Ziel von Gottes Weltregierung ist die Verwandlung der Sünder in die Gottebenbildlichkeit Jesu Christi durch den Glauben an die Christusbotschaft.

9. So erhellt die Christusbotschaft die Weltgeschichte. Denn trotz all ihres Geschreis ist diese Geschichte letztlich stumm. Meint man Sinnzusammenhänge darin erkannt zu haben, daß auf Hybris Zusammenbrüche folgen, und daß das Recht Leben erhält, so wird diese Erkenntnis in Frage gestellt und überlagert durch die Erfahrung des Sieges der Hybris und der Ohnmacht des Rechtes. Aber darüber hinaus ist sie stumm. Es gibt Erfolge und Wohlstand, die nicht Wohltaten Gottes sind, sondern Versuchungen und Gerichte. Und es gibt Mißerfolge und Armut, die nicht Gerichte, sondern Wohltaten Gottes sind. Die Anerkennung, daß Gott alles Geschehen regiert, ist nicht gleichbedeutend mit der Erkenntnis dessen, was Gottes Handeln in den konkreten einzelnen Ereignissen für die Menschen bedeutet. Auch dem Glauben an die Christusbotschaft bleibt vieles in der Geschichte verborgen und rätselhaft. Wohl aber ist für ihn das Verhältnis zu den ihn treffenden Leiden tiefgreifend verändert. Denn er darf gewiß sein, daß sie nicht Gerichte göttlichen Zornes, sondern Züchtigungen väterlicher Liebe sind, und wenn es Leiden um des Evangeliums willen sind, dann darf er sich ihrer rühmen und darf gewiß sein, daß in ihnen die Kraft Christi sich manifestiert und die Gemeinde auferbaut wird. Über alle einzelnen Widerfahrnisse hinaus aber gelten die Worte des Paulus, „daß dieser Zeit Leiden der Herrlichkeit nicht wert ist, die an uns soll offenbart werden" und „daß denen, die Gott lieben, alle Dinge zum Besten dienen" (Röm. 8,18 u. 28).

10. Die Lehre von Gottes Herrschaft über die Weltgeschichte ist nicht weniger anstößig als das Wort vom Kreuz. Denn dem Anblick der Weltgeschichte ist Gottes Allmacht und Güte in ähnlicher Weise verborgen, wie dem Anblick des Kreuzes Jesu Sieg am Kreuz und wie in der Torheit und Schwachheit des Wortes vom Kreuz Gottes Weisheit und Kraft verborgen sind. Auch die Allmacht und Güte von Gottes Herrschaft über die Weltgeschichte wird allein erkannt im Glauben. Dabei gründet dieser Glaube auf dem Christusgeschehen. Denn die Weltgeschichte ist als solche vieldeutig und dunkel. Aber in dem einen geschichtlichen Ereignis des Verkündigens, des Sterbens und der Auferweckung Jesu Christi hat Gott gesprochen und den Sinn der Weltgeschichte endgültig enthüllt. Wenn ein Mensch, der als Krüppel geboren ist, mit den Worten von Luthers Erklärung des ersten Artikels des Credo bekennt: „Ich glaube, daß mich Gott geschaffen hat samt allen Kreaturen, mir Leib und Seele, Augen, Ohren und alle Glieder, Vernunft und alle Sinne gegeben hat und noch erhält..." (Kleiner Katechismus), dann bekennt er dies im Gegensatz zu dem, was er an sich sieht und mit sich erfährt. Er bekennt dies im Glauben an das in Jesus angebrochene ewige Leben. Er nimmt in seinem Bekenntnis des Schöpfers das Kreuz auf sich und folgt im Glauben Jesus nach auf dem Weg durch die Leiden in die Herrlichkeit.

II.

Was hat dieser Gedankengang mit Fundamentaltheologie zu tun? Welche Folgerungen lassen sich aus ihm für die Aufgabe einer Fundamentaltheologie ziehen?

Wir gehen dabei aus von dem Begriff der Fundamentaltheologie, die seit dem vorigen Jahrhundert als eine besondere, von der Dogmatik unterschiedene Disziplin im Gefüge der römisch-katholischen Theologie einen festen Platz erhalten hat. Sehr viel älter als diese Disziplin ist freilich die Thematik, um die es in ihr geht. Sie war vor allem durch die Übernahme der aristotelischen Metaphysik von der mittelalterlichen Scholastik gegeben und durch die Notwendigkeit bestimmt, Vernunft und Glauben, Natur und Gnade, natürliche und geoffenbarte Gotteserkenntnis zu unterscheiden und einander zuzuordnen. In dieser Unterscheidung wurden ohne Argumente aus Gottes Offenbarung allein mit Argumenten der Vernunft und der Welterfahrung Beweise für die Existenz des einen Gottes vorgetragen, die beanspruchten, für jeden vernünftigen Menschen schlüssig zu sein. Zugleich wurde dieser natürlichen Erkenntnis des einen Gottes die in der geschichtlichen Offenbarung begründete Erkenntnis des dreieinigen Gottes in einer Weise zugeordnet, daß sie sich widerspruchslos ergänzten. In diesem Sinn konnte die natürliche Erkenntnis von Gottes Existenz und Wesen als Voraussetzung,

Unterbau und allgemeines Fundament im Gefüge der Theologie geltend gemacht und dann später als Fundamentaltheologie von der Dogmatik getrennt werden. Dabei ist die fundamentaltheologische Thematik erweitert worden durch das Bemühen um eine vernünftige Begründung oder doch Rechtfertigung der Autorität der Kirche und des Lehramtes und auch durch einige andere ausgewählte Einzelthemen, wie z. B. die Wunder- und die Auferstehungsfrage. Die Fundamentaltheologie unternahm in Anerkennung des übernatürlichen Ursprungs dieser Ereignisse den rationalen Nachweis, daß sie weder mit rationalen noch mit empirischen Argumenten widerlegt werden können, wobei im einzelnen umstritten blieb, inwieweit nur von einer beweisbaren Nichtunmöglichkeit oder von einer beweisbaren Möglichkeit oder gar von einer beweisbaren Glaubwürdigkeit oder sogar von der beweisbaren Notwendigkeit der Anerkennung dieser Ereignisse gesprochen werden könne. Darüber hinaus wird die römisch-katholische Fundamentaltheologie verstanden als die Besinnung auf die Grundlagen, die Gliederung und die Methoden der Theologie innerhalb des Ganzen der Enzyklopädie der Wissenschaften. In dieser zuletzt genannten Thematik entspricht ihr innerhalb der evangelischen Theologie die besondere, ebenfalls im vorigen Jahrhundert entstandene Disziplin der theologischen Enzyklopädie.

Dafür, daß das Theodizeeproblem mit der Fundamentaltheologie eng zusammengehört, spricht einmal die Tatsache, daß Leibniz, seit dem der Begriff der Theodizee gebräuchlich ist, dieses Problem allein mit solchen Argumenten erörtert hat, die dem Bereich der natürlichen Gotteserkenntnis und damit dem später als Fundamentaltheologie bezeichneten Bereich angehören. Allerdings darf man nicht übersehen, daß auch das Theodizeeproblem sehr viel älter ist als seine seit Leibniz übliche Bezeichnung. Es spielte bereits im Alten Testament eine große Rolle und war auch der griechischen Philosophie nicht fremd. Für den engen Zusammenhang zwischen diesem Problem und der Fundamentaltheologie spricht z. B. auch, daß im vorigen Jahrhundert vor allem in Frankreich der Theodizeebegriff ausgeweitet und zur Bezeichnung des Ganzen der Fundamentaltheologie verwendet worden ist (vgl. W. Kern, Art. Theodizee, LThK[2] X, 26). Aber auch wenn diese Ausweitung sich nicht durchgesetzt hat, ist sie doch für die enge Verbindung des Theodizeeproblems mit der Fundamentaltheologie bezeichnend. Auf Grund dieser Verbindung ist zu erwarten, daß Veränderungen im Verständnis der Fundamentaltheologie Folgen für die Erörterung des Theodizeeproblems haben, wie sich auch umgekehrt aus Änderungen in der Erörterung des Theodizeeproblems Folgerungen für das Verständnis der Fundamentaltheologie ergeben.

1. Die traditionelle Fundamentaltheologie machte für die Erörterung des Theodizeeproblems vor allem die folgenden Voraussetzungen gel-

tend: die Existenz Gottes und die Wesenseigenschaften seiner Allmacht und Güte, die Geschöpflichkeit des Menschen und der Welt und damit ihr bleibendes Angewiesensein auf Gottes Wirken, das Wissen der Menschen um Gut und Böse und um die Vergeltung ihres Tuns durch Gottes Gericht. Diese Erkenntnisse sind vorausgesetzt als einem jeden Menschen mittels der Vernunft und auf Grund seiner Erfahrung gegeben, beziehungsweise zugänglich, und zwar unabhängig von Gottes Offenbarung im Wort. Aus diesen Prämissen wurde gefolgert, daß Gott die Welt in seiner Güte und zum Guten der Geschöpfe regiert. Auch diese Folgerung beanspruchte allgemeine Anerkennung durch die menschliche Vernunft, unabhängig von Gottes geschichtlicher Offenbarung.

Diese Prämissen haben der Kritik nicht standgehalten. Auch wenn man voraussetzt, daß alle Menschen um Gottes Existenz wissen, so bedeutet das noch nicht, daß alle ihn als Gott anerkennen. Ihr Wissen um Gottes Existenz kann von ihnen auch dazu mißbraucht werden, das Gott zu nennen, was nicht Gott ist, und von Geschaffenem zu erwarten, was allein Gott geben kann. Aus dem Wissen um Gott wird so Verkennung Gottes und Unkenntnis Gottes. So hat Paulus vorausgesetzt, daß die Menschen trotz des Wissens um Gott „in ihren Gedanken in eitlen Wahn verfielen und ihr unverständiges Herz verfinstert wurde" (Röm. 1,21), und daß sie aus diesem Wahn und aus dieser Verfinsterung sich nicht mit den Mitteln der Vernunft befreien können, sondern allein durch den Glauben an Jesus Christus erlöst werden. Außerdem läßt sich grundsätzlich aufzeigen, daß die Voraussetzung der mit den Mitteln der Vernunft und auf Grund der Erfahrung erfolgenden Beweisbarkeit der Existenz Gottes und der Abhängigkeit der Welt von ihm der Kritik der Vernunft nicht standhält. Hinter die Widerlegung der traditionellen Gottesbeweise durch Kant kann weder die Philosophie noch die Theologie zurück. Aber selbst wenn es gelänge, Gottes Existenz und die Abhängigkeit der Welt von ihm rational zu beweisen, ist kein Beweis dafür möglich, daß Gott die ihn mißachtende, ihn verkennende, von ihm, dem Ursprung des Lebens, abgekehrte Menschheit nicht in ihre selbstgewählte Nichtigkeit fallen läßt. Denn Gottes Güte ist zugleich Feindschaft gegen das Böse. Von den traditionellen Prämissen der Fundamentaltheologie her kann nicht logisch zwingend abgeleitet werden, daß Gott die Menschheit nicht richtend dahingibt, sondern sich ihrer erbarmt.

Diese Erkenntnis gründet vielmehr auf der geschichtlichen Offenbarung der Liebe Gottes in der Sendung und der Dahingabe seines Sohnes. Allein auf Grund dieser Heilstat wird Gott gewiß erkannt als der, der in seiner Liebe die Weltgeschichte regiert und um der Errettung durch Jesus Christus willen der Sünde und dem Übel Raum läßt. Die Wahrheit dieser Botschaft läßt sich nicht mit Vernunftgründen beweisen, sondern nur im Glauben erkennen. Zwar kann und muß mit allen der Vernunft zur Verfügung stehenden Methoden geprüft werden, ob die uns begegnende Botschaft mit der grundlegenden apostolischen Überlieferung des Wirkens, Leidens und der Auferstehung Jesu übereinstimmt. Aber auch die Wahrheit dieser ursprünglichen Botschaft kann nur im Glauben erkannt werden. Dieser Glaube ist, wenngleich vom glaubenden Menschen vollzogen, nicht sein eigenes Werk, sondern Wirkung des Heiligen Geistes.

Daß durch die Botschaft von Jesu Tod das Geheimnis der göttlichen Weltregierung offenbar wird, scheint vernunftwidrig, solange man diese Botschaft nur hört, aber nicht annimmt. Dem Glauben aber erschließt sich in der Torheit des Wortes vom Kreuz Gottes Weisheit und in der Ohnmacht des Gekreuzigten Gottes Kraft. Denn im Glauben an das Evangelium wird die Verkennung und die faktische Unkenntnis Gottes durchbrochen, in die der Mensch durch den Mißbrauch seines Wissens um Gott geraten ist. Das Evangelium zerstört die falschen Antworten, hinter denen sich der Mensch gegenüber Gott versteckt und verhärtet. Im Glauben an das Evangelium wird erkannt, daß es keine vernünftigen Argumente gibt, die die Wahrheit der im Tode Jesu geoffenbarten göttlichen Liebe widerlegen können. Indem das Evangelium die Menschen frei macht für die Erkenntnis Gottes, macht es zugleich die *Vernunft* frei für eine solche Betrachtung des Weltgeschehens, die keine Umdeutungen mehr braucht, hinter denen sich der Mensch vor Gott verbirgt. Denn der Glaubende weiß sich selbst und die Geschichte von dem Gott umgriffen und geleitet, der das Gericht über die Menschheit in Jesu Tod auf sich genommen hat. In einer solchen befreiten Weltbetrachtung erkennt der Glaubende jedoch nicht nur die Welt als solche, sondern auch den Widerhall, der aus der Schöpfung trotz ihrer mannigfachen Entstellungen hindurch auf Gott den Schöpfer hinweist. Nicht durch vernünftige Beweise, sondern durch den Glauben werden die Irrtümer und die Verfehlungen beseitigt, die die Vernunft hinderten, Gottes „ewige Kraft und Gottheit" in Wahrheit zu erkennen, die „seit Erschaffung der Welt, wenn man die Werke betrachtet, deutlich zu ersehen" ist (Röm. 1,20).

2. Es kann nicht auf die sehr verschiedenen Begründungen eingegangen werden, mit denen nach der Widerlegung der traditionellen Gottesbeweise ein Wissen um Gott vertreten worden ist, das ohne seine Offenbarung im Wort bei allen Menschen vorausgesetzt wurde. Die Begründung wurde vor allem im Menschen gesucht, und zwar in dem durch keine Beweise begründeten und begründbaren, aber bei allen Menschen vorhandenen religiösen Bewußtsein. Wird dieser Ansatz als transzendental bezeichnet, so kann das verschiedenes bedeuten. Wenn Friedrich Schleiermacher bei dem „Gefühl der schlechthinnigen Abhängigkeit" einsetzte, so war in diesem Gefühl die von ihm unterschiedene Ursache desselben bewußt, und es wurde dieses Gefühl als Gottesbewußtsein

verstanden. In einer größeren Nähe zu Kants Verständnis des Transzendentalen kann ein aller Gottesbegegnung vorausgehendes Angelegtsein des Menschen auf sie hin angenommen werden, und zwar als die mit dem Menschsein vorgegebene innere Notwendigkeit, jede Selbst- und Umwelterfahrung zu transzendieren und über sie hinaus zu fragen. Wird diese Voraussetzung in der Betrachtung der Weltgeschichte geltend gemacht, so ergibt sich auf alle Fälle die Frage nach dem Sinn der Geschichte. Wird dieser Frage im Zusammenhang mit der im Gewissen vorgegebenen Unterscheidung von Gut und Böse nachgegangen, so treten die Umrisse des Theodizeeproblems hervor.

Die Schwierigkeiten, die sich dem Versuch entgegenstellen, von diesen transzendentalen Voraussetzungen her die Frage nach dem Sinn der Weltgeschichte als Theodizeefrage zu präzisieren, geschweige denn zu beantworten, sind nicht gering. Zwar vollzieht sich das menschliche Leben in allem Erkennen, Planen und Wirken im Transzendieren über das Jetzt der Selbstbefindlichkeit und des Umweltzustandes hinaus, in einem Suchen nach einer noch ausstehenden Erfüllung. Aber dieses Transzendieren vollzieht sich faktisch im allgemeinen nicht in einem Immerweiterfragen auf Gott hin, sondern es erlahmt, verschließt sich, greift eigenmächtig nach einer Erfüllung. Oft genug endet es in den Grenzen des irdischen Planens und Sorgens für den nächsten Tag oder in der Fixierung auf eine Ideologie, die weiteres Fragen abschneidet. Manche Menschen suchen die das Jetzt übersteigende Erfüllung ihres Fragens in außerordentlichen Erlebnissen durch Sex, Alkohol und Drogen und suchen so ein Vergessen. Aber vom faktischen Vollzug des Transzendierens abgesehen ist es philosophisch unbeweisbar, daß der Mensch mit transzendentaler Notwendigkeit immer weiter fragen muß. Vollends aber ist mit den Mitteln der Vernunft nicht beweisbar, daß dieses Fragen zu Gott und nicht in das Nichts führt. Würde von transzendentalen Voraussetzungen im strengen Sinne her heute ein positiver Sinn der Weltgeschichte und vollends eine Weltregierung durch Gottes Güte behauptet, so würde das angesichts der geschichtlichen Erfahrungen dieses Jahrhunderts und inmitten der geistigen Situation unserer Zeit keineswegs den positiven Widerhall finden, den einstmals Kants Aussagen über Gott als Postulat der reinen praktischen Vernunft gefunden haben.

Auch die von transzendentalen Voraussetzungen her gestellte Frage nach dem Sinn der Weltgeschichte findet ihre Antwort allein in dem geschichtlichen Ereignis, das völlig sinnlos zu sein scheint, nämlich in der göttlichen Preisgabe dessen, der Gott gedient hatte – im Tode Jesu Christi. Den Sinn in dieser Sinnlosigkeit, nämlich Gottes Liebe und Macht in dieser Gottverlassenheit und Ohnmacht, erkennt allein der Glaube. Wiederum ist zu sagen, daß dieser Glaube nicht mit den Argumenten der Vernunft und der Erfahrung in einer logisch zwingenden Weise einsichtig gemacht werden kann. Er gründet auf der Botschaft von Gottes Heilstat und ist gewirkt vom Heiligen Geist.

Im Glauben an das Evangelium werden die Versuche des Menschen widerlegt und zerbrochen, in seinem Weiterfragen aufzuhören und seinem Transzendieren eine eigenmächtige Erfüllung zu verschaffen. Im Glauben an das Evangelium wird der Blick befreit für die Wirklichkeit des Menschen. Selbst seine Ausschweifungen werden als Verkehrungen seiner Sehnsucht nach Gott offenbar. Gott aber hat nicht aufgehört, den Menschen zu begleiten und auf ihn zu warten und hat in Jesu Tod das menschliche Fragen zugleich freigelegt und beantwortet. Die Wahrheit dieser Antwort kann mit den Mitteln der Vernunft weder bewiesen noch widerlegt werden. Wohl aber bewährt sich die Annahme dieser göttlichen Antwort nicht nur in der praktischen Lebensbewältigung, sondern auch in der vernünftigen Erforschung des Menschen und der Weltgeschichte. So sind im Erkennen des Glaubens vernünftige Einblicke in den menschlichen Existenzvollzug und in die unumkehrbare Kontingenz der Geschichte gewonnen worden, die die Anthropologie und die Geschichtswissenschaft auch abgesehen vom Glauben als wichtig und unaufhebbar festhält.

3. Es ergeben sich somit zwei Wege theologischen Redens und Argumentierens: der eine Weg setzt ein bei der Verkündigung Jesu Christi und damit bei dem Kreuz als dem Erweis der Liebe Gottes. Diese Heilstat wird im Kontext der anderen Taten Gottes begründet, entfaltet und zugesprochen. Im Zuspruch dieser Heilstat stößt die Verkündigung hinein in die Vorstellungen und die Verhaltensweisen, in denen der Mensch sich gegen Gott verschließt, deckt sie auf und ruft zur Umkehr und zum Glauben. Der andere Weg beginnt mit der Analyse der Situation und des Vorverständnisses der Menschen, die dem Glauben ferne sind. Er versucht sie mit Argumenten der Vernunft zu öffnen, ihnen die Fragwürdigkeit der Sinngebungen aufzuzeigen, in denen sie leben, und ihre unerfüllte Sehnsucht freizulegen. Die Ausrichtung der Christusbotschaft ist hier nicht der Ausgangspunkt, sondern das Ziel.

Beide Bewegungen des Denkens und Redens gehören grundsätzlich zusammen, und zwar in jeder christlichen Verkündigung und Lehre. Das gilt auch dann, wenn zum Beispiel die eine Dogmatik vor allem von dem ersten Ansatz, eine andere aber von dem zweiten Ansatz her bestimmt ist. Denn immer geht es darum, das Ganze der Wirklichkeit der Menschen und der Welt in seiner Begründung von Gott her und seiner Bestimmung auf Gott hin zu erkennen und frei zu werden von solchen Vorstellungen und solchen Verhaltensweisen, in denen der Mensch sich verkrümmt und darin verkümmert.

Die Voraussetzung für die Anrede der Menschen ist jedoch auf beiden Wegen der Glaube an das Evangelium, und zwar auch auf dem zweiten

Weg, der nicht mit Aussagen über Gottes Heilstat zu argumentieren beginnt und oft lange Zeit ohne solche Argumente mit den Angeredeten zusammen gegangen wird. Denn auch wenn es hier zunächst um die Aufdeckung von irrigen Vorstellungen und Verhaltensweisen geht, setzt dieses vernünftige Argumentieren doch im Entscheidenden die Befreiung der Vernunft durch den Glauben voraus, der dem Denken das Verharren im Vorläufigen unmöglich macht. Die Antwort auf die Frage ist letztlich bereits die Voraussetzung für die richtig gestellte Frage, ja für das Verharren im Fragen überhaupt. So gilt von Paul Tillichs „Methode der Korrelation", daß sie im Wissen um die christliche Antwort die Analyse der menschlichen Situationen und der aus ihr hervorgehenden existentiellen Fragen unternimmt (Systematische Theologie Bd. I, Stuttgart ²1954, 73 ff.). In diesem Sinn darf auch Karl Rahners Zirkel der transszendentalen Methode interpretiert werden: „Die Frage schafft die Bedingung des wirklichen Hörens, und die Antwort bringt die Frage erst zu ihrer reflexen Selbstgegebenheit" (Grundkurs des Glaubens, Freiburg ⁵1976, 23). Die mit diesen Methoden geschehende Öffnung zum Fragen ist jedoch nicht gleichbedeutend mit der Erweckung des Glaubens. Diese geschieht durch das Wort Gottes und durch den Heiligen Geist. Daß jedoch die Anwendung dieser Methode bereits den Glauben derer voraussetzt, die sie anwenden, ist wissenschaftstheoretisch von großer Bedeutung.

4. Es sei nun auf die vorangegangenen Überlegungen zum Theodizeeproblem zurückgeblickt und gefragt, welche Folgerungen sich daraus für die Aufgabe und den Ansatz der Fundamentaltheologie ergeben. Dabei bedenken wir, daß es in der Fundamentaltheologie, wie ihr Name besagt, um das Fundament der ganzen Theologie geht. Zugleich ist uns bewußt, daß das Theodizeeproblem nur eines von vielen theologischen Problemen ist. Trotzdem liegt es nahe, gerade von ihm her grundsätzliche Folgerungen für die Fundamentaltheologie zu ziehen, da gerade in ihr die Erörterung dieses Problems in besonderer Weise versucht worden ist, nämlich allein mit Argumenten der Vernunft zu einer theologischen Antwort zu gelangen. Aber es dürfte oben deutlich geworden sein, daß auch das Theodizeeproblem nur auf Grund der geschichtlichen Offenbarung der Liebe Gottes in Jesus Christus einer Antwort entgegengeführt werden kann.

So liegt es nahe, in der Fundamentaltheologie nicht bei den allgemeinen vernünftigen Voraussetzungen aller Menschen, sondern bei dem Fundament des Glaubens, dem Evangelium, durch das Gottes Geist den Glauben erweckt, einzusetzen. Das bedeutet, daß die elementaren Aussagen der Christologie und der Pneumatologie und damit das Bekenntnis des dreieinen Gottes das für alle weiteren Erörterungen entscheidende Thema der Fundamentaltheologie ist. Von hier aus ist das Verhältnis von Vernunft und Glaube, von allgemeiner und theologischer Methodik und Hermeneutik, sowie das Verhältnis von Theologie und den anderen Wissenschaften zu klären. Diese Konzeption stimmt damit überein, daß Wilfried Joest in seiner „Fundamentaltheologie" (Stuttgart 1974) im ersten Hauptteil, der die Grundlagenproblematik der Theologie behandelt, bei der Offenbarung Gottes in Jesus Christus einsetzt (§ 2) und die Fragen der natürlichen Gotteserkenntnis erst danach zur Sprache bringt (§ 4). Der in dieser Abhandlung gezogenen Folgerung entspricht es auch, daß Peter Knauer SJ seiner „Ökumenischen Fundamentaltheologie" in einer erheblichen Korrektur der bisherigen römisch-katholischen Fundamentaltheologie den Titel gegeben hat: „Der Glaube kommt vom Hören"(Graz 1978). Beiden Fundamentaltheologen muß auch darin zugestimmt werden, daß sie die Frage, ob und in welchem Sinn die Theologie eine Wissenschaft ist, erst am Ende ihrer Werke behandeln. In der Tat kann das Wesen der theologischen Wissenschaft nicht von einem allgemeinen Wissenschaftsbegriff her bestimmt werden, sondern nur von ihrer eigenen Sache her. Wird aber der Ansatz der Fundamentaltheologie beim Evangelium und damit beim Wirken Gottes in Jesus durch den Heiligen Geist genommen, dann bedeutet dies zugleich einen ökumenischen Ansatz. Denn dieses Fundament stimmt sowohl mit dem überein, was der Ökumenische Rat der Kirchen in seiner theologischen „Basis" bekennt, als auch mit dem, was das Ökumenismusdekret des II. Vatikanischen Konzils als oberste Wahrheit in der „Hierarchie der Wahrheiten" hervorhebt. So ergibt sich für die Fundamentaltheologie über ihr bisheriges Selbstverständnis hinaus auch die Aufgabe einer grundsätzlichen inhaltlichen Herausarbeitung der „Hierarchie" der dogmatischen, liturgischen und kirchenrechtlichen Bestimmungen der Kirche, einer genauen Methodik des Vergleichens und des wechselseitigen Übersetzens von unterschiedlichen dogmatischen und anderen Formulierungen zum selben Thema, sowie die Aufgabe einer grundsätzlichen Klärung der innerhalb der Kircheneinheit möglichen Mannigfaltigkeit.

II. *Christsein in Kirche und Gesellschaft*

Heinrich Fries

Der Nonkonformismus des Christen

Eine Besinnung zu Röm. 12,2

„Ich ermahne euch, liebe Brüder – durch das Erbarmen Gottes: Gleicht euch nicht dieser Welt an, sondern wandelt euch und laßt euer Denken neu werden, auf daß (damit) ihr prüfen und entscheiden könnt, was der Wille Gottes ist, was ihm gefällt (was wohlgefällig ist), was gut und vollkommen ist."

I.

Mit dem 12. Kapitel beginnt ein inhaltlich neuer Teil des Römerbriefs[1]. Er wird überschrieben mit: „Die apostolische Paraklese", „die apostolische Mahnung, Ermahnung." Diese schließt sich an die vorausgegangenen Überlegungen und Inhalte an, also an die in den ersten elf Kapiteln des Römerbriefs dargelegten Aussagen. Diese betreffen in den ersten acht Kapiteln die Notwendigkeit der Offenbarung von Gottes Gerechtigkeit, nachdem „Heiden und Juden" der Sünde verfallen waren; sie betreffen ferner die Gaben, die mit der am Menschen erfolgten Rechtfertigung aus dem Glauben verbunden sind. Es sind dies: Die Hoffnung der Glaubenden, die Verbundenheit mit Christus, dem neuen Adam, die Befreiung von der Macht der Sünde, die Freiheit vom Gesetz, die Gabe des Geistes, der Geist der Kindschaft, das Verlangen der Schöpfung nach der endgültigen Herrlichkeit, die alles überwindende Liebe Gottes. Die Kapitel 9–11 enthalten die bewegende Reflexion des

---

[1] Den Kommentaren zum Römerbrief: Karl Barth, Zürich [8]1947; E. Käsemann, Tübingen [3]1974; H. Schlier, Freiburg 1977 habe ich viel zu verdanken.

Apostels über das Geheimnis Israels und seiner Geschichte, die mit der Hoffnung auf Israels endgültige Wende zu Jesus dem Christus und mit dem Lobpreis „der Tiefe des Reichtums, der Weisheit und der Erkenntnis Gottes" endet (11,33–36).

Es folgen im Brief die Kapitel 12–15. Aus der Verkündigung der Taten und der Gaben Gottes werden *die praktischen Konsequenzen* gezogen, die Folgerungen für Leben, Verhalten und Tun des Christen. Aus dem christlichen Kerygma folgt das Ethos des Christen; aus der Theorie die Praxis; aus dem Zuspruch der Anspruch (H. Schlier); es folgt die Konsequenz des Glaubens, die im Leben mögliche und geforderte „Frucht des Glaubens". Aber dies geschieht nicht unverbunden, sondern so, daß im praktischen Verhalten und Tun des Christen das aufleuchtet oder zum Tragen kommt, was durch Christus an ihm geschehen ist. Dieser praktische ethische Teil des Römerbriefs wird mit dem schlichten Wort eingeleitet: „Ich ermahne euch nun, liebe Brüder." Das griechische Wort παρακαλεῖν enthält einige Momente, die in dem deutschen etwas abgeblaßten und abgegriffenen Wort „ermahnen" zurückgetreten sind; das griechische Wort enthält die Züge von „anrufen", „zurufen", „ans Herz legen", „bitten".

Wenn wir fragen: um wessen *Ermahnung, Zuruf, Anspruch* geht es dabei?, dann heißt die Antwort: es ist zunächst die Ermahnung des Apostels. Indes: Paulus spricht und handelt nicht aus sich selbst heraus, so daß er sich selbst, seine Bedeutung zur Darstellung bringen will. Er spricht und handelt im Auftrag eines anderen und in der Beanspruchung durch einen anderen. Über den Apostel ist verfügt durch den, der ihn berufen hat: Jesus, der Christus; Paulus ist sein Apostel (Röm. 1,1).

Diese Grundbestimmung trifft auch an dieser Stelle zu. Sie kommt in den Worten zum Ausdruck: „Ich ermahne euch durch das Erbarmen, durch die Barmherzigkeit Gottes." Das will nicht nur besagen: ich ermahne euch und berufe mich auf das Erbarmen Gottes, sondern viel intensiver: *In der Mahnung* des Apostels kommt *das Erbarmen Gottes* zur Erscheinung, die Mahnung ist das Wirksamwerden, das „Geltend-machen" der Gnade. Das ist eine zunächst ungewöhnliche Vorstellung.

Wenn – diese Zwischenbemerkung sei angebracht – die ethischen Mahnungen, die dem Christen vorgelegt werden, so verstanden würden: als Erscheinungsweise der barmherzigen Gnade Gottes, dann würden sie weniger als Last und Beschwernis empfunden, die Mahnungen würden weniger als Einschränkungen der Freiheit angesehen, sondern vielmehr als eine Ermächtigung zur Freiheit, zur Nachfolge, als eine Ermächtigung zum Guten, zur Liebe.

Daraus folgt aber auch: die an den Christen zu gebenden und zu vermittelnden Mahnungen oder Vorschriften sollten so sein, also in diesem Sinn auch „apostolisch", daß sie eine Erscheinungsform der Barmherzigkeit, der Liebe und der Gnade sein können und nicht eine Erscheinungsform von Macht, von Prestige, von Interessen, Motive, die oft genug auch im Bereich des Christlichen und der Kirche zu finden sind.

II.

Nach dieser grundlegenden Orientierung geht der Römerbrief ins Konkrete und einzelne.

Die erste konkrete und zugleich universale Mahnung an die Empfänger des Römerbriefs, an die Christengemeinde zu Rom, lautet: „Gleicht euch nicht dieser Welt an." Wiederum ist das griechische Wort viel plastischer: Seid nicht eins mit dem *„Schema dieses Äons"* (dieser Welt). Mit dem Schema dieser Welt ist nicht etwas bloß Äußeres oder Äußerliches gemeint, sondern die „wesentliche Erscheinungsform von"; es ist die Gestalt der Welt, in der sie sich gibt, in der sie sich, in der sie ihr wahres Wesen zeigt (H. Schlier).

Was ist das für eine Welt und eine Gestalt von Welt, der sich die Christen nicht angleichen sollen, mit der sie nicht konform gehen dürfen? Die Mahnung des Apostels könnte man auch so übersetzen: Die Christen von Rom, die Christen insgesamt, dürfen keine Konformisten, sie sollen Nonkonformisten sein.

Die Empfänger des Römerbriefs hatten ein sehr plastisches Bild von dem, was man diese Welt, was man Schema dieser Welt nennt: es war *die Stadt Rom,* die Hauptstadt des Römischen Reiches, damals auf dem Höhepunkt seiner Herrschaft, seiner welt- und völkerbeherrschenden Macht, all dem hingegeben, was zum Schema, zur Gestalt dieser Welt gehört: Gewalt, Ehre, Reichtum, Genuß, Ansehen, Besitz, Herrschaft über andere, Selbstbehauptung, Anbetung des Staates in der Person des Kaisers, Verherrlichung des Krieges, des Sieges und der Sieger, verbunden mit dem „Wehe den Besiegten", die an den Wagen der Sieger gespannt wurden; Unterdrückung, Verfolgung, Vernichtung der Feinde. Rom – das bedeutete Anspruch auf Unvergänglichkeit, Rom bedeutete Ewiges Rom, Roma aeterna, Ewige Stadt.

Diese Stadt war für die Christen Roms das „Schema", die Erscheinungsform, die Gestalt dieser Welt. Damit sollten die Christen nicht konform gehen, dem sollten sie sich nicht gleichmachen, dagegen sollten sie „Nonkonformisten" sein. Denn die Grundaussagen des christlichen Glaubens gehen mit der so verstandenen Welt nicht konform: die Aussagen zur Gerechtigkeit, zur Liebe, zur Versöhnung, die Ablehnung von Haß, Gewalt, Unterdrückung, der Ruf zum Verzicht und zur Rücksicht, die Aufforderung zur Hingabe an Gott und den Nächsten. Und: kann es einen größeren und schockierenderen Gegensatz geben als das Bild des Gekreuzigten und das Bild des siegreichen Kaisers?

Man muß sich klar machen, welch einen Anspruch die winzige und unscheinbare Christengemeinde in Rom erhob gegen das Rom der römischen Kaiser, die sich als Erscheinung des Göttlichen verstanden und feiern ließen. War die apostolische Mahnung angesichts dieser Konstellation nicht ein groteskes Mißverhältnis, war sie nicht schlechterdings hoffnungslos und utopisch zugleich? Die Mahnung des Apostels an die Christen zu Rom schien darüber hinaus nicht nur unrealistisch, sondern geradezu lebensgefährlich. „Rom" war, religiös gesehen, äußerst tolerant und räumte den Göttern der fremden und besiegten Völker ohne weiteres eine neue Heimat in den römischen Tempeln und neben ihren Gottheiten ein: die überzeugendste Anschauung davon war das Pantheon. Aber wenn eine Religion den Anspruch erhob: Unser Herr, unser Kyrios, ist nicht der Kaiser, sondern Jesus, der Christus, der Gekreuzigte und Auferstandene; wir weigern uns, dem Kaiser göttliche Verehrung zu erweisen, dann wurde es bedrohlich, da reichten alle Bekundungen der Loyalität gegen die weltliche Obrigkeit (vgl. Kap. 13) nicht mehr aus.

Und eben dies hat Paulus den Christen zugemutet: Sich dem Schema dieser Welt, anschaulich gemacht im Bild der Stadt Rom, nicht anzugleichen, sondern Nonkonformisten zu sein.

Dazu sei wiederum eine *Zwischenbemerkung* gemacht. Kann es in unserm Land, also in der Bundesrepublik Deutschland und in weiten Teilen Europas und der Welt gegenwärtig eine Situation geben, die mit der extremen Situation der Gemeinde von Rom zur Zeit des Römerbriefs an Bedrohlichkeit, an tödlicher Gefährlichkeit vergleichbar wäre? Ist die Mahnung an den Christen hier und heute: ein Nonkonformist zu sein, auch nur entfernt mit der Zumutung zu vergleichen, die Paulus den Christen zugesprochen hat als Konsequenz ihres Glaubens an Jesus, den Herrn, der zugleich der Erlöser und der Heiland der Welt ist – wiederum im Widerspruch zu den römischen Kaisern, die gerade dies beanspruchten und sich entsprechend huldigen ließen?

Die Mahnung und Zumutung, die Paulus gegenüber den Christen von Rom ausgesprochen hat, hat *heute* allerdings auch ihre gefährliche und bedrohliche Aktualität überall dort, wo ein totalitäres System nichts und niemand gelten läßt außer sich selbst, wo alle, die sich – biblisch gesprochen – diesem Schema nicht angleichen, mit den Worten Dissidenten oder subversive Elemente belegt werden. Sie werden dann entweder als Verbrecher oder als Narren behandelt, in beiden Fällen haben sie in der bestehenden Gesellschaft keinen Platz mehr, sie sind ausgestoßen.

Diese Tatsachen dürfen allerdings nicht darüber hinwegtäuschen, daß es auch in den westlichen Demokratien, in deren Grundgesetz der Artikel über die Religionsfreiheit steht, ein „Schema dieser Welt" gibt, dem sich der Christ nicht konform machen darf. Es genügt, einige Stichworte zu nennen: Den heute vertretenen und gelebten Primat des „Habens" und „Machens" vor dem „Sein", den Primat des Erfolgs, des Nutzens, der Effizienz vor dem Dienst und der Hingabe, den Primat des Prestiges, des Lustgewinns, der Äußerlichkeit vor dem Ethos und der Verantwortung, den Primat der Ansprüche vor der Verpflichtung, der Statistik vor dem Gewissen, des Faktischen vor der Norm, das „Jenseits von Gut und Böse", die Praxis eines Lebens, „etsi non daretur Deus" (D. Bonhoeffer), und man erkennt, daß ein solches Schema der Welt, der bewußt säkularisierten Welt, die unsere Welt ist, für den Christen noch bedrohlicher sein kann, als eine klar erkennbare direkte Feindseligkeit. Hier gilt das Wort: gleicht euch dem Schema dieser Welt nicht an, in erhöhtem Maße.

Es war von der *Zumutung* die Rede, zu der Paulus die Christen in Rom aufruft. In dem Wort „Zumutung" ist indes nicht nur etwas Beschwerliches zu erkennen, was sich rasch in der Aussage: es ist unzumutbar, es ist faktisch unmöglich, niederschlägt. In dem Wort steckt auch das Wort Mut. Zumutung ist „Mut zu".

Daß diese Verbindung für Paulus nicht fremd ist, wird aus dem ersichtlich, was bereits gesagt wurde. Die Ermahnung, die Paraklese ist ein Wirksamwerden der Gnade Gottes, ist weniger ein: Du mußt, als vielmehr ein: Du kannst. Der Christ, dem zugemutet wird, ein Nonkonformist zu sein, vermag dies, weil er in einer Wirklichkeit gründet, die dazu fähig macht. Es ist die Wirklichkeit der Macht und der Liebe Gottes, die dem Gerechtfertigten geschenkt ist und von der Paulus im gleichen Römerbrief sagt: „Ich bin gewiß: weder Tod noch Leben, weder Engel noch Mächte, weder Gegenwärtiges noch Zukünftiges, weder Gewalten der Höhe oder Tiefe noch irgendeine andere Kreatur können uns scheiden von der Liebe Gottes in Christus Jesus, unserem Herrn" (8,38f.), also auch nicht die Mächte und Gewalten, die in dem Wort „Rom" zusammengefaßt sind. Wer von dieser in Christus dem Menschen geschenkten Wirklichkeit her lebt, der hat Macht über irdische Macht und Gewalt, auch wenn diese ihn äußerlich übermächtigen sollten. Der Christ ist vor allem – auch und gerade dies sagt Paulus – ein zur Freiheit frei gemachter Mensch (Gal. 5,1), ein, so Martin Luther, „freier Herr über alle Dinge und niemand untertan". In der Kraft dieser Freiheit ist der Christ aber auch dazu befähigt, „ein dienstbarer Knecht aller Dinge und jedermann untertan zu sein" (Von der Freiheit eines Christenmenschen).

Von dieser Orientierung aus ist auch einsichtig zu machen, warum der Christ sich dem Schema dieser Welt nicht angleichen darf und soll.

Diese Welt ist – trotz des imponierenden Bildes, wie sie durch Rom dargestellt wird – eine vergängliche, eine verschwindende Welt. Das Sein dieser Welt ist ein Sein zum Tode als dem unentrinnbaren Ende von allem, auch wenn der Tod verdrängt wird. Diese Welt – das ist das zweite

– verfälscht deshalb und dann die Wirklichkeit, wenn sie sich als Ewigkeitswelt ausgibt und sich in der Gestalt des Kaisers mit göttlichen Eigenschaften umgibt. Dies hat zur Folge, daß der Mensch in dieser Welt den irdischen Mächten ausgeliefert ist, daß er zum Untertanen, zum Gefangenen, zum Sklaven dieser Welt und der sie bestimmenden übermächtigen Gewalten wird.

Diese Welt ist deshalb und dadurch eine Verfälschung der Wirklichkeit, weil sie sich ausschließlich als die vom Menschen zum Ruhm des Menschen gemachte Welt versteht, weil sie nur auf Selbstdarstellung bedacht, in sich selbst verschlossen ist, weil sie vergißt, daß sie geschaffen ist, dem Menschen gegeben, der redlicherweise sagen muß: „Was hast du, das du nicht empfangen hast?" (1. Kor. 4,7).

Dafür kann man auch sagen: Die Torheit des Kreuzes, die im Grunde die Weisheit Gottes ist, offenbart die angebliche Weisheit der Welt als Torheit vor Gott (1. Kor. 1,18–25).

Die aus dieser Grundorientierung des christlichen Glaubens kommende Unterscheidung und Überzeugung eröffnet den Grund und die Motivation, sie gibt den Mut zu der Mahnung, die zugleich ein Zeichen von Freiheit und Souveränität ist: „Gleicht euch dem Schema dieser Welt nicht an."

III.

Der negativ formulierten Ermahnung folgt die *positive Wendung:* „Wandelt euch durch das Neuwerden des Geistes", oder anders übersetzt: *„laßt euer Denken neu werden."*

In diesem kurzen Satz erscheint einiges bemerkenswert. Auf die Forderung: gleicht euch nicht dieser Welt an, würden wir heute als positive Konsequenz erwarten: Verwandelt die Welt, verwandelt das Schema oder noch moderner: Verändert das System, verändert es, indem ihr es zerschlagt.

Davon sagt Paulus nichts. Er sagt vielmehr: wandelt euch, wandelt euch selbst. Nun könnte man vielleicht mit einigem Recht sagen, Paulus kannte nicht, noch nicht so wie wir heute, den Zusammenhang von System, Strukturen und Gesellschaft und die darin liegenden Bedingungen für die Bestimmung des Menschen; das zeigt sich unter anderem auch in seiner Sicht der Sklavenfrage (1. Kor. 7,21–24; Phlm.).

Dazu kommt ein anderes: es wäre – konkret gesprochen – für die kleine Gruppe der Christen schlechthin utopisch, illusorisch und unrealistisch gewesen, das damalige System, verankert im Imperium Romanum und seiner vor allem auf militärischer Macht beruhenden Gesellschafts- und Herrschaftsstruktur ändern zu wollen.

Aber selbst unter der Voraussetzung, daß zur Zeit des Römerbriefs die Zusammenhänge von gesellschaftlichen Systemen und wirtschaftlichen Strukturen besser bekannt gewesen wären, selbst unter der Voraussetzung, daß es damals möglich erschien, Strukturen und Systeme gesellschaftlicher, wirtschaftlicher und politischer Art zu verwandeln, zu verändern – es ist zu vermuten, Paulus wäre bei seiner Mahnung geblieben: Ändert euch, verwandelt euch. Er hätte es vermutlich in der Einsicht getan, daß eine Veränderung von Strukturen, so sinnvoll und notwendig sie sein mag und so eng verschlungen dieser Zusammenhang ist im Sinn eines Regelkreises, noch nicht wie von selbst den verwandelten, veränderten Menschen schafft und hervorbringt; sonst wäre der Mensch nichts anderes als ein Sklave der „Mächte", als die Summe der ihn von außen bestimmenden Faktoren, ein Bündel von Außensteuerungen ohne eigenes Selbst, ohne individuelle, einmalige Subjektivität, die theologisch in der Wahrheit vom Menschen als Geschöpf, als Sünder, als Gerechtfertigtem und Begnadetem ausgesprochen wird. Dieser Zusammenhang wird noch deutlicher, vielleicht auch noch einsichtiger durch die Aussage unseres Textes, wodurch denn die Verwandlung des Menschen erfolgen soll. Sie soll erfolgen durch ein neues Denken, durch die *Erneuerung des Geistes.*

Wiederum ist ein Hinweis auf das griechische Wort hilfreich: Es heißt νοῦς. Damit ist ein weiter Bereich gemeint, den man durch die Worte: Geist, Sinn, Gesinnung, Vernunft beschreiben kann. Meistens wird es im Deutschen gerade an dieser Stelle übersetzt mit: Wandelt euch durch die Erneuerung des Denkens, durch ein neues Denken, durch eine neue Gesinnung.

Das klingt zunächst merkwürdig. Die Verwandlung des Menschen soll primär dadurch geschehen, daß er neu, daß er anders denkt. Auch hier gilt offenbar: im Anfang war der Logos, ein anderes griechisches Wort für νοῦς.

Eine Verifikation dieses Satzes scheint darin gegeben, daß alle bewegenden, verändernden, revolutionären Bewegungen in der Geschichte der Menschen durch ein neues Denken entstanden sind und durch die darin gewonnene Erkenntnis, Einsicht, Idee. Es gibt dafür kein anschaulicheres Beispiel als das Christentum selbst, aber auch den Islam, die Demokratie oder den Marxismus; sie entsprangen insgesamt einem neuen Denken und sind dessen Überführung in Praxis, in Handeln. Ohne Denken, ohne Theorie kann die Aktion blind werden, ebenso wie – das ist die andere Seite – ein Denken ohne Aktivität, ohne Praxis leer bleibt.

Ein konkretes biblisches Beispiel für diesen Zusammenhang und seine Abfolge ist die im Neuen Testament, vor allem wiederum durch Paulus behandelte Sklavenfrage. An dem *System* als solchen, als damaliger Gesellschaftsstruktur, wird zunächst nichts geändert. Aber ein neues Denken hat innerhalb des christlichen Bereiches das Verhältnis von Herren und Sklaven geändert. Es ist ablesbar an der Formel des Paulus, die alles andere als zynisch ist: „Der Sklave ist ein in Christus Freigewordener, der Freie ist ein Sklave Jesu Christi" (1. Kor. 7,22). Im Zug und in der Wirkung eines solchen neuen Denkens, das im Brief an Philemon einen besonders bewegenden und persönlichen Ausdruck gefunden hat, war auch für das System „Sklaverei" in der Folge kein Platz und kein Recht mehr. Dabei darf allerdings und leider nicht verschwiegen werden, daß der Weg von der Idee zur Praxis ungebührlich lange dauerte, nicht weil das Denken nicht gestimmt hätte, sondern weil sich eben diesem Denken von außen, aber auch innerhalb eines Imperium Christianum allzuviel Widerstände entgegenstellten, die sich ihrerseits theoretisch zu legitimieren suchten. Ähnliches gilt für die Lage der Frau, für die Wertung der Ehe, für die heute wie selbstverständlich anmutenden Menschenrechte, die trotz allgemeiner theoretischer Annahme es mit der praktischen Verwirklichung auch und gerade heute nicht leicht haben.

Wie sehr für die Frage einer Verwandlung und Erneuerung der Welt, einer Verwandlung und Erneuerung der Zustände, die Verwandlung und Erneuerung des Menschen nottut und beim Menschen wiederum die Erneuerung des Denkens, mag ein Wort von Carl Friedrich von Weizsäcker illustrieren. In seinem Buch: „Wege in der Gefahr" (1976) sagt er, eine umfassende Bewußtseinsänderung sei die einzige Möglichkeit, um den der Welt drohenden Katastrophen zu entgehen. Er scheut sich nicht, in diesem Zusammenhang von einer theologischen Anthropologie zu sprechen, also von einer christlichen Lehre vom Menschen, mit deren Hilfe eine solche Bewußtseinsänderung herbeigeführt werden soll.

Solchen Überlegungen seien noch zwei Gedanken hinzugefügt. Dieses neue Denken ist nicht ein einmaliger Vorgang, sondern *ein täglich zu verwirklichender Vollzug.* Nur dadurch bleibt ein solches Denken lebendig und aktiv; nur dadurch kann es gleichsam zu einem Zentrum, zu einer Mitte der Person werden und zur Quelle einer prägenden Kraft. Mit dem täglichen Vollzug, mit der ständigen Beanspruchung des neuen Denkens als Aufgabe ist es wie mit der im Neuen Testament empfohlenen Umkehr, die wir manchmal, aber nicht ganz treffend, mit „Buße" übersetzen, von der Martin Luther in der ersten der 95 Thesen sagte: „Unser Herr Jesus Christus, der gesagt hat: Tuet Buße! hat gewollt, daß das ganze Leben des Christen eine Buße sei."

Das griechische Grundwort dafür heißt μετάνοια; damit ist wieder exakt unser Thema genannt: Metanoia heißt wörtlich Umkehr, Umkehrung, Verwandlung des Denkens, Bemühung um ein neues Denken, um ein Denken in einer neuen Richtung. Das neue Denken, sagt Karl Barth in seiner Erklärung zum Römerbrief, ist die erste, die primäre ethische Forderung. Alles andere Tun steht im Gefolge dieses Ursprungs (411).

Das Neue des neuen Denkens, das Neue der Metanoia, besteht darin, daß das Denken sich von dem Neuen als neuer Wirklichkeit bestimmen und orientieren läßt, also von dem, was Paulus in den ersten elf Kapiteln des Römerbriefs, in seinem Evangelium von Gottes Liebe und Gerechtigkeit dargelegt hat, also von seinem den Menschen erwiesenen begnadenden Tun, das unlöslich mit Jesus Christus, mit dessen Kreuz und Auferstehung verbunden ist und mit all dem, was daraus folgt, so daß der Mensch „in Christus" ein Gerechtfertigter, eine neue Schöpfung geworden ist. Das Denken wird neu, indem es sich der neuen Wirklichkeit Gottes in Jesus Christus öffnet. Die neue Wirklichkeit wirft ein neues Licht auf das Ganze des menschlichen Daseins, auf Leben und Sterben sowie auf das Ganze von Welt und Geschichte.

Damit bekommt auch die Welt insgesamt ein anderes Gepräge und der Mensch bekommt ein anderes Verhältnis zu ihr. Der Christ, der sich dieser Welt nicht angleichen soll, der Nonkonformist zu sein hat, kann die Welt nicht nur neu sehen, er kann und soll sie auch neu gestalten, ihr eine neue Form, ein neues „Schema" geben. Im Grund ist das Neue zugleich das Ursprüngliche: es ist das Verständnis der Welt als „Schöpfung".

IV.

Das neue Denken, das dadurch neu ist, daß es sich auf Gott und sein Tun an uns durch Jesus Christus einläßt, besitzt demgemäß einen größeren Horizont, als ein Denken, das diese alles bestimmende Wirklichkeit, Gott genannt, nicht zur Kenntnis nimmt. So kann man sagen: wer im Sinn des christlichen Glaubens glaubt, denkt weiter, wer glaubt, denkt tiefer, wer glaubt, weiß mehr, sieht mehr. Wie töricht also, zu sagen, Glauben heiße nicht wissen[2]. Es ist ganz konsequent, daß Paulus im Zug dieses Weges und als Ziel dieses neuen Denkens angibt: „Wandelt euch, laßt euer Denken neu werden, auf daß (damit) ihr prüfen und entscheiden könnt, was der Wille Gottes ist, was gut und wohlgefällig und vollkommen."

Das bedeutet: das neue Denken vermag auch zu erkennen, zu prüfen, zu unterscheiden, was der Wille Gottes ist: Der Wille, der sich in seiner Gerechtigkeit und Liebe, in seiner Zuwendung zur Welt in Jesus Christus, in der Tat der Rechtfertigung und der Versöhnung offenbar gemacht hat und der zur Versöhnung mahnt.

Die Erkenntnis des Willens Gottes besagt indes noch mehr. Das neue Denken soll und kann auch und gerade aus der *gegebenen Situation,* aus

---

[2] Vgl. dazu H. Fries, Glauben–Wissen, Berlin 1960; Herausgeforderter Glaube, München 1966; Glaube und Kirche als Angebot, Graz–Wien–Köln 1976.

der jeweiligen geschichtlichen Stunde, in der jeweiligen Konkretheit unseres Lebens erkennen, was Gott uns darin und damit sagen will und was er darin und damit von uns beansprucht. Die Art, wie Gott sich mitgeteilt hat, war die Geschichte: die Geschichte Israels, die in Jesus Christus eröffnete und seitdem in der Welt weiterwirkende Geschichte. Durch die Geschichte will uns Gott etwas sagen, die Geschichte hat Wortcharakter. Sie ist ungleich mehr als das Produkt der ökonomischen Faktoren oder die Geschichte der Klassenkämpfe; die Geschichte ist ein zu sehendes Zeichen, die Geschichte hat eine zu hörende Sprache. Es ist eine Chance und Aufgabe des Christen, die Zeichen der Zeit zu deuten. Daß seine Zeitgenossen zwar die Wetterzeichen, aber nicht die Zeichen der Zeiten zu deuten vermochten, macht Jesus ihnen zum Vorwurf (Mt. 16,3). Das oft zitierte Wort: „vox temporis – vox Dei" – der Ruf der Zeit – der Ruf Gottes, soll gewiß nicht heißen, daß alles, was ist, was geschieht und wie es geschieht, als unmittelbare Verlautbarung Gottes zu verstehen ist, womöglich im Sinn einer göttlichen Rechtfertigung des Geschehenden oder des Geschehenen, aber es soll bedeuten, daß Geschichte mehr ist als alles, „was der Fall ist". Dieses „Mehr", diesen Hintergrund im Blick auf den Willen Gottes durchsichtig zu machen, ist die Möglichkeit und Aufgabe des von Paulus genannten neuen Denkens. Das Zweite Vatikanische Konzil spricht ausdrücklich davon, daß der Kirche allezeit die Pflicht obliegt, „nach den Zeichen der Zeit zu forschen und sie im Licht des Evangeliums zu deuten"[3].

Durch das Achten auf die Zeichen der Zeit, auf das, was Gott durch die Zeit uns sagen, uns als Auftrag seines Willens vermitteln will, wird die Sache des christlichen Auftrags sehr *konkret*. Denn die Geschichte, die Situation, ist sehr konkret und jeweils neu und verschieden; sie verlangt die dadurch gegebene differenzierte und nicht selten plurale Antwort.

In seinem Kommentar zum Römerbrief hat Karl Barth den Vorschlag gemacht, zum Verständnis der Kapitel 12–15 des Römerbriefs sei die Lektüre der Zeitung „dringend zu empfehlen" (411). Denn hier wird von der Zeit, vom Heute berichtet. Dem müßte man hinzufügen: Karl Barth schrieb seinen Römerbrief im Jahre 1918, also bevor es die Nachrichtensendungen des Rundfunks und des Fernsehens gab. Seine Empfehlung wird dadurch nicht eingeschränkt, sondern noch verstärkt.

V.

Was der Wille Gottes heute und konkret sei, wie er uns aus der Gegenwart anfordert und wie er unser Tun bestimmen soll, daß wir tun, was

---

[3] Die pastorale Konstitution über die Kirche in der Welt von heute (Nr. 4).

gut und wohlgefällig und vollkommen ist – darüber wäre im Blick auf das Heute viel zu sagen. Es seien genannt: die Beseitigung der Konflikte, die Verhinderung des Krieges, die Überwindung von Ungerechtigkeit und Gewalttätigkeit, die Versöhnung der Menschen und Völker, die Verwirklichung der Menschenrechte, die Überwindung von Angst, Sinnlosigkeit, Verzweiflung. In all dem sind auch eminent christliche Herausforderungen und Aufgaben genannt. Sowenig diese weltweiten Aufgaben der Zeit nur mit den Motiven und Inspirationen eines neuen Denkens zu lösen sind, sowenig kann man bei dieser Aufgabe darauf verzichten, will man verhindern, daß Ungerechtigkeiten durch neue Ungerechtigkeiten abgelöst werden, daß man, wie es in manchen revolutionären Aufrufen zu lesen war, jetzt tötet, „damit in Zukunft nicht mehr getötet wird", daß man jetzt neue Gefängnisse baut, „damit Gefängnisse auf immer verschwinden".

Die Frage nach dem Willen Gottes heute und nach dem, was gut, wohlgefällig und vollkommen ist als ein Hinweis, der von den Zeichen der Zeit gegeben ist, soll noch in einer bestimmten Weise akzentuiert werden: in der Dimension einer *ökumenischen Fragestellung,* der sich *Wilfried Joest* seit vielen Jahren in nie versagender Treue verpflichtet weiß.

Es war ganz sicher nie der Wille Gottes, es war nie wohlgefällig, gut und vollkommen, sondern immer und genau das Gegenteil von alledem, daß diejenigen, die Jesus Christus als ihren Herrn und Erlöser bekennen, im Glauben nicht verschieden, sondern getrennt sind, in getrennten Kirchen leben, Altar gegen Altar stellen, daß sie ihren Katechismus gegeneinander lernen, daß sie beim Abendmahl getrennt sind, daß sie sich lange Zeit wie Feinde behandelt haben, daß sie Glaubenskriege führten.

Es ist ganz besonders der konkrete Wille Gottes heute, wie er aus den Zeichen der Zeit zu erkennen ist, daß die Christen eins werden, *eins durch Einigung und Anerkennung,* denn die Menschheit strebt ihrerseits nach Einheit durch Einigung. Die gegenwärtige Welt fordert den christlichen Glauben und das Christsein heraus durch Kritik, durch Skepsis, durch Bestreitung, aber auch durch eine geheime Suche und Anfrage nach einer möglichen Sinninstanz, wie sie der christliche Glaube verheißt und anbietet. Gegenüber dieser auf das Ganze und die Mitte des Christseins gehenden Herausforderung im positiven und im kritischen Sinn können die Christen und Kirchen es sich nicht mehr leisten, ihre konfessionellen Unterschiede und Differenzen immer wieder und noch einmal herauszustellen oder hochzuspielen und Tag um Tag zu wiederholen: wir sind noch lange nicht so weit, und diese Feststellung womöglich wie einen Sieg zu feiern. Der Wille Gottes in dieser Zeit verlangt die Einigung der Christen. Denn durch die Spaltung wird das Evangelium Jesu Christi unglaubwürdig und das Bild Jesu entstellt. Was Wunder, wenn man heute Jesus außerhalb der Kirchen sucht und um Jesu willen die Kirchen ablehnt unter dem Schlagwort: Jesus ja, Kirche nein.

Der Wille Gottes will die Einheit derer, die an Jesus Christus glauben, er hat durch die schmerzlichen Erfahrungen einer langen Geschichte in der Christenheit, durch vertiefte Erkenntnisse und durch die Impulse der Gegenwart die Sehnsucht und die Leidenschaft für die Einheit des Leibes Christi, also der Kirche, erweckt.

Diese Erkenntnisse und Erfahrungen dürfen nicht vergessen, diese Sehnsucht darf nicht ausgetrocknet werden, weil unsere Bemühungen enttäuscht werden, weil wir immer wieder und manchmal verstärkt Widerstände und Gegenströmungen spüren[4].

Der Wille Gottes will die Einheit der Christen. Er hat sie durch ein neues Denken ihre größere Gemeinsamkeit erkennen lassen, er hat aus Gegnern und Feinden Brüder und Schwestern gemacht.

Wenn wir fragen: Was ergibt sich aus diesem neuen Denken konkret für die Praxis?, dann heißt die Antwort im Sinn des Römerbriefs: „Nehmet einander an" (15,7), *tut, was eint*. Nicht was eint, sondern was trennt muß sich rechtfertigen. Und wenn noch nicht alles überall gemeinsam getan werden kann, dann ist zu bedenken: Die Parole „Alles oder nichts" ist kein guter ökumenischer Ratschlag.

Das, was wir heute schon überall gemeinsam tun können, ist bereits mehr, als wir oft zu tun imstande sind.

Bei dem großen Ziel der Einheit der Christen und der Kirchen kann es nicht darum gehen, daß eine Kirche die andere absorbiert und daß diese zu kapitulieren hat, daß wir eine uniforme, eine gleichgeschaltete Kirche anstreben – sie hätte keine Chance. Es geht vielmehr darum – und das ist die ökumenische Zielvorstellung –, daß die Kirchen als Konfessionen, die bislang Träger des Getrenntseins waren, zu Trägern einer legitimen Vielfalt von Kirche werden, und daß die so gewordene Vielfalt nicht der Gegensatz, sondern der Ausdruck einer lebendigen Einheit ist, Ausdruck des unerschöpflichen Reichtums Jesu Christi – Gestalt der Kirche Jesu Christi, die in und aus den Kirchen besteht. Die Ökumene soll die Kirchen als Konfessionen nicht aufheben; die Konfessionen sollen und können Ausdruck und Gestalt der Ökumene sein[5].

Wir sind noch nicht so weit. Aber wir sind auf dem Weg dazu. Wichtig ist nur, daß wir auf diesem Wege bleiben, daß wir uns das Ziel des Weges vor Augen halten und daß wir auf dem Weg nicht müde werden.

---

[4] Vgl. Unsere Hoffnung. Ein Bekenntnis zum Glauben unserer Zeit. Gemeinsame Synode der Bistümer in der Bundesrepublik Deutschland. Offizielle Gesamtausgabe I, Freiburg–Basel–Wien 1976, 85–111; hier 108.

[5] Vgl. H. Fries, Ökumene statt Konfessionen? Das Ringen der Kirche um Einheit, Frankfurt a.M. 1977.

Johannes Brosseder

Die Anerkennung der Katholizität der Confessio Augustana und ihre ekklesiologischen Implikationen

Historische und fundamentaltheologische Probleme

Das Thema „Kirche" gehört seit langem zu einem der wichtigsten Kapitel katholischer Fundamentaltheologie[1]. Insofern mit der Frage der Anerkennung der Katholizität der Confessio Augustana durch die katholische Kirche seitens des Lutherischen Weltbundes die Erwartung verbunden wird, die Anerkennung würde „den Weg für eine Form der Gemeinschaft zwischen der römisch-katholischen und der lutherischen Kirche" öffnen, „in der beide Kirchen ... die Entwicklung zur vollen kirchlichen Gemeinschaft als Schwesterkirchen fördern"[2], ist ein wichtiges Stück des Themas „Kirche" selbst angesprochen[3]. Daher sei es ge-

---

[1] Vgl. nur A. Lang, Fundamentaltheologie Bd. I: Die Sendung Christi, München ²1957; Bd. II: Der Auftrag der Kirche, München ²1958, hier Bd. II, in welchem S. 3–20 die fundamentaltheologische Behandlung des Themas Kirche von der dogmatischen unterschieden wird; S. 19f. ist die wichtigste ältere fundamentaltheologische Literatur über das Thema Kirche verzeichnet. Bei der Erörterung des Nachweises, daß die katholische Kirche die einzig wahre Kirche Jesu Christi ist, nahm die vorkonziliare Fundamentaltheologie immer auch Stellung zu den anderen „christlichen Gemeinschaften" (Lang, II, 149–191, besonders 173–178; der Begriff „christliche Gemeinschaften", II, 171 u. ö.). Ausdrücklich sei bemerkt, daß der Rekurs auf Lang nur belegen soll, daß die Auseinandersetzung mit den anderen Kirchen, was deren Kirchlichkeit betrifft, ein wichtiger Bestandteil der alten Fundamentaltheologie gewesen ist. Daß sich inhaltlich seit dem II. Vaticanum fast sämtliche Perspektiven dieses klassischen Traktats radikal gewandelt haben, ist hinreichend bekannt; siehe nur H. Fries, Aspekte der Kirche, Stuttgart 1963; Ders., Wandel des Kirchenbildes und dogmengeschichtliche Entfaltung, in: MySal IV (1972) 223–285; Ders., Glaube und Kirche als Angebot, Graz–Wien–Köln 1976; Ders., Ökumene statt Konfessionen? Das Ringen der Kirche um Einheit, Frankfurt am Main 1977.

[2] H. Meyer, H. Schütte, in: H. Meyer,-H. Schütte,-H.-J. Mund (Anm. 4), 11–16, hier 13 Anm. 17.

[3] W. Pannenberg, in: Meyer-Schütte-Mund (Anm. 4), S. 21: „Das heutige katholische Selbstverständnis würde sich aber durch eine Anerkennung der Katholizität der Augsburger Konfession in einer für die protestantische Seite höchst bemerkenswerten Weise bekunden."

stattet, in diesen fundamentaltheologischen Sammelband, der Professor D. Wilfried Joest, dem sich der Verfasser in vieler Hinsicht dankbar verbunden weiß, gewidmet wird, das im folgenden zu behandelnde Thema einzubringen.

Die Fragestellung, ob die katholische Kirche von heute die Katholizität der Confessio Augustana (CA) amtlich anerkennen könne, hat in den letzten Jahren auf evangelischer und katholischer Seite eine lebhaft geführte Augustana-Debatte entfacht[4]. Die noch junge Geschichte dieser Debatte ist schon mehrfach dargestellt worden; die Erinnerung an Friedrich Heiler[5] (1930) ist dabei wesentlich stärker im Blick als diejenige an Max Lackmann[6] (1959), die beide auf die Katholizität der CA als ein ökumenisch erstrangiges Thema mit allem Nachdruck aufmerksam gemacht haben. In der Debatte selbst ist eine Fülle von Einzelfragen erörtert worden; die Fragen erstrecken sich auf wichtige inhaltliche Aussagen der CA. Die meisten katholischen Beiträge kommen dabei zu dem Ergebnis, daß das, was in der CA steht, entweder inhaltlich in Übereinstimmung mit dem katholischen Glaubensverständnis steht oder mit ihm in Übereinstimmung gebracht werden kann, oder ihm jedenfalls nicht notwendig widersprechen muß[7]. Dieser Meinung schließe ich mich ausdrücklich an.

Die Autoren sind sich bei dieser Feststellung selbstverständlich der Tatsache bewußt, daß die CA die weitere katholische Lehrentwicklung (Konzil von Trient, das Mariendogma von 1854, die Dogmen des I. Vatikanischen Konzils, das Mariendogma von 1950 sowie das II. Vatikanische Konzil) noch nicht im Blick haben konnte. Dies bedeutet, daß die

---

[4] Siehe die Bibliographie der wichtigsten Veröffentlichungen bei H. Grote, Die Augustana-Debatte und die Wiedergewinnung einer Bekenntnisschrift, in: MD 29 (1978) 26–34, hier 26f. Eigens erwähnt sei der von H. Meyer, H. Schütte, H.-J. Mund herausgegebene Sammelband: Katholische Anerkennung des Augsburgischen Bekenntnisses? Ein Vorstoß zur Einheit zwischen katholischer und lutherischer Kirche. Mit Beiträgen von W. Pannenberg, H. Schütte, H. Dietzfelbinger, V. Pfnür, H. Meyer, H. Döring, V. Vajta, P. Brunner, H. Jorissen, W. Kasper (Ökumenische Perspektiven 9), Frankfurt am Main 1977. – Später erschienene Artikel: Confessio Augustana. Mit Beiträgen von E. Iserloh, G. Kretschmar, P. Manns, H. Meyer, H. Schütte, W. Lohff, P.-W. Scheele, W. Pannenberg, in: Zur Debatte. Themen der Katholischen Akademie in Bayern 8 Nr. 4 (Juli/August 1978) 1–8 (Auszüge aus den bisher unveröffentlichten Referaten, die auf einer gemeinsamen Tagung der Evangelischen Akademie Tutzing und der Katholischen Akademie in Bayern gehalten worden sind). Ferner: H. Fries, Katholische Anerkennung des „Augsburger Bekenntnisses"?, in: Stimmen der Zeit 196 (1978) 467–478; A. Basdekis, Eine Grundlage für die Einheit. „Katholische" Anerkennung der Confessio Augustana aus orthodoxer Sicht, in: KNA-ÖI Nr. 23 v. 7. 6. 1978 u. Nr. 24 v. 14. 6. 1978.

[5] F. Heiler, Die Katholizität der Confessio Augustana, in: Die Hochkirche 1930, 6f.

[6] M. Lackmann, Katholische Einheit und Augsburger Konfession, Graz–Wien–Köln 1959, vor allem 63ff., 92ff., 105ff.

[7] Siehe den in Anm. 4 zitierten Sammelband von Meyer-Schütte-Mund.

ökumenische Diskussion über die katholische Lehrentwicklung seit der Reformationszeit durch eine katholische Feststellung der Katholizität der CA – ebenso selbstverständlich – als noch nicht erledigt betrachtet werden kann; auch ist eine ökumenische Beschäftigung mit der evangelischen Bekenntnisentwicklung seit der CA (Bekenntnisschriften der Reformationszeit, Barmen, Leuenberger Konkordie) durch eine katholische Anerkennung der Katholizität der CA keineswegs überflüssig geworden. Für dieses zu führende ökumenische Gespräch ist, was z. B. das Herrenmahl betrifft, von Bedeutung, daß die gegenwärtige katholische Kirche – jedenfalls in der Praxis – mehr auf dem Boden der CA steht als die Kirchen, in denen die CA auch heute grundlegendes amtliches Bekenntnis ist[8]. Mit dieser nicht werten wollenden Feststellung sei im Zusammenhang mit dem soeben Erörterten das Problem einer sehr komplexen Verschiebung und Veränderung der zwischenkirchlichen Gesprächslage in Lehre und Praxis der jeweiligen Kirchen von heute gegenüber der der Reformationszeit genannt, die für die Frage nach einer Anerkennung der Katholizität der CA durch die katholische Kirche insofern nicht bedeutungslos ist, als mit dieser Anerkennung die Erwartung verknüpft wird, daß dadurch das gegenwärtige ökumenische Gespräch auf eine ganz neue Basis gestellt würde[9], ja sogar die Feststellung der Katholizität der Kirchen Augsburgischen Bekenntnisses und ihre Anerkennung als Schwesterkirchen möglich würde[10].

Ich möchte im folgenden einige mir wichtig erscheinende Gesichtspunkte der bisherigen Augustana-Debatte herausgreifen und diese unter Fragestellungen diskutieren, die m. E. bisher noch zu wenig erörtert oder in ihrem Gewicht katholischerseits zu gering veranschlagt worden sind. Des weiteren möchte ich aber auch eine Fragestellung besprechen, die bisher m. W. noch nicht gesehen wurde.

I. Der Bezug der CA zu den übrigen lutherischen Bekenntnisschriften

In den Verfassungen der lutherischen Kirchen steht die CA – von den sehr kleinen lutherischen Kirchen Frankreichs und Italiens abgesehen, die nur die CA als Grundlage ihres Bekenntnisses kennen – in aller Regel (allerdings mit unterschiedlicher Reichhaltigkeit) im Kontext der üb-

---

[8] Vgl. auch die Kritik Pannenbergs und H. Dietzfelbingers an der Praxis der evangelischen Kirche, in: Meyer-Schütte-Mund, 21.
[9] W. Pannenberg, in: Meyer-Schütte-Mund, 25 und 58 f.
[10] Vollversammlung des Lutherischen Weltbundes in Dar-es-Salaam (13. bis 26. 6. 1977) in: Meyer-Schütte-Mund, 13 Anm. 7.

rigen lutherischen Bekenntnisschriften[11]. CA und Luthers kleiner Katechismus werden – abgesehen jetzt von dem Problem der indonesischen Batak-Kirche – als die eigentlich normativen Bekenntnisformulierungen angenommen, die übrigen Bekenntnisschriften, sofern sie überhaupt genannt werden, als deren Auslegung, die aber vielfach als weitere gültige Interpretation des Bekenntnisses der Kirche angenommen werden. Ganz offensichtlich steht die CA sachlich in einem so engen Verhältnis zu den übrigen Bekenntnisschriften, daß sie nicht von jenen zu trennen ist[12]. Dies hat ebenso offensichtlich seinen Grund darin, daß – mit Heinrich Bornkamm – die CA allein nicht als ausreichende Darstellung der reformatorischen Lehre angesehen werden kann, weil für damals besonders heikle Fragen in ihr verschwiegen werden (vgl. Papst, Fegefeuer); es müßten, so Bornkamm, mindestens noch die Apologie und der Tractatus de potestate ac primatu papae Melanchthons sowie Luthers Schmalkaldische Artikel hinzugenommen werden[13]. Wenn nun die CA als *grundlegend,* die zuletzt genannten aber als *Auslegung* – die Konkordienformel verstand sich auch selbst als Auslegung der CA und deren Apologie, fügt aber hinzu, daß in Luthers Schmalkaldischen Artikeln die CA wiederholt und weiter erklärt wird[14] – betrachtet werden müssen, dann stellt sich die Frage, wie etwas als *Auslegung* verstanden werden kann, was in dem *Auszulegenden* überhaupt nicht enthalten ist. Anders gesagt: etwas, was in einem grundlegenden Text nicht enthalten ist, kann nicht in einem späteren Dokument ausgelegt, es kann lediglich ergänzt und hinzugefügt werden. Will man also – und darin gipfelt ja die katholische Beurteilung der CA – die CA als katholisch anerkennen bzw. anerkannt haben, dann muß man doch feststellen, daß für das katholische Glaubensverständnis in der Reformationszeit in der CA The-

---

[11] Siehe die knappe Zusammenstellung bei V. Pfnür, in: KNA-ÖI Nr. 35 vom 31. 8. 1977, 6.

[12] Mit allem Nachdruck hat H. Meyer auf diesen engen Zusammenhang aufmerksam gemacht, in: Meyer-Schütte-Mund, 88–92; „Die CA als kirchliches Bekenntnis ist, was sie ist, immer nur in Beziehung zu den anderen lutherischen Bekenntnisschriften" (ebd. 90); die hier sich stellenden Probleme sind bisher katholischerseits in ihrem Gewicht für die Frage der Anerkennung der Katholizität der CA viel zu wenig berücksichtigt worden; nicht berücksichtigt wurde bisher in der katholischen Diskussion die von Meyer getroffene Differenz „zwischen der CA von 1530 und der CA, die zum kirchlichen Bekenntnis wurde und mit dem die lutherischen Kirchen seither gelebt haben und leben" (ebd. 83); Meyer fügt dieser Feststellung an: „Wird dieser geschichtliche Abstand nicht ernsthaft berücksichtigt, so besteht die akute Gefahr, daß die CA gerade nicht zum Treffpunkt wird, sondern daß nur eine Scheinbegegnung stattfindet, man sich aber in Wirklichkeit erneut und tragisch verfehlt" (ebd.).

[13] H. Bornkamm, in: RGG I (^{3}1957) 735f.

[14] BSLK, 836.

men fehlen (bzw. viel zu undeutlich artikuliert werden), die nun einmal zu einer Darstellung des katholischen Glaubensverständnisses gehören und um die gerade damals gerungen wurde, die im Bekenntnis aber nicht genannt werden. Die CA allein stellt also – zusammenfassend – weder das reformatorische noch das katholische Glaubensverständnis „korrekt" dar.

Ein weiteres Problem sei genannt. Edmund Schlink hat mit allem Nachdruck darauf aufmerksam gemacht[15], daß in den Bekenntnisschriften die *eine* Lehre der Kirche enthalten ist; die Bekenntnisschriften sind die „Stimme der Kirche"[16]. Bei der Interpretation der einen Lehre der Kirche ist es nun keineswegs so, daß die CA der Maßstab des Evangelisch-Lutherischen Bekenntnisses ist, von dem her alle anderen Bekenntnisse der Lutherischen Kirche zu deuten sind; dies wäre dann erforderlich, wenn die übrigen lutherischen Bekenntnisschriften in einem strikten Sinn Auslegung der CA wären. Zumindest für Edmund Schlink interpretieren sich jedoch die im Konkordienbuch zusammengefaßten Bekenntnisschriften wechselseitig. Dabei sind zwei Dinge wichtig: 1. „Alle reformatorischen Bekenntnisschriften des Konkordienbuches wollen Auslegung der altkirchlichen trinitarischen Bekenntnisse sein, am deutlichsten die beiden Katechismen als Auslegung des Apostolicums"[17] und 2. „die lutherischen Bekenntnisschriften haben nicht nur eine unterschiedliche theologische Begrifflichkeit, sondern gelegentlich auch Lehraussagen, die einander widersprechen. Man denke z.B. an die Aussagen über die Zahl der Sakramente oder auch über den Papst. Spätere Bekenntnisschriften sind nicht nur Interpretation, sondern gelegentlich auch Korrektur der früheren"[18]. Es ist zu beachten, daß die Kirche hierbei – nach Edmund Schlink – sich nicht der Aufgabe entziehen kann, „den Konsens ihrer Bekenntnisschriften zu hören, da die Bekenntnisschriften in ihrem Consensus die Kirche verpflichten"[19]. Dieser Konsens kommt jedoch nicht dadurch zustande, daß das ganze Bekenntnis der Kirche in den Lutherischen Kirchen von der CA her interpretiert wird, sondern auch so, daß wesentliche Elemente der Lehre der Kirche von späteren Bekenntnissen her interpretiert werden; die CA wird also durchaus auch im Lichte späterer Erkenntnisse interpretiert. Edmund Schlink schreibt: „So setzt z.B. die folgende Darstellung (Schlinks Darstellung der Theologie der Lutherischen Bekenntnisschriften) der Lehre von den Sakramenten bewußt ein bei den Katechismen Luthers und interpretiert von hier aus die Aussagen der Augsburgischen Konfession und ihrer Apologie. Denn die Kirche des Augsburgischen

---

[15] E. Schlink, Theologie der lutherischen Bekenntnisschriften, München ²1946, 5–22.
[16] Ebd. 14.
[17] Ebd. 17.   [18] Ebd.   [19] Ebd. 19.

Bekenntnisses hat von Anfang an dessen Sakramentslehre im Zusammenhang der Theologie *Luthers* und nicht der melanchthonischen Besonderheiten verstanden."[20] Die Bedeutung des Verhältnisses von Luther zu Melanchthon und umgekehrt ist also für die Interpretation der einzelnen Bekenntnisschriften in Hinsicht auf die Feststellung der Lehre der Kirche – zumindest nach der Meinung Edmund Schlinks – nicht nebensächlich, sondern ganz offensichtlich fundamental. Doch dazu weiter unten.

Nun hat Kardinal Joseph Ratzinger darauf hingewiesen, daß gerade durch eine Anerkennung der Katholizität der CA die katholische Kirche dokumentieren könnte, daß sie nicht auf die Auflösung der Bekenntnisse und auf die Zersetzung des Kirchlichen im evangelischen Raum setzt, sondern ganz umgekehrt auf die Stärkung des Bekenntnisses und der ekklesialen Wirklichkeit hofft[21]. Dem ist selbstverständlich zuzustimmen. Die Frage ist nur, ob dieses durch eine vom katholischen Lehramt auszusprechende Anerkennung der CA als katholisch erreicht wird. Die aufgrund des katholischerseits nicht hinreichend artikulierten systematischen Zusammenhangs der CA zu den übrigen lutherischen Bekenntnisschriften faktisch vollzogene Isolierung der CA von den übrigen Bekenntnisschriften scheint mir eher jene Tendenz zu fördern, die sie eigentlich verhindern will. Denn wenn man schon – mit Recht – an die gemeinschaftlich-kirchliche Gestalt (Ratzinger) bei der Suche nach Kircheneinheit anknüpfen will, dann kann man von katholischer Seite nicht eine ,,Auswahl" aus den reformatorischen Bekenntnisschriften treffen – und dies täte man, würde man sich ein Urteil über die Katholizität nur der CA verschaffen; eine ,,Auswahl" aber wäre es deshalb, weil, wie schon festgestellt, wichtige andere Bekenntnisschriften nicht nur Auslegung, sondern auch Hinzufügung zur CA bzw. Korrektur an ihr sind und gerade so mit zur Grundlage der gemeinschaftlich-kirchlichen Gestalt gehören, mit der die Kirchengemeinschaft gesucht wird. Es ist in diesem Zusammenhang aber bemerkenswert, daß Wolfhart Pannenberg das ,,Auswahlverfahren" – oder wie auch immer das Gemeinte genannt werden mag – seitens der katholischen Kirche nicht für illegitim zu halten scheint, wenn er in einer Frage zu bedenken gibt, ob sich nicht die Anerkennung der Katholizität der CA auf die ersten 21 Artikel der CA zu beschränken hätte, für die dieser Anspruch ja auch in erster Linie in der CA selbst erhoben wird[22].

---

[20] Ebd. 18.
[21] J. Ratzinger, Prognosen für die Zukunft des Ökumenismus, in: epd-Dokumentation Nr. 14/77 vom 4. 4. 1977, 41.
[22] W. Pannenberg, in: Meyer-Schütte-Mund, 24.

Das hier genannte Problem bleibt bestehen, auch wenn die in den übrigen Bekenntnisschriften stark akzentuierten Gegensätze zwischen Lutheranern und Katholiken heute nicht mehr die Kirchen trennen müssen, weil die heutigen Partner zu lernen beginnen, Wege zu gehen, die diesen Differenzen ihren kirchentrennenden Charakter nehmen[23]. Da die damaligen Partner das aber noch nicht sehen konnten, soll man deshalb die Konsequenz ziehen, nur die CA anzuerkennen, in der die Gegensätze so nicht zur Sprache kommen? Wäre es dann nicht konsequenter, aufgrund des Zusammenhangs der Bekenntnisschriften die grundsätzliche Katholizität *des* evangelischen Bekenntnisses anzuerkennen? Weil das aber derzeit von katholischer Seite noch nicht angestrebt wird, bleibt die Herauslösung der CA aus dem Corpus der Bekenntnisschriften mehr als problematisch.

II. Der Bezug der CA zur Theologie Martin Luthers

Kardinal Ratzinger macht im Zusammenhang seiner Überlegungen zur Anerkennung der Katholizität der CA darauf aufmerksam, daß „natürlich vor allem die Frage geklärt werden" müßte, „welche Bedeutung der Theologie Luthers im Verhältnis zu den Bekenntnisschriften zukommt", um im unmittelbaren Anschluß daran festzustellen, daß alles andere unsicher bleibe, solange darüber nicht eine einigermaßen allgemein anerkannte Aussage gefunden ist[24]. Zu der Frage des Verhältnisses der CA zur Theologie Luthers ist unter katholischen Theologen – unter jeweiliger möglicher Berufung auf namhafte evangelische Autoren – eine Kontroverse ausgebrochen[25]. Die Disputanten sind in der Hauptsache Peter Manns einerseits und Vincent Pfnür und Heinz Schütte andererseits. Um was geht es in dieser Auseinandersetzung? Die eine Seite (Pfnür/Schütte) sieht in der CA den Maßstab[26] des Evangelisch-Lutherischen, die kirchlich-öffentliche Seite des „Lutherischen" also, dem gegenüber Luthers Theologie *eine,* wenn auch bedeutende, private neben vielen anderen ist. Heinz Schütte kann von Dar-es-Salaam berichten: „Bei aller Bedeutung Luthers für die Theologie und Lehre des Luther-

---

[23] Vgl. Gemeinsame römisch-katholische/evangelisch-lutherische Kommission, Das Herrenmahl, Paderborn–Frankfurt am Main 1978.
[24] J. Ratzinger (Anm. 21), 43 Anm. 8.
[25] P. Manns, Zum Vorhaben einer „katholischen Anerkennung der Confessio Augustana": Ökumene auf Kosten Martin Luthers?, in: ÖR 26 (1977) 426–450; Manns setzt sich hier vor allem mit Pfnürs Beitrag (jetzt auch in: Meyer-Schütte-Mund, 60–81) auseinander; H. Schütte, Anerkennung der Confessio Augustana als katholisch?, in: ÖR 27 (1978) 22–35; V. Pfnür, Ökumene auf Kosten Martin Luthers?, in: ÖR 27 (1978) 36–47.
[26] V. Pfnür, in: Meyer-Schütte-Mund, 64.

tums wurde betont, daß allein die Bekenntnisschriften für Lehre und Praxis des Luthertums verbindliche Geltung haben."[27] Selbst wenn diese Verhältnisbestimmung in den lutherischen Kirchen allgemein akzeptiert sein sollte, so muß aber doch festgehalten werden, daß in diesem Wort noch keineswegs der Vorrang der CA innerhalb des Gefüges der Bekenntnisschriften dergestalt bestimmt ist, daß ihr die Funktion des Maßstabes des Evangelisch-Lutherischen zukommt. Das Zitat belegt m. E. nicht mehr, als daß das gesamte Bekenntnis der Kirche den Vorrang vor der Theologie Luthers hat.

Abgesehen von dem zuletzt genannten Problem ist aber die Redeweise von der CA als Maßstab des Evangelisch-Lutherischen auch noch in weiterer Hinsicht problematisch. Auf einige – zunächst historische – Implikationen, die hiermit gegeben sind, hat Peter Manns aufmerksam gemacht: Zunächst einmal würde dies bedeuten, daß nicht mehr Luther, sondern Melanchthons CA die Last der Bestimmung dessen übertragen wird, was als reformatorisch zu gelten hat. Die CA würde nicht an Luthers Theologie, sondern Luther müßte an der CA gemessen werden. Wenn man das ganze Ausmaß dieser Bestimmung sich vor Augen hält, dann müßte eigentlich die gesamte Kirchen- und Theologiegeschichte der ersten Hälfte des 16. Jahrhunderts neu geschrieben werden. Zwar sollte man diese Konsequenz nicht scheuen, wenn sie erforderlich ist, aber ob sie erforderlich ist, das ist doch wohl noch strittig. Die Urheberschaft für die Bestimmung des Wesentlich-Christlichen in reformatorischer Perspektive müßte dann nicht mehr Luther, sondern Melanchthon zugeschrieben werden. Luther wäre in dieser Perspektive zwar ein sicherlich bedeutender, aber eben doch lediglich ein Vorläufer oder Vorbereiter der „Reformation". Peter Manns sieht in einer solchen Verhältnisbestimmung eine Melanchthonisierung Luthers, und er sieht insgesamt in dem Vorhaben, die Katholizität der CA durch die katholische Kirche anzuerkennen, eine Ökumene auf Kosten Luthers wachsen, die in einer Ökumene ohne Luther enden werde[28]. Manns formuliert seine

---

[27] In: KNA-ÖI Nr. 26. v. 29. 6. 1977, 10.

[28] Sowohl Schütte wie auch Pfnür wollen selbstverständlich keine Ökumene ohne Luther oder gegen ihn. Wie sie dieser Gefahr aber methodisch entgehen wollen, ist mir trotz den Ausführungen Pfnürs (ÖR 27 [1978] 36–47) nicht hinreichend deutlich geworden; die Befürchtungen von Peter Manns sind mir eher bestätigt als widerlegt, wenn man Pfnürs zu schematisch gezeichneten Ablauf des Geschehens der Reformation liest (in: Meyer-Schütte-Mund, 64 f. und in ÖR 27 [1978] 39 f.). Ferner scheint mir hinter der bei Pfnür und Schütte (unter möglicher Berufung auch auf evangelische Autoren) so stark betonten Gegenüberstellung von kirchlich(-öffentlicher) Lehre (CA) und privater Theologie (Luther) ein zu starres Kirchenbild zu stehen. Wer das Glaubensbewußtsein der Gläubigen in den evangelischen Kirchen, auch in ihren Theologien, mehr geprägt hat – Luther oder die CA –, das dürfte ja wohl noch nicht eindeutig zugunsten der CA entschieden sein! Das Glaubensbewußtsein der Gläubigen (oder auch das, was H. Meyer [Anm. 12] „gelebte'

engagiert vorgetragenen Thesen auf dem Hintergrund der Äußerungen Luthers zur CA, die auf den ersten Blick unterschiedlich und gegensätzlich sind, die aber – auch in dem gelegentlichen Lob (?) – nicht gerade in Richtung einer übergroßen Sympathie für die CA zu verlaufen scheinen. Aus Luther eine so positive Zustimmung zur CA herauszulesen, wie es Pfnür versucht hat, ist problematisch und bedarf einer eingehenden Untersuchung, die von Manns angekündigt worden ist.

Es sei aber noch auf ein anderes Problem hingewiesen: die moderne katholische Lutherforschung[29], ihrerseits, grob gesprochen, auf zwei Lager verteilt, hie Lortz-Schule, dort „die Ökumeniker" und „Systematiker", hat ein gemeinsames Anliegen, nämlich durch gründliche Erforschung von Leben und Werk Martin Luthers zu einer möglichst objektiven Beurteilung Luthers zu gelangen, seine Theologie für das eigene theologische Denken fruchtbar zu machen, und die Kraft seines gelebten Glaubens einzubringen in die katholische Kirche, um auf diesem Weg zu einer Annäherung der getrennten Kirchen beizutragen mit dem Ziel, die Trennung der Kirchen zu überwinden. Die katholische Lutherforschung hat auf diesem Weg für das zwischenkirchliche Gespräch höchst bedeutsame Ergebnisse erzielt, die in sehr hohem Maße mit dazu beigetragen haben, daß die katholische Kirche, schon lange einer Erneuerung bedürftig, dazu auch fähig geworden ist. Selbstverständlich hat die katholische Lutherforschung diese ihre Ergebnisse nur im engen Konnex mit der bedeutenden evangelischen Lutherforschung erzielen und ohne diese die ihrigen nicht erreichen können. In den erzielten Ergebnissen ist immerhin hinreichend deutlich zum Ausdruck gebracht, daß die Grundanliegen der Theologie Luthers selbst Anliegen auch der katholischen Theologie sein können und vielfach sind[30].

Luthers Rechtfertigungslehre und deren unmittelbare Konsequenzen für ein sachgerechtes Verständnis des Abendmahls sind heute nicht mehr Gegenstand der Kontroverse, sondern können gemeinsam bezeugt werden[31]. Hier war für Luther der articulus stantis et cadentis ecclesiae

---

CA" in Differenz zur CA nennt) ist ja schließlich selbst in der katholischen Ekklesiologie von heute ein unverzichtbares Datum geworden. Sollen nun im Gespräch mit der evangelischen Kirche von katholischer Seite die evangelischen Gläubigen in ihrem Glaubensbewußtsein (als konstitutives Element der Kirche) ausgeschlossen sein und nur noch als dankbare Empfänger amtlich verordneter Doktrin verstanden werden dürfen?

[29] Siehe den Überblick bei O. H. Pesch, Zwanzig Jahre katholische Lutherforschung, in: LR 16 (1966) 392–406; ferner Heft 10 der Zeitschrift „Concilium" 12 (1976).

[30] H. Fries, Die Grundanliegen der Theologie Luthers in der Sicht der katholischen Theologie der Gegenwart, in: Wandlungen des Lutherbildes (Studien und Berichte der Katholischen Akademie in Bayern 36), Würzburg 1966, 157–191.

[31] O. H. Pesch, Theologie der Rechtfertigung bei Martin Luther und Thomas von Aquin. Versuch eines systematisch-theologischen Dialogs, Mainz 1967.

gegeben. Da die Kontroverse in der Rechtfertigungslehre in der Sache als überwunden gelten kann, ist auch eine Verständigung über andere noch offene Fragen in greifbare Nähe gerückt; nicht ausgenommen davon sind auch und gerade die kirchenkritischen Anfragen der Theologie Luthers, bei denen immerhin eine Reihe von Theologen keine solchen Schwierigkeiten mehr sieht, daß diese Schwierigkeiten nicht prinzipiell lösbar wären.

Die Lutherforschung ist hier deshalb erwähnt, um darauf aufmerksam zu machen, daß der Begriff des Reformatorischen unlösbar in den Kontext der Theologie Luthers gehört. Der Begriff „reformatorisch" ist bisher in der Forschung im Zusammenhang der Frage nach Luthers reformatorischer Wende diskutiert worden, ohne daß bisher geklärt ist, was unter ihm näherhin präzis zu verstehen sei. Über die Fülle der hier anstehenden Probleme und über die Fülle der dazu geschriebenen Beiträge hat Otto Hermann Pesch in seinem Beitrag „Zur Frage nach Luthers reformatorischer Wende" einen Forschungsbericht erstellt, der von außerordentlichem Gewicht ist[32]. In der gesamten Literatur, die zu Luthers reformatorischer Wende erschienen ist, ist, wenn ich nichts übersehen habe, kein Autor auf die Idee gekommen, den Maßstab dessen, was als reformatorisch zu gelten hat, der CA zu entnehmen, um daran dann das Reformatorische der Theologie Luthers zu bestimmen. Hier verhält es sich doch genau umgekehrt: ohne Luthers „reformatorische" Theologie und den dieser vorausgehenden „reformatorischen Durchbruch" – worin auch immer dieser im einzelnen gesehen wird – hätte es 1530 ganz sicher keinen Augsburger Reichstag und keine CA gegeben. Man kann also nicht Luther von der CA her lesen, sondern man muß wohl, wenn man die Mitte und den Maßstab des Reformatorischen sucht, die CA – zumindest auch – auf dem Hintergrund der Grundanliegen der Theologie Luthers lesen, will man sie sachgerecht als reformatorisch und in ihrem Anspruch als katholisch verstehen. Erst auf diesem Hintergrund wird man auch des eigenständigen Beitrags Melanchthons zur „Reformation" ansichtig, eines Beitrags, der deswegen hier nicht geringer eingeschätzt wird, sondern der durchaus seine eigene Leuchtkraft behält, auch wenn er in mancher unausgeglichenen Spannung zur Theologie Luthers steht. Anders und sehr abgekürzt gesagt: Luthers Wahrheitsliebe und Melanchthons Einheitsliebe zusammen machen erst den – jedenfalls für einen Katholiken – inneren Reichtum der Reformation aus und können in dieser Verbindung auch erst ihren grundsätzlichen Anspruch auf Katholizität erheben, eine Katholizität, die als ganze eine offene Frage auch an die Kirche ist, die sich katholisch nennt und dieses

---

[32] O. H. Pesch, Zur Frage nach Luthers reformatorischen Wende, in: Der Durchbruch der reformatorischen Erkenntnis bei Luther, hrsg. v. B. Lohse, Darmstadt 1968, 445–505.

auch sein will. Es ist ja durchaus nicht so, daß nur die CA eine Frage stellt, die in der Reformationszeit in gewissem Sinne offen geblieben ist, sondern ebenso und noch weit mehr die Theologie Luthers, auch und gerade da, wo diese ihre Stacheln hat.

Es sei noch auf ein weiteres Problem bei der Frage nach dem Verhältnis der CA zur Theologie Luthers hingewiesen. Noch einmal sei angeknüpft an die von Pfnür aufgestellte These, daß Maßstab des Reformatorischen die CA zu sein hat. Hier entsteht ein weiteres Problem, das mitbedacht werden muß, wenn diese These so richtig wäre. Die Anerkennung der Katholizität der CA würde, in diesem Zusammenhang gesehen, der Theologie Luthers die Verantwortung für die Kirchenspaltung aufbürden, den Versuch der Wahrung der Einheit und des Nachweises der Übereinstimmung mit der Lehre der alten Kirche aber allein Melanchthon und seinem Theologenteam zusprechen. Hier scheint dann doch übersehen zu werden, daß ja auch Luther auf „fundamentale Übereinstimmungen" aus ist, nämlich auf solche mit der Schrift und dem diese auslegenden altkirchlichen Dogma. Es kann selbstverständlich kein Zweifel bestehen, daß Luther wie auch seine „papistischen" Kontrahenten dem Thema der Einheit der Kirche nicht die gleiche theologische Aufmerksamkeit entgegengebracht haben, die sie anderen Fragen entgegenbrachten. Von heute aus gesehen wird man sagen müssen, daß die Einheit der Kirche von beiden Seiten leichtfertig aufs Spiel gesetzt wurde. Andererseits ist die damalige Haltung Luthers wie auch seiner Kontrahenten insofern verständlich, als beide Seiten damals der Überzeugung waren, es handle sich um echte fundamentale Glaubensgegensätze, während Melanchthon am Schluß des 1. Teils der CA schreibt: „Tota dissensio est de paucis quibusdam abusibus." Dieser Satz spiegelt sicher Melanchthons damalige Ansicht, was auch dadurch unterstrichen wird, daß Melanchthon sogar während des Reichstages bereit war, die Reformation auf die Frage nach Priesterehe und Laienkelch zu reduzieren[33]. Mit Recht bemerkt Heinrich Bornkamm, daß der zitierte Satz Melanchthons einfach nicht wahr ist. Man braucht bloß an die Ablaßthesen, an die Bannung Luthers, an die Gespräche Luthers mit Eck und Cajetan, an seine großen Reformationsschriften des Jahres 1520, an seine Auseinandersetzung mit Latomus und an De servo arbitrio zu erinnern, um zu sehen, daß es hier – aus der damaligen Sicht gesprochen – nicht bloß um wenige Mißbräuche geht. Schließlich ist auch der Bann über Luther – aus damaliger Sicht – nicht bloß wegen eines Streits um einige Mißbräuche verhängt worden. Wenn man dies feststellt, heißt das selbstverständlich noch lange nicht, daß die katholische Kirche ihr damaliges Urteil über Luther aufrechterhalten müßte. Hier hat ja gerade

---

[33] Belege bei P. Manns (Anm. 25), 440.

auch die katholische Lutherforschung mit aller nur wünschenswerten Deutlichkeit die große Schuld herausgestellt, die die damalige Theologie und Kirche u. a. auch mit ihrer Behandlung Luthers auf sich geladen hat, eine Schuld, die jetzt auch amtlich eingestanden ist und in der Bitte um Vergebung mündete, wobei gleichzeitig die Bedeutung Luthers für alle Christen hervorgehoben wurde[34]. Es kann also die CA letztlich doch nur sachgerecht im Zusammenhang mit der Theologie Luthers gelesen und verstanden werden und in diesem Zusammenhang den reformatorischen Akzent verdeutlichen, der besonders nachdrücklich die Übereinstimmung mit der alten Kirche betont hat, wobei aber zugleich hinzugefügt werden muß, daß gerade auch die kirchenkritischen Äußerungen Luthers darin gipfeln, den Zusammenhang mit der ursprünglichen Botschaft zu wahren bzw. diesen erst wieder herzustellen.

III. Systematische Probleme

In der durch die katholische Kirche zu vollziehenden Anerkennung der Katholizität der CA geht es um einen theologiegeschichtlich einmaligen Vorgang, den es in dieser Weise meines Wissens noch nicht gegeben hat. Dieser Hinweis ist selbstverständlich noch kein Argument. Verschiedentlich ist von evangelischer Seite an einen solchen Vorgang die Hoffnung geknüpft worden, daß dadurch das ökumenische Gespräch zwischen den Kirchen auf eine ganz neue Basis gestellt würde[35]. Von katholischen Theologen ist diese Hoffnung geteilt worden. Stimmt es aber wirklich, daß durch einen solchen Vorgang das gegenwärtige ökumenische Gespräch auf eine neue Basis gestellt würde? Ich möchte nicht verschweigen, daß ich das nicht so sehe.

1. Das bisherige ökumenische Gespräch hat so viele hoffnungsvolle theologische Ergebnisse gebracht, daß – mit Ausnahme der Frage des Papsttums – die überkommenen Lehrdifferenzen in einer Weise lösbar geworden sind, daß sie ihren kirchentrennenden Charakter entweder verloren haben oder diesen nicht notwendigerweise mehr haben müssen, wichtige umstrittene Lehren heute gemeinsam bezeugt werden können (Rechtfertigung, Eucharistie), oder die Richtung ganz eindeutig angezielt ist, wie in den verbleibenden Fragen eine Lösung gefunden werden kann (Amt, Mariologie). Diese Ergebnisse konnten erzielt werden, obwohl die CA nicht amtlich als katholisch anerkannt ist. Daß solche Ergebnisse aber erzielt worden sind und überhaupt erzielt werden konnten,

---

[34] So Kardinal Willebrands bei der Vollversammlung des Lutherischen Weltbundes in Evian 1970.
[35] So W. Pannenberg, in: Meyer-Schütte-Mund, 21.

hängt ganz offensichtlich mit der heute auf beiden Seiten zu konstatierenden Bereitschaft zusammen, genauer aufeinander zu hören und wirklich voneinander zu lernen, und das Ergebnis dieses Hörens und Lernens in Formulierungen zu fassen, in denen beide Partner sich wiedererkennen können, ohne daß man sklavisch an überkommenen Bekenntnisformulierungen festhält. In solchen Formulierungen sind die unterschiedlichen Ausgangspositionen so miteinander vermittelt, daß sie im Horizont der gegenwärtigen Wahrheitserkenntnis einen neuen Kontext bekommen haben. Die neutestamentliche Wissenschaft, die kirchen-, theologie- und dogmengeschichtliche Forschung unseres Jahrhunderts sowie die systematische Theologie der neueren Zeit haben ganz entscheidend dazu beigetragen, zu sehen, daß heute keine Kirche der anderen einfach das überkommene eigene und – soweit es die katholische Kirche betrifft – mittlerweile wesentlich weiterentwickelte Bekenntnis und Dogma einfach – sit venia verbo – „um die Ohren schlagen kann". Sehr wohl aber können und müssen alle überkommenen Bekenntnisformulierungen in ein je neu zu entwickelndes Verständnis des Gesamtzusammenhangs des Sachgehalts des überlieferten Evangeliums eingerückt werden, um so die spezifischen Grenzen und ihre Offenheit auf diesen Zusammenhang hin deutlich sichtbar machen zu können. Dies ist heute gemeinsam möglich und führt zu gemeinsam formulierten Ergebnissen, obwohl die jeweiligen überkommenen Bekenntnisgrundlagen nicht gegenseitig als legitime Interpretation des Evangeliums amtlich anerkannt sind. Das ökumenische Klima und die Art, miteinander das Gespräch zu führen mit dem Ziel, einen Konsens zu erzielen, würden sich gegenüber der bisherigen Art in keiner Weise ändern, wenn die Katholizität der CA ausdrücklich amtlich anerkannt wäre. Man fragt sich, welchen Nutzen für das gegenwärtige ökumenische Gespräch das geplante Unternehmen haben soll. Zwar kann man sagen, daß hier ein ökumenisches „Zeichen" angestrebt wird; aber man wird den Eindruck nicht los, daß diesem Zeichen keinerlei die gegenwärtigen Kirchen verändernde Kraft zukommt.

2. Noch ein zweiter Aspekt sei bedacht. Es ist zwar richtig, daß in den Verfassungen der evangelisch-lutherischen Kirchen und in den amtlichen Vollzügen dieser Kirchen (etwa Ordination) der CA und den übrigen Bekenntnisschriften eine herausragende Stellung zukommt. Dennoch muß man fragen, ob das gegenwärtige Glaubensbewußtsein der Gläubigen in den lutherischen Kirchen wirklich von der CA und den übrigen Bekenntnisschriften geprägt wird. Gilt nicht auch hier, wie analog in der katholischen Kirche, daß im praktisch gelebten Glaubensvollzug die Bekenntnisschriften wenig oder nicht präsent sind, daß aber sehr wohl die Wahrheit Gottes in Jesus Christus, der die Bekenntnisse dienen wollten, auch heute der Bezugspunkt gelebten Glaubens ist. Suchen wir

nicht unsere Gemeinschaft (communio) zu verwirklichen mit den Menschen, die in ihren Kirchen diesen Glauben leben und durch sie zu diesem Glauben geführt worden sind? Müßte nicht bei diesen Menschen der fatale Eindruck entstehen, hier beschäftigten sich die Kirchen mit einem Projekt, das für die Lebenswirklichkeit der Gläubigen unserer Zeit doch sehr wenig Bedeutung und mit ihr auch eigentlich nichts zu tun hat? Müßte nicht ferner der Eindruck erweckt werden, als wolle die katholische Kirche durch eine Anerkennung der Katholizität der CA den Protestantismus insgesamt auf eine Position festlegen und ihn jeweils daran messen, inwieweit er mit seiner eigenen allerersten, später amtlich gewordenen Festlegung im 16. Jahrhundert noch übereinstimmt? Wäre dies dann letztlich nicht doch mehr ein Schritt zurück statt nach vorn? Würden nicht wieder in den einzelnen Kirchen viel zu viele Kräfte dadurch beansprucht, daß zurück statt nach vorn geblickt wird? Auch wenn die katholische Kirche heute die Katholizität der CA anerkennen würde, könnte sie das letztlich doch nur tun, wenn sie gleichzeitig die weitere evangelisch-lutherische Bekenntnisentwicklung bis hin zur Leuenberger Konkordie, die auch auf die gesamte reformierte Lehrtradition zurückverweist, positiv mit im Blick hat; gleichzeitig müßte sich wohl die lutherische Christenheit in irgendeiner Weise verbindlich zum Trienter Konzil, zum I. Vatikanischen Konzil, zu den beiden Mariendogmen und auch zum II. Vaticanum äußern. Mir scheint aber, daß die in den einzelnen Kirchen isoliert durchgeführte amtliche Beschäftigung mit den jeweiligen amtlichen Texten der anderen Kirche und eine Urteilsbildung über die amtlichen Lehrtexte genau dort wieder ankommt, wo wir bisher amtlich noch stehen, nämlich in getrennten Kirchen. Der Versuch, über eine Anerkennung der Katholizität der CA die Kirchen ein bedeutendes Stück auf dem Weg zu ihrer Einheit weiterzubringen, könnte angesichts der hier angeschnittenen Fragen in den betreffenden Kirchen sehr leicht umschlagen in den Versuch, die konfessionelle Sonderexistenz erneut zu rechtfertigen. Das aber kann niemand wollen. Die rückwärts gewandte Blickrichtung beim Anerkennungsvorhaben scheint dies aber eher zu fördern statt zu verhindern, weil in diesem Projekt weder die in Jesus Christus verheißene Zukunft Gottes als Heil für alle, noch unsere Gegenwart, in der von der Gegenwartswirksamkeit der lebensstiftenden und gemeinschaftsstiftenden Kraft der Liebe Gottes Zeugnis abgelegt werden soll, konstitutive Bedeutung hat.

3. Die katholische Kirche hat sich auf dem II. Vatikanischen Konzil erstmals seit den Kirchenspaltungen amtlich dahingehend geäußert, daß es durch die Ablehnung eines exklusiven Identitätsurteils begrifflich eine Differenz zwischen der Kirche Jesu Christi und der römisch-katholischen Kirche gibt, indem sie erklärte: „haec ecclesia (Jesu Christi) subsistit in ecclesia catholica", wobei in der Endfassung „subsistit" statt ei-

nes ursprünglich vorgesehenen „est" steht[36]. Hier ist die dogmatische Grundlegung für eine positive Qualifizierung der Kirchlichkeit der nicht-römisch-katholischen Kirchen ausgesprochen, die im Ökumenismusdekret[37] näher entwickelt wird. Im dritten Kapitel (ab Nr. 19) wird von den getrennten Kirchen und kirchlichen Gemeinschaften im Abendland gesprochen. Das Dekret entscheidet dabei nicht, welche von den im Abendland sich befindenden Glaubensgemeinschaften den Titel Kirche und welche den Titel kirchliche Gemeinschaft erhalten. Selbst wenn man aber einer minimalen Interpretation folgen und sagen wollte, die evangelisch-lutherische Kirche erhält von der katholischen Kirche den Titel kirchliche Gemeinschaft zugesprochen, so besteht doch kein Zweifel darüber, daß im Ökumenismusdekret auch die nicht römisch-katholischen Kirchen gerade in ihrer Gemeinschaftsgestalt positiv gekennzeichnet werden sollen, wenn gesagt wird: „Denn der Geist Jesu Christi hat sich gewürdigt, sie als Mittel des Heiles zu gebrauchen" (Nr. 3), um dann in einer Fülle von positiven Beschreibungen des zentralen Tuns der getrennten Kirchen in Wort und Sakrament dies näher zu entfalten.

Nun könnte man die Frage stellen, ob der Unterschied zwischen Kirche und kirchlicher Gemeinschaft tatsächlich, theologisch gesehen, so groß ist, wie weithin angenommen wird. In der alltäglichen Begegnung der Kirchen, auch in ihren amtlichen Vertretern, spielt der Unterschied, der denjenigen der Trennung noch übersteigt, faktisch keine Rolle. Mit einem gewissen Recht könnte man sogar die These vertreten, daß eine kirchliche Gemeinschaft „mehr" ist als eine „Kirche"; man könnte darauf verweisen, daß von Kardinal Höffner 1977 an alle Priester, Diakone und Laien des Erzbistums Köln ein umfangreiches Dokument über Schwerpunkte der Seelsorge im Erzbistum Köln zur Diskussion gestellt und unter dem Titel veröffentlicht wurde: „Die Kirche ist Gemeinschaft". Erinnert sei auch an die deutsche Übersetzung des Buches v. *H. de Lubac* „Katholizismus als Gemeinschaft" (1943). Gegen diese Beschreibung von Kirche ist selbstverständlich theologisch nichts einzuwenden. Im Kölner Text wird aber unüberhörbar der Wunsch deutlich: „Wäre die Kirche doch auch eine (kirchliche) Gemeinschaft".

Mit diesen Bemerkungen sei lediglich darauf hingewiesen, daß 1. der Begriff „kirchliche Gemeinschaft" durchaus nicht „weniger" zu sagen braucht als der Begriff „Kirche", obwohl dies ganz sicher intendiert gewesen ist, daß 2. die Anerkennung der Katholizität der CA jedenfalls von katholischer Seite nicht automatisch die Anerkennung der evangelisch-lutherischen Kirche als Schwesterkirche bedeutet. Das würde aber bedeuten, daß die Anerkennung der Katholizität der CA keine Ände-

---

[36] Lumen Gentium 8; siehe den Kommentar von G. Philips, in: LThK-Erg. I, 174f.
[37] Dekret über den Ökumenismus, in: LThK-Erg. II, 9–126 (mit einer Einführung von W. Becker [11–39] und einem Kommentar von J. Feiner).

rungen gegenüber dem jetzt schon bestehenden Zustand der zwischenkirchlichen Begegnung mit sich bringen würde. Anders gesagt: eine Anerkennung, die folgenlos bliebe, ist auch keine Anerkennung; eine Anerkennung, in der nicht die Folgen der Anerkennung ein konstitutiver Bestandteil der Anerkennung selbst sind, wäre identisch mit einer Nichtanerkennung. Die einzig denkbare und zu Buche schlagende Folge der Anerkennung könnte aber nur darin bestehen, durch die Aufnahme der Abendmahlsgemeinschaft die Kirchengemeinschaft wiederherzustellen. So lange dies aber nicht mit der Anerkennung verbunden wird, solange ist die Frage berechtigt, wozu die Anerkennung der Katholizität der CA wirklich dienen soll. In diesem Zusammenhang sei noch vermerkt, daß kritische Stimmen aus der nichtlutherischen evangelischen Christenheit (L. Vischer) im Zusammenhang der Anerkennung der CA in der katholischen Kirche gebührend gehört werden sollten; es kann nämlich nicht im ökumenischen Interesse der katholischen Kirche liegen, durch eine Anerkennung der Katholizität der CA den Weltprotestantismus in seinem Zusammenhalt einer schweren Belastungsprobe (Zerreißprobe?) zu unterziehen.

4. Angesichts all der genannten Schwierigkeiten möchte ich einen anderen Vorschlag zur Feier des Augustana-Jubiläums 1980 bzw. zur Feier von Luthers 500. Geburtstag im Jahre 1983 machen als den, der im Projekt der Anerkennung der Katholizität der CA durch die katholische Kirche gemacht und begrüßt worden ist.

In der bisher geführten Debatte um die Anerkennung der CA als katholisch ist bemerkt worden, daß die Frage, die im Text der CA formuliert wurde, daß ihre Lehre in den Hauptartikeln nichts enthalte, was der Schrift oder der Römischen Kirche zuwider noch entgegen wäre, nie abschließend beschieden worden ist und daher in gewissem Sinne die Antwort noch aussteht[38].

Die damaligen Partner haben sich jedoch gewandelt und sind nicht mehr so, wie sie sich im 16. Jahrhundert gegenüberstanden. Warum sollte die katholische Kirche des 20. Jahrhunderts durch die Anerkennung der CA als katholisches Bekenntnis die evangelisch-lutherischen Kirchen gewissermaßen festnageln und sie nur insofern als legitime Vielfalt in der Einheit der Kirche ansehen können, als diese selbst mit der CA des 16. Jahrhunderts übereinstimmen? Warum tut man nicht genau das, was auch auf dem Augsburger Reichstag 1530 geschehen ist, nämlich zusammenkommen mit dem Ziel, ein Ergebnis zu erreichen? Zwar hatte die katholische Seite auf dem Augsburger Reichstag sich ihrerseits nicht als Partei verstehen können, ihren Standpunkt nicht schriftlich fixiert und sich nur bereit erklären wollen, das Bekenntnis der Protestanten

---

[38] W. Pannenberg, in: Meyer-Schütte-Mund, 18.

entgegenzunehmen. Dies müßte selbstverständlich heute anders sein. Es ist eine Konsequenz der bedeutenden Mitschuld der katholischen Kirche an der Kirchenspaltung, daß auch sie heute den evangelisch-lutherischen Kirchen gegenüber Partei ist. Das sollte deutlich gesehen werden. Aber man war wenigstens in Augsburg noch gewissermaßen „amtlich" zusammengekommen. Angesichts der schon genannten Mitschuld der katholischen Kirche an der endgültigen Kirchenspaltung, die heute eingestanden wird, angesichts der Betonung der Bedeutung der Theologie Martin Luthers für alle Christen und der Rezeption vieler seiner Grundanliegen durch die katholische Kirche (Kardinal Willebrands in Evian 1970), angesichts der erzielten bedeutsamen theologischen Konsense im ökumenischen Gespräch, angesichts einer gewandelten Kirche, die wichtige, wenn auch noch längst nicht alle Anfragen der Reformation des 16. Jahrhunderts gegenstandslos gemacht hat[39], wäre es, vor allem dann, wenn man berücksichtigt, daß *eine* bedeutsame Forderung der Reformation bis heute wirklich nicht erfüllt ist, nämlich die Forderung nach einem Konzil, die einzig sachgerechte Art, das Gedenken der CA zu feiern, wenn 1980 – da der Augsburger Reichstag 1530 kein National- bzw. Universalkonzil war, aber immerhin legitimiert war, eine Einigung zustande zu bringen – zwischen den Kirchen (der katholischen Kirche und den lutherischen Kirchen) ein amtlich-verbindlicher konziliarer Vorgang eingeleitet werden könnte[40]. Das 1530 gescheiterte Gespräch könnte infolge der kirchlichen und gesellschaftlichen Wandlungen heute amtlich mit größerer Aussicht auf Erfolg durchgeführt werden, da ein solcher konziliarer Vorgang – neben vielem anderen – heute nicht in politische Verstrickungen hineingeraten müßte und in dieser Hinsicht wirklich frei sein könnte. Der Begriff „konziliarer Vorgang" ist hier gewählt, 1. um den erforderlichen Übergang von der theologischen Expertenebene auf die kirchenamtliche Ebene deutlich zu machen. Die Theologen, die ökumenischen Institutionen und der Lutherische Weltbund würden sicher diesem amtlichen Geschehen ihre Unterstützung nicht versagen. 2. Er wurde gewählt, um deutlich zu machen, daß dieser Vorgang auf das wahrhaft ökumenische Konzil *aller* Christen zielt, dieses selbst aber noch nicht ist. 3. Der Begriff „konziliarer Vorgang" wurde gewählt, um deutlich zu machen, daß die Einheit der Kirche, in der die Kirchen Kirchen bleiben und doch eine Kirche werden (Kardinal Ratzinger), nicht irgendwann gleichzeitig erfolgen wird, sondern immer

---

[39] Vgl. J. Brosseder, Die katholische Lutherrezeption, in: Concilium 12 (1976), 515–521.

[40] Ich erlaube mir, diesen schon andernorts veröffentlichten Vorschlag zu wiederholen: Der Ökumenismus in der römisch-katholischen Kirche, in: R. Boeckler (Hrsg.), Welche Ökumene meinen wir? Eine Bilanz der Ökumene seit Nairobi (Beiheft zur Ökumenischen Rundschau 32), Frankfurt am Main 1978, 22–34, hier 34f.

dann sich vollziehen sollte, wenn die Partner dazu bereit sind. 4. Der Begriff des konziliaren Vorgangs ist geeignet, keine Verwechslung aufkommen zu lassen mit dem Konzil der katholischen Kirche. 5. Konziliarer Vorgang wurde gewählt, um schon im Begriff nichts von einem Zeitdruck entstehen zu lassen. 6. Der konziliare Vorgang (ebenso wie das ökumenische Konzil aller Christen) ist sachlich nichts Aufregendes; er ist das, was unter erwachsenen Menschen und gestandenen Christen üblich sein sollte, nämlich: bei Problemen zusammenkommen und unter Anrufung des Geistes Gottes gemeinsam beraten und entscheiden, was zu tun ist (einmütig, nicht unbedingt einstimmig). Wenn dieser konziliare Vorgang zwischen der katholischen Kirche und den lutherischen Kirchen 1980 beginnen könnte, ein Vorgang, in welchem die Partner heute Vergangenheit und Gegenwart „amtlich" und öffentlich die sie bewegenden Fragen und Probleme im Kontext unserer Gegenwart besprechen, mit dem Ziel, zu einem neu formulierten gemeinsamen Ergebnis zu gelangen, dann wäre einem solchen Tun, das unter Anrufung des Geistes Gottes geschieht, der Beistand dieses Geistes gewiß. Vielleicht hätte man 1983 (im Gedenkjahr Martin Luthers) schon erste konkrete Ergebnisse, was angesichts bedeutender Konsense und Konvergenzen durchaus nicht so utopisch ist, wie es vielleicht hier klingen mag. Würde dann nicht auch der temperamentvolle Luther, vielleicht augenzwinkernd, auch den „Papisten" einen versöhnlichen Blick zuwerfen können, wenn er Lutheraner und Katholiken aus dem Geiste Jesu Christi heraus heute um die Wahrheit des Glaubens ringen sieht, eine Wahrheit, die allein der Grund der Einheit der Kirche ist?

Joachim Staedtke

Mut zum Bewahren – Mut zum Verändern

Wilfried Joest hat in seiner Fundamentaltheologie (S. 127) gesagt: „Die einzige Grenze, die der Glaube behaupten muß, wird durch das bezeichnet, was dem Tun der Liebe widerspricht; aber dies ist keine Grenze, die der Erweiterung der Weltdurchdringung des Menschen tabuhaft von außen gezogen wäre, sondern eine Entscheidung unter den Einsatzmöglichkeiten solcher Weltdurchdringung, die wir in Antwort auf Gottes Anruf in Jesus Christus selbst verantwortlich zu treffen haben."

Diese und andere fundamentaltheologische Erkenntnisse unseres Jubilars haben mir in den langen Jahren unserer wissenschaftlichen Zusammenarbeit immer wieder geholfen bei meinen Bemühungen um die Möglichkeit einer politischen Theologie.

Der folgende Beitrag ist kein wissenschaftlicher Aufsatz im akademischen Sinn, sondern das Manuskript eines öffentlichen Vortrags, der am 8. April 1978 in der Stadthalle in Erlangen gehalten wurde. Er ist nur ein Versuch, das Spannungsverhältnis von Bewahren und Verändern theologisch zu deuten und gleichzeitig Probleme anzusprechen, die von fundamentaltheologischer Bedeutung für Gegenwart und Zukunft sind. In der dem Vortrag folgenden Podiumsdiskussion war Wilfried Joest neben dem Politiker Egon Bahr ein überzeugend sachkundiger Interpret und Kritiker dieser vorliegenden Thesen. In Bewunderung und Dankbarkeit sind sie ihm gewidmet.

1. Was heißt Mut? Im Neuen Testament steht der Satz: „Gedenkt an Jesus, daß ihr nicht in eurem Mut matt werdet" (Hebr. 12,3). Gott will, daß wir Menschen auf dieser Erde, die uns anvertraut ist, den Mut haben, seinem Willen nachzukommen, daß das Gute in seiner Schöpfung bewahrt und das Böse zum Guten verändert wird.

Was heißt Bewahren? In der Bibel steht das Wort: „Wer das Gebot bewahrt, der bewahrt sein Leben" (Spr. Sal. 19,16). Im Segen des Apostel Paulus heißt es: „Der Friede Gottes, der höher ist als alle Vernunft, bewahre eure Herzen und Sinne in Christus Jesus" (Phil. 4,7). In der Schöpfungsgeschichte heißt es, daß Adam den Garten Eden bewahren soll (1. Mose 2,15). Bewahren heißt, daß Gott der Schöpfer seine Treue hält zu seinem Geschöpf. Bewahren heißt weiterhin, daß der Mensch die ihm anvertraute Schöpfung zu ihrem Besten bewahren soll. Er soll das Gute, das Gott für seine Schöpfung will, erhalten.

2. Zum Bewahren gehört zunächst die Ermöglichung von Zukunft in Freiheit und Solidarität für den Menschen. Freiheit und Solidarität sind keine gegensätzlichen oder gar alternativen Begriffe. Sie sind vielmehr so eng aufeinander bezogen, daß Freiheit nur in Solidarität und Solidarität nur in Freiheit verwirklicht werden kann. Die politische Realisierung in einem umfassenden Verantwortungszusammenhang wird am ehesten eine rechtsstaatliche Demokratie leisten.

Demokratie kann und muß primär als Lebensform begriffen werden, denn auch die Staatsform wird von einem ganz bestimmten Menschenbild her entworfen. Von der Verkündigung des Evangeliums her kann dieses Menschenbild aber weder restlos pessimistisch noch im Sinne der Aufklärung restlos optimistisch sein. Das Menschenbild des Evangeliums ist das des gerechtfertigten Sünders. Und d.h., daß der Mensch vom Evangelium gefragt ist, auf das Angebot der Gnade Gottes hin, sich vor Gott und den Mitmenschen verantwortlich zu begreifen. Der Ort, an dem der Mensch gefragt ist, ist seine jeweils endliche Geschichtlichkeit, in deren Vorläufigkeit auch der Staat seinen Platz hat und in dessen politischem Zusammenhang sich auch der Mensch immer befindet.

Zweifellos wird darum die Christengemeinde der Demokratie als einem politischen „System der verantwortlichen Regierung" den Vorzug vor allen anderen geben, weil hier eine optimale Zahl von Menschen an der politischen Verantwortung beteiligt wird. Sicherlich kann das in einer Massengesellschaft von heute nur in Form der Repräsentativdemokratie geschehen. Gleichwohl sind in ihr ausreichende rechtsstaatliche Sicherungen eingebaut, daß die Würde des von Gott geliebten und gerechtfertigten Menschen voll respektiert wird. Auch nur hier wird der politisch oder andersgearteten Minderheit Schutz und gleichzeitig alle Rechte und Möglichkeiten gewährt, eine Mehrheit zu werden.

Die Demokratie als „System der verantwortlichen Regierung" kommt der christlichen Verantwortung hinsichtlich der personalen Freiheit und der sozialen Solidarität für den Nächsten insofern entgegen, als sie die sog. Grundrechte des Menschen am wirkungsvollsten zu sichern in der Lage ist. Die politische Verantwortung der durch das Evangelium Gottes geschaffenen Gemeinde hat höchstes Interesse, daß im politischen Bereich die Glaubens- und Gewissensfreiheit, das Recht auf Leben und körperliche Unversehrtheit, die Meinungs- und Pressefreiheit, die Freiheit von Lehre und Forschung, die Kommunikations- und Versammlungsfreiheit, die Freizügigkeit, die Freiheit der Berufswahl, die Unverletzlichkeit der Wohnung, das Recht auf Eigentum und Erbe, die Teilhabe an der politischen Willensbildung (auch der Minorität mit der erklärten Absicht, die Majorität zu erringen), das Wahlrecht, die Redefreiheit, das Streikrecht usw., soweit wie möglich rechtlich gesichert und damit bewahrt werden, wobei es die Aufgabe der politischen Vernunft ist, die solidarische Pflicht des Bürgers in ein ausgewogenes Verhältnis zu seiner Freiheit zu bringen.

Begreift man Demokratie primär als Lebensform, so wird die Christengemeinde die pluralistische Gesellschaft einer monolithischen vorziehen, denn letztere wird sich nur eine totalitäre Staatsform geben. Die pluralistische Gesellschaft wird den Staat als eine verantwortliche Funktion ihrer selbst begreifen, und sie wird für ihre Bürger durch eine Verfassung einen staatsfreien Raum aussparen, der durch die Grundrechte definiert wird. Vor allem wird die Christengemeinde die demokratische Staatsform bevorzugen, weil ihr das Prinzip der Gewaltenteilung zugrunde liegt. Indem sie von ihren Voraussetzungen her Demokratie als „verantwortliche Regierung" versteht, wird sie auch die ständige Kontrolle der Exekutive durch die Legislative bejahen müssen. Mehr noch ist sie interessiert, daß die Gewaltenteilung ein möglichst unabhängiges und entideologisiertes Rechtswesen ermöglicht. Denn die Rechtsstaatlichkeit muß nach Röm. 13,4 und 1. Petr. 2,14 das erklärte Ziel der politischen Verantwortung der Christengemeinde sein. Und diese wird am ehesten in einer verantwortlichen Demokratie gesichert, die die politische Macht durch ein einklagbares Recht teilt, abgrenzt und kontrolliert. In dieser Form bietet diese Staatsform unter den gegebenen Verhältnissen die optimale Möglichkeit, die personale Freiheit in ein verantwortbares Verhältnis zur Solidarität mit den Mitmenschen zu bringen. Dieses zu bewahren, erfordert unseren Mut und unseren Widerspruch gegen jede Resignation.

3. Die Zukunft angesichts der Konflikte dieser Welt kann nur bewahrt werden, wenn die Menschheit erkennt und realisiert, daß das Evangelium von Jesus Christus eine qualifizierte soziale Verantwortung fordert. Die Kirche ist Zeuge dessen, daß des Menschen Sohn gekommen ist, zu suchen und zu retten, was verloren ist. Um das soziale und wirtschaftliche Gefälle auf unserer Erde auszugleichen, sollte unsere Gesellschaft eine spezifische Tendenz nach unten haben. Als Christen sind wir stets neu in die Solidarität und den Dienst der Liebe zu den politisch, gesellschaftlich und wirtschaftlich Schwächsten der menschlichen Gesellschaft gestellt. Die diakonischen Leistungen der Kirche und die Entwicklungshilfe des Staates sollten in einem weit höheren Maße anerkannt werden. Das hier Geleistete muß bewahrt und vermehrt werden, denn hier haben wir Gelegenheit, den kosmischen Charakter der in Jesus Christus geschehenen Versöhnung des Reiches, der Liebe zu Gott und zum Nächsten sichtbar zu machen, indem wir uns für den physisch und materiell existierenden, ganzen Menschen einsetzen. Im Zeitalter des Reichtums der modernen Industriestaaten und des Massenelends in der Dritten

Welt ist die Forderung nach einer gerechten Verteilung des Sozialproduktes auf globaler Ebene ein Gewissensruf, dem sich die Christen, die den weitaus größten Teil des Wirtschaftsertrages dieser Erde verwalten und kontrollieren, nicht länger verschließen dürfen, ohne Schaden an ihrer Seele zu nehmen.

4. Eine Grundforderung des Christenglaubens ist, daß der Mensch nicht nur eine tolerante Haltung gegenüber der Schöpfung, d. h. auch gegenüber seiner Umwelt als tierischem und pflanzlichem Bereich einnimmt. Zu der dem Menschen anvertrauten Bebauung gehört die Pflicht, sich effektiv dafür einzusetzen, daß die lebensnotwendigen Gleichgewichte zwischen der menschlichen und der nichtmenschlichen Kreatur in Ordnung bleiben. Maßlosigkeit bei der Ausbeutung von Gütern dieser Erde ist Sünde. Die Grenze zwischen natürlicher Umwelt und künstlicher Umwelt muß zum Bewahren der Schöpfung neu ins Bewußtsein gehoben werden. Wir dürfen nicht über Pflanzen, Tiere, Luft, Wasser und Boden ebenso souverän verfügen wie über die Erzeugnisse unserer Arbeit und Industrie. Wir dürfen nicht unsere künstliche Weltlichkeit der natürlichen Weltlichkeit der Biosphäre aufzwingen. Zum Bewahren der Schöpfung gehört, daß die natürlichen Gleichgewichtszustände dieser Welt erhalten bleiben und daß der Vernichtung lebensnotwendiger Bestandteile der Natur Einhalt geboten wird. Wir sollten uns in unserem Fortschrittsglauben und Wachstumsrausch nicht als Umweltverderber und Zerstörer des natürlichen Gleichgewichtes verhalten. „In der Sprache der Physik bezeichnet man solche Prozesse als „Entropie". D. h.: Die Erde ist ein geschlossenes System, innerhalb dessen jeder Zerfall, jedes irreversible Verderben der Bestandteile derart zunehmen kann, daß das Gesamtsystem als solches in die Gefahr des Zusammenbruchs gerät. Ein Beispiel: Unsere Fahrzeuge und Kraftwerke tragen dazu bei, daß das natürliche Gleichgewicht zwischen Sauerstoff und Kohlenoxyd in der Atmosphäre zugunsten des letzteren aufgelöst wird. Die Folgen sind: Vergiftung der Luft, Sättigung der Atmosphäre mit nutzloser und schädlicher Wärme, die u. a. unsere Trinkwasserreserven angreift. Eng verbunden mit diesen Prozessen läuft die irreversible Vergiftung der Flüsse und Binnenseen einher, oder die ebenfalls unumkehrbare Ausrottung von Tier- und Pflanzenarten, oder die zunehmende Betonierung des Bodens."[1]

5. Die Zukunft zwischen bewahrender Tradition und veränderndem Geist ist dadurch bestimmt, daß der Mensch heute nicht nur die Fähigkeit hat, vergangenes Wissen zu tradieren, zu verstehen und zu interpretieren, sondern daß er auch die Fähigkeit hat, Zukunft in der Form von Produktion zu antizipieren. Der Mensch heute ist gezwungen, eine völlig

---

[1] A. Ganoczy, Unser Lebensraum und die Grundimperative des christlichen Glaubens.

künstliche Welt zu schaffen, damit die Menschheit überlebt. Dieser Fragehorizont muß in das Problem eingebracht werden. Es besteht die Notwendigkeit des Menschen, Geschichte nicht nur zu verstehen, sondern auch zu produzieren. Es ist uns nun einmal von Karl Marx in seiner letzten These über Feuerbach aufgegeben, darüber nachzudenken, in welchem Verhältnis die Interpretation der Geschichte zur Veränderung der Gegenwart und darüber hinaus zur Zukunft steht.

Georg Picht hat darauf hingewiesen, „daß die Geschichte der Menschheit in der zweiten Hälfte des 20. Jahrhunderts eine qualitative Veränderung erfährt, die sich dadurch charakterisieren läßt, daß die Menschheit nunmehr die Machtmittel in der Hand hat, sich selbst zu vernichten. Deshalb wird es in Zukunft bei allem geschichtlichen Handeln nicht nur darum gehen, wie wir uns in der Geschichte bewähren, sondern darum, ob es in Zukunft eine Geschichte der Menschheit überhaupt geben wird. Die zweideutige und gefährdete Existenz, welche die Menschen ihrer Natur gemäß im Zwischenraum zwischen Umwelt und Welt zu führen haben, wird in ihre äußersten Möglichkeiten vorgetrieben, wenn Tag für Tag und Jahr für Jahr gefragt werden muß, ob die künstliche Welt, die menschliches Handeln blind produziert, innerhalb der wirklichen Welt und ihrer Gesetze bestehen kann"[2]. Die Erhaltung der Möglichkeit von menschlicher Geschichte ist zur geschichtlichen Aufgabe der Menschheit geworden. Bewahrende Tradition heißt, aus dem Schutthaufen der Geschichte das auszulesen, was zukunftsweisend sein kann. Zukunft als Geschichte des Menschen kann nicht von der tabula rasa der Utopie her entworfen werden. Vielmehr muß die potentielle Möglichkeit der Veränderung von politischer Zukunft bewahrende Tradition in die notwendige Erneuerung in veränderndem Geist mit einbeziehen. Wir stehen damit sowohl im Dialog mit der Überlieferung als auch im Dialog mit der möglichen Zukunft.

6. Was heißt verändern? Verändern heißt grundsätzlich das Ablösen traditioneller struktureller Bedingungen des Lebens und ihr kreativer Ersatz durch neue Formen. Gefordert ist Veränderung, wenn die Menschlichkeit, die Freiheit, die Gleichwertigkeit und das Leben strukturell durch ein politisches System bedroht sind.

Wir leben in einer Zeit, in der die Technik die wirksamen Veränderungen unseres persönlichen Lebens und unserer Umwelt vornimmt. Das betrifft sowohl die Industriestaaten als auch die Länder der Dritten Welt. Vor allem die Chemie, die Biologie und die Atomphysik bewirken eine immense Veränderung unseres Lebens. Die synthetische Fertigung

---

[2] Georg Picht, Zum Problem einer Grundlegung der Geschichtswissenschaft, Zürich 1970.

von Kunststoffen und Energie liefert Ergebnisse, die so in der Natur nicht vorkommen.

Der Sozialethiker Hans Schulze hat in diesem Zusammenhang festgestellt:

„Dadurch hat sich der Mensch weitgehend von der Natur unabhängig gemacht oder er ist dabei, dies zu tun. Das Ergebnis ist auf alle Fälle eine solche Veränderung der Erde, daß man mit Fug und Recht von einer absoluten Kulturschwelle sprechen kann: Die Existenzbedingungen werden verändert. Da dies aber nicht an allen Stellen der Welt gleichzeitig passiert und auch dort, wo es geschieht, in den Industrieländern, nicht für alle verfügbar ist, entsteht jeweils ein soziales Gefälle, welches die großen Konflikte hervorruft. Ich bin daher der Meinung, daß zwischen technischen und sozialen Revolutionen keine Alternative, sondern ein konsekutiver Zusammenhang besteht: In unserem Zeitalter liegt es nah, anzunehmen, daß die sozialen Krisen, Umstrukturierungen und Revolutionen ihre Wurzel in Änderungen der technischen, organisatorischen und konsumtiven Bedingungen haben.

Welche Folgen hat das aber? Das Zusammenspiel von Wissenschaft, Technik und industrieller Auswertung treibt einen Fortschrittsprozeß voran, dessen Logik unwiderstehlich ist. Man muß klar sehen, daß hier Freiheit und Gefangenschaft des modernen Menschen unlösbar in eins liegen: die „Produktion produziert einen Produktionsapparat" (Freyer), einen in einem industriellen Prozeß umgewandelten „Naturprozeß", in dem nun aber der Mensch gefangen ist: er ist Faktor im Kreislauf von Produktion und Konsumtion, die sich gegenseitig bedingen.

Dieser negativen Aussage muß aber gleich eine positive gegenübergestellt werden. Ist der Mensch das tragende Subjekt dieser zweiten Genesis und gewinnt er in zunehmendem Maße Übersicht und Verfügung über sie, dann gewinnt er auch schließlich die Mittel, die große Veränderung selbst zu verändern.

Der ethische Grundbegriff dieser Intention heißt „Leben". Das Ganze hat nur dann Sinn, wenn menschliches Leben durch Veränderung besser, gesünder, freier, unabhängiger, entfalteter, sicherer wird, mit einem zusammenfassenden Wort: „menschlicher"[3].

Kirchliche Theologie und politischer Reformwille sollten die Kategorie der Menschlichkeit unter den angezeigten Aspekten zentral behandeln. Auch die Kategorie der Freiheit und damit die Souveränität des Menschen muß im verändernden Umgang mit den Verhältnissen berücksichtigt bleiben. Mut zum Verändern erfordert auch die Ermöglichung von Kritik am Bestehenden. Schließlich ist die Kategorie Leben eine allgemeine Formel, die eine Verbindung von kirchlicher Theologie,

---

[3] Hans Schulze, Was heißt Veränderung?, in: KuD 18 (1972) 56 ff.

Humanwissenschaften, Politik und Technik möglich macht, und d.h. gleichzeitig den Dialog über den Mut zum Verändern.

7. Zukunft in Freiheit und Solidarität. Was heißt das, daß der Mensch durch Gottes Tat in Jesus Christus vor Gott gerechtfertigt wird? Ist der Mensch nicht dadurch auch vor seinen Mitmenschen gerechtfertigt? Es gibt eine Relevanz der göttlichen Rechtfertigung im politischen Bereich, in dem der Mensch steht. Es geht um das in der Rechtfertigung gewährte „Urrecht der Personalität" in Verbindung mit der für ein jedes staatliches Zusammenleben notwendigen „Urverfassung der Solidarität". Dies muß in ein ausgewogenes Verhältnis gebracht werden. Hier ist zu fordern, daß der Staat das personale Recht des Menschen und seine solidarische Pflicht gegenüber der Gemeinschaft durch eine entsprechende Verfassung absichert.

Das Evangelium von Jesus Christus stellt den Menschen unter eine Verheißung, die ihm eine Zukunft eröffnet. Darum wird der Christ jede Staatsform, die sich als endgültig und die in ihr lebenden Menschen damit auf eine letztgültige Lebensform festlegt, ablehnen müssen. „Der Mensch hat einen Anspruch auf ein freies Verhältnis zur Zukunft und demgemäß einen Anspruch auf die Möglichkeit zur Kritik am Bestehenden."[4]

Es geht hier um das Problem, daß die Grenze staatlicher Souveränität durch das von Gott dem Menschen in der Rechtfertigung zugesprochene Recht gezogen wird, das sicher kein von Menschen geschaffenes Recht ist, aber doch von diesem nicht abstrahiert, sondern ihm sinnvoll und so begründet zugeordnet werden muß. Von diesem Aspekt der Rechtfertigung des Menschen aus kann auch die politische Postulierung von Menschenrechten sinnvoll, begründet, kommunikabel und auch gerechtfertigt sein. Natürlich ist das, was man unter Rechtsstaat verstehen kann, ein höchst komplexes und sehr verschieden interpretierbares Gebilde, aber es ist zu fordern, daß er Zukunft des Menschen in Freiheit und Solidarität gewährt. Dabei geht es um die Frage, ob der Rechtsstaat Freiheiten gewährt, oder ob er vorstaatliche Freiheiten des Menschen respektiert. Die Weimarer Verfassung war gekennzeichnet durch das rechtsstaatliche Legalitätsprinzip des bürgerlich liberalen Rechtsstaates. Wieso mußte dieser Staat in der katastrophalen Depravierung seiner rechtsstaatlichen Elemente auf legalem Weg in die Diktatur des 3. Reiches einmünden? Gewiß nicht, weil er kapitalistisch war, sondern weil ihm das rechtsstaatliche Legalitätsprinzip zugrunde lag, wonach der Staat Freiheiten gewährt, die der Staat jederzeit auf legalem Wege ändern kann. Anstatt Freiheiten zu gewähren, sollte er vorstaatliche Freiheiten respektieren, die durch keine Gesetzesänderung eingeschränkt oder gar

---

[4] E. Jüngel, in: EvTh 1968, 494.

abgeschafft werden können. Nur dieses garantiert eine Zukunft des Menschen in Freiheit und Solidariät. Mut zum Verändern bedeutet die stetige Pflicht, das Verhältnis zwischen personalem Recht und solidarischer Pflicht zu beachten und eventuell neu zu kodifizieren, wenn die grundlegenden Lebensbedürfnisse des Menschen dieses erfordern.

8. Zukunft trotz Weltkonflikten. Die von Jesus Christus gebotene Liebe, die die Feindesliebe einschließt, ist ein revolutionäres Element dieser Welt. Sie bedeutet einen totalen Angriff auf das personal und strukturell Böse in der Wirklichkeit unseres Daseins. Es handelt sich hier um das soziale Grundkriterium für das, was sein soll, und also um das Partizipieren der Benachteiligten an den Chancen der Bevorzugten. „Wer zwei Röcke hat, der gebe dem, der keinen hat; und wer Speise hat, tue auch also" (Lk. 3,11). Aufgrund des Liebesgebotes dürfen wir uns nicht damit abfinden, daß 20 % der Weltbevölkerung über 80 % des gesamten Sozialproduktes dieser Erde verfügen.

Der Marxismus in seinem vulgären Verständnis war der Meinung, es bedürfe nur einer gesellschaftlichen Revolution, um den Menschen zwangsläufig vom Bösen zu befreien. Die christliche Ethik in ihrem vulgären Verständnis war der Meinung, daß es nur der persönlichen Bekehrung des Menschen bedürfe, um automatisch die Verhältnisse in dieser Welt zu ändern. „Keine gesellschaftliche Revolution hat es je vermocht, das personal Böse aus der Welt zu schaffen und den guten Menschen zu erzeugen, wie auch 2000 Jahre die auf die persönliche Bekehrung zielende Missionierung es vermocht hätte, mit dem strukturell Bösen fertig zu werden" (Arthur Rich). Die spezifische Verantwortung heißt für die Kirche nicht eine Vertröstung auf ein besseres Jenseits und für die Politik nicht eine Vertröstung auf eine herrliche Zukunft, sondern sie heißt, sich gemeinsam inmitten der Welt mit ihrem personal und strukturell Bösen auf das Kommende auszurichten. Dieses muß soziale, politische und also öffentliche Konsequenzen haben. Im Hinblick auf die Weltkonflikte dürfen wir uns nicht an Mustern des gesellschaftlichen Zusammenlebens ausrichten, die auf der Herrschaft von Menschen über Menschen beruhen. Der Christ weiß, daß die Herrschaft Jesu Christi und der aufgetragene Dienst der Liebe das bestehende Sozialgefälle in dieser Welt übergreifen, so daß Paulus sagen kann: „Hier ist kein Jude noch Grieche, hier ist kein Knecht noch Freier, hier ist kein Mann noch Weib, denn ihr seid allzumal einer in Christus" (Gal. 3,28). Es geht um christliche und politische Bindung eines rechten Verhaltens von menschlichen Personen und Kollektiven innerhalb der gesellschaftlichen Institutionen dieser Welt. Wenn es so sein sollte, daß wir dank der Strukturen der bestehenden Markt- und Handelssysteme auf Kosten der Dritten Welt wirtschaftlich profitieren, dann liegt hier strukturell Böses vor, mit dem sich Kirche und Politik nicht abfinden sollten. Hier ist Mut zum Verändern gefordert im Sinne einer politischen Diakonie, nämlich das Recht des Menschen, wer immer er auch sei, wahrzunehmen. Das Recht, wie es durch zwischenstaatliche Strukturen des Zusammenlebens und Zusammenwirkens vermittelt oder vorenthalten wird[5].

9. Zukunft zwischen Ökologie und Ökonomie. Im Hinblick auf die gegenwärtig teilweise sinnlos durchgeführte Ausbeutung der Güter dieser Erde wird der Christ bewußt einer vorsorgenden Ökologie den Vorzug vor der Ökonomie gewähren. Der Christ sollte befreit sein von jeder volkswirtschaftlichen Habgier; er sollte bereit sein zu einer universalen langfristigen Planung und motiviert durch das Vorbild seines Gottes, der seine Schöpfung erhalten will. Von den Voraussetzungen seines Glaubens her sollte der Christ als Vorkämpfer eines buchstäblich heilen Lebensraumes wirksam tätig werden (frei zitiert nach Prof. D. Dr. A. Ganoczy).

Das Problem der Zukunft zwischen Ökologie und Ökonomie ist wesentlich dadurch bestimmt, daß hier das Gemeinwohl die absolute Priorität genießen muß. Hier ist gemäß der Ermahnung des Apostel Paulus aus Röm. 12,2, daß wir uns durch Erneuerung unseres Sinnes verändern sollen, die freiwillige Unterordnung des individuellen Interesses unter das Interesse der Gemeinschaft gefordert. Der einzelne Mensch kann bei aller Betonung der personellen Freiheit nur als Mitglied einer Gemeinschaft existieren. Die Zukunft in der ökonomischen Situation unserer Welt wird mit Sicherheit eine Reduktion der individuellen Freiheit zur Folge haben müssen. D.h., daß der Mensch in einem sehr viel höherem Maße bei seiner ökonomischen Planung strukturell die Erhaltung und die Zerstörung seines von Gott gegebenen Lebensraumes berücksichtigen muß. Das Verhältnis des Menschen zu Pflanzen und Tieren, zu den Rohstoffen und zu der durch Arbeit gestalteten Materie wird sicher geändert werden müssen. Gemäß dem Gebot des Schöpfers soll der Mensch die Erde einnehmen in einer geordneten und ordnenden, d.h. verantwortlichen Tätigkeit. Der Mensch ist von Gott als Verwalter des Universums eingesetzt. Wo immer er eine ökonomische, gewalttätige und maßlose Ausbeutung der Naturwelt, die er damit versklavt, vornimmt, muß das politische und ethische Verhalten des Menschen gegenüber seinem Lebensraum strukturell verändert werden. Die Pflicht der Erhaltung der Natur und damit des Lebensraumes des Menschen als ein vorsorgendes Verhalten muß unserer Gesellschaft in einer veränderten Sinneshaltung zugemutet werden[6].

10. Zukunft zwischen bewahrender Tradition und veränderndem Geist. Die Hoffnung des Glaubens erstreckt sich auf die Veränderung

---

[5] Vgl. W. Joest, Fundamentaltheologie, These 5.3, 132.
[6] Vgl. W. Joest, Fundamentaltheologie, 207 f.

der Welt in der Weise, daß Gott den Menschen nach seinem Ebenbild geschaffen hat, daß er ihn nach dem Verlust seiner Freiheit durch die Rechtfertigung in Jesus Christus zu eben dieser Freiheit wieder zurückgeführt hat, die ganz sicherlich auch eine Freiheit von den alten Bindungen und Ordnungen bedeuten muß, und die darum auch den Menschen freisetzt zu einer Intervention in die gesellschaftlichen und politischen Verhältnisse. Das bedeutet gleichzeitig einen Widerspruch gegen die Resignation, sich nun einmal mit den so bestehenden Verhältnissen abzufinden. Der Christ vollzieht diese Intervention in Spannung zum Bestehenden, so wahr Röm. 12,2 gilt: „Stellt euch nicht dieser Welt gleich." Das bezeichnet die Spannung der Hoffnung des Glaubens wider die Resignation und gleichzeitig die Stellung des Christen, von der aus er handeln soll, und der Welt, „auf daß ihr prüfen möget, welches sei der gute, wohlgefällige und vollkommene Gotteswille".

Das bedeutet, daß wir von dem traditionellen Verständnis unserer Auffassung von Geschichte abgehen müssen. Wir müssen berücksichtigen, daß es nicht mehr damit getan ist, geschichtliches Wissen zu verstehen und zu interpretieren, sondern daß wir gezwungen sind zu der Fähigkeit, Zukunft in der Form von Produktion zu antipizieren, weil wir in Zukunft in einer künstlichen Welt leben müssen, wenn wir überleben wollen. Politische, soziale und technische Innovationen müssen als verändernder Geist in das Problem der Zukunft eingebracht werden. Es geht nicht nur um unser Schicksal, sondern hier vor allem um das unserer Kinder und Enkel. Auch sie haben ein Recht auf Leben, und sie werden leben müssen in einer Welt, die wir bereitstellen.

Ich schließe mit dem Wort des Apostels Paulus aus Röm. 12,2: „Stellt euch nicht dieser Welt gleich, sondern verändert euch durch Erneuerung eures Sinnes, auf daß ihr prüfen möget, welches da sei der gute, wohlgefällige und vollkommene Gotteswille."

KARL RAHNER

Die unverbrauchbare Transzendenz Gottes und unsere Sorge um die Zukunft

Jenseits von Optimismus und Pessimismus

Unter diesem Titel stand ein Vortrag des neunten Salzburger Humanismusgesprächs, der am 27. September 1978 gehalten wurde. Die ganze Tagung war überschrieben: „Hoffnung in der Überlebenskrise? Folgelasten des Fortschritts als Herausforderung für die Religion und für die Wissenschaft". In dem Zusammenhang dieses ganzen Humanismusgesprächs wird wohl die Absicht dieses Vortrags verständlich. Vielleicht wird auch von daher verständlich, warum ich mich geehrt fühle und freue, wenn ich diesen Vortrag in der Festschrift veröffentlichen kann, die Wilfried Joest gewidmet wird. Vielleicht paßt mein Beitrag nicht ganz in die strenge Systematik dieses Buches über Fundamentaltheologie. Aber ein Bekenntnis zu einer Theologie, die Gott Gott sein läßt, gehört auch in eine Fundamentaltheologie und eint gewiß Joest und mich. Ein evangelischer Theologe hätte vermutlich das, was ich hier unter dem Stichwort Liebe zu Gott sagen möchte, vielleicht lieber unter dem alten heiligen Wort Glaube vorgetragen. Aber ich meine, dies bedeute noch keinen Unterschied in der Sache selbst.

„Hoffnung in der Überlebenskrise" ist das Thema des 9. Salzburger Humanismusgespräches. Kann sich bei einem solchen Thema auch der Theologe zu Wort melden? Das Thema dieses Gespräches bezieht sich doch auf die Zukunft dieser irdischen Welt und Geschichte, die nach christlichen Prinzipien dem Menschen selbst, seiner Freiheit und Verantwortung selber anvertraut ist, damit er selber diese Welt sich untertan mache. Hat da der Theologe etwas zu sagen, was *weder* die Wiederholung allgemeiner humanistischer Prinzipien und Forderungen ist, die auch ohne ihn, den Theologen gegeben sind, *noch* die Verkündigung des von aller Welt unterschiedenen Gottes und des ewigen Lebens ist, was ja zur Bewältigung unserer irdischen Krise wenig oder gar nichts beizutragen scheint? Andererseits wird in der Ankündigung der gesamten Tagung und in so vielen Einzelthemen der Tagung von Religionen und

Christentum gesprochen, daß die Überzeugung fast als selbstverständlich vorausgesetzt werden kann, daß dieses Humanismusgespräch „Hoffnung in der Überlebenskrise" mit Religionen und Christentum etwas zu tun hat, daß diese Krise eine Herausforderung für die christliche Religion bedeutet, diese Religion verändert und gleichzeitig deren Hoffnungspotential herausfordert, um überwunden werden zu können. Wenn somit vorausgesetzt werden darf, daß in diesem Gespräch auch der Theologe sich zu Wort melden darf und soll, dann ist noch immer nicht klar, worüber er dann reden soll. Es bieten sich ihm wirklich Themen in fast unerschöpflicher Zahl an, wie ja auch der theologische Einschlag vieler Referate zeigt, die auf dieser Tagung vorgetragen werden. Unter Anerkennung all dieser anderen möglichen Themen für einen Theologen auf dieser Tagung möchte ich selber – beinahe in einer Art Kapuzinerpredigt – nur eines zu sagen versuchen: Die christliche Botschaft von Gott, der sich als er selber in Gnade als unser ewiges Leben anbietet, ist uns als eine jenseits von irdischer Hoffnung und Angst, von Optimismus und Pessimismus angeboten und mitgeteilt, allerdings nur unter der absolut unersetzlichen Bedingung, daß wir zuerst und zuletzt diesen Gott nicht zum Mittel unserer Zukunftssorge und zum Analgetikum unserer Lebensangst machen, es durch Gottes Gnade vielmehr fertigbringen, die Transzendenz Gottes unverbraucht (wenn man so sagen kann) sein zu lassen. Das ist (vielleicht mit einem kurzen Blick auf die Konsequenzen für unsere eigene Zukunftssorge daraus) alles, was ich sagen und etwas verständlicher zu machen suche.

Wir Christen sind von der durchschnittlichen Predigt unserer Kirchen her an die Überzeugung gewöhnt, ohne Gott gehe es im menschlichen Leben auf die Dauer und im Ganzen der Gesellschaft und Geschichte nicht. Der weltweite Atheismus kommunistisch militanter oder bürgerlich gleichgültiger Art ist da zwar anderer Meinung. Aber wir Christen bleiben bei unserer These und haben vielleicht sogar die geheime Hoffnung, daß die Weltkrise, die immer deutlicher sich ankündigt, diese These vielen neu verständlich mache. Diese Überzeugung von der Notwendigkeit und Unersetzbarkeit Gottes in unserem eigenen Leben individueller und gesellschaftlicher Art ist natürlich im allerletzten richtig, wenn es überhaupt Gott gibt und darüber hinaus dieser Gott nicht einfach (was nicht ohne weiteres selbstverständlich ist) derjenige ist und sein will und kann, der sich selber für die Wirklichkeit, die er setzt, überflüssig machen kann. Aber selbst wenn wir das alles voraussetzen, ist die Notwendigkeit Gottes für uns, seine Brauchbarkeit für unsere eigene Existenz gerade nach christlicher Lehre doch viel dunkler und schwieriger, als eine Verkündigung eines vulgär verharmlosten Christentums uns einzureden versucht. Wenn alle Fragen unseres Geistes eine letzte Antwort nur in der Erkenntnis Gottes finden, wie steht es dann mit dieser letzten Antwort, wenn dieser Gott in alle Ewigkeit das unumgreifbare Geheimnis bleibt, auch dann noch, wenn wir ihn von Angesicht zu Angesicht im ewigen Lichte schauen werden? Wenn er der letzte Zielpunkt all unserer Taten und Wege sein soll, auf den hin all unsere Pläne und Berechnungen zielen, wie soll dann Klarheit und greifbarer Sinn in diese unsere Pläne und Berechnungen kommen, wenn er selber das Mysterium einer absoluten Freiheit ist, die nicht mehr in ein Koordinatensystem eingefangen werden kann, von dem als begriffenem diese Freiheit selber verständlich wird? Es ist offenbar nicht so leicht, mit dem wahren Gott des Christentums, der eben nicht die Weltvernunft und die herrliche Würde dieser Welt selber ist, etwas anzufangen, um mit unserer eigenen Existenz und mit unserer Sorge um unsere Zukunft fertig zu werden. Dieser Gott könnte uns ebensogut als die grundsätzliche Unmöglichkeit der „Lösung" unserer eigenen Lebensfragen individueller und kollektiver Art erscheinen. Dies zumal, als er sich ja in der christlichen Botschaft nicht als Garant eines im ganzen immer wieder glückenden Weitergehens unserer Geschichte angeboten hat, sondern als Beender solcher Geschichte, nicht nur des einzelnen, sondern (wie es mindestens scheint) der Menschheitsgeschichte überhaupt, und in den Zukunftsperspektiven dieser Offenbarung dieses allgemeine Ende der Geschichte in Bildern einer Katastrophe vorgestellt wird. Und dies zumal und noch radikaler, als dem Christen verboten ist, der *theoretischen* Überzeugung zu sein, die Zukunft der Menschheit am Ende und jenseits ihrer Geschichte sei im ganzen und für alle sicher eine selige Vollendung, die Hölle sei von vornherein theoretisch undenkbar. Nimmt uns, so gesehen, das Wort Gott, sein Bekenntnis zu ihm eine Zukunftssorge ab, lichtet es wirklich unsere Existenz auf? Kann man dieses Wort wirklich beschwörend aussprechen, wenn man mit der schrecklichen Daseinsangst konfrontiert wird, die heute aufsteigt in Geist und Herz? Wenn der Gott des Christentums der unbegreifliche Gott unerforschlicher Gerichte ist, läßt man ihn dann in der heutigen Bedrängnis nicht besser ganz aus dem Spiel und sagt man sich nicht lieber, unabhängig von ihm werde es doch nicht so schlimm werden, sondern irgendwie schon weitergehen?

In dieser Dunkelheit ist es notwendig, uns auf das wahre Verhältnis zwischen uns und Gott zu besinnen, wie das authentische Christentum es bekennt.

Um dieses Verhältnis deutlicher zu sehen, sei diesem Bemühen eine allgemeinere Überlegung vorausgeschickt über eine bestimmte Art eines Verhältnisses, die zwischen zwei Wirklichkeiten, besonders personalen, obwalten kann. Verhältnisse, Beziehungen zwischen zwei Wirklichkeiten werden leicht als durch ihre Gegenseitigkeit gleichartig oder gleichwertig aufgefaßt. Dem aber ist nicht immer so. Die Aufnahme einer bestimmten Beziehung zu einer anderen Wirklichkeit kann, damit sie glückt, gerade davon abhängen, daß sie nicht innerlich davon abhängig gemacht wird, daß sie in gleicher Weise von der anderen Seite her erwidert wird. Um von anderen Beispielen zu schweigen, die es in der verschiedensten Weise gibt, so brauchen wir, um zu verstehen, was gemeint ist, nur auf die zwischenmenschliche Liebe zu reflektieren. Wenn sie nicht Egoismus zu zweit sein soll, muß die Liebe des einen wirklich den anderen meinen, wirklich ihn an sich und in sich selbst, nicht aber seine Bedeutung für den Liebenden selbst, nicht die Beglückung, die er dem Liebenden schenkt, nicht die Geborgenheit, die er gewährt, sondern ihn wirklich selbst, so wie er in seiner Einmaligkeit und Uneinnehmbarkeit und Unvernutzbarkeit für sich selbst sinnvoll, gut und schön ist. Nicht, als ob nicht erwartet werden dürfte, erhofft würde, daß der geliebte andere sich einem mitteilen würde, der ihm geschenkten Liebe entgegenkommen würde, Verstehen, Geborgenheit und alles andere schenken würde, was in gegenseitiger Liebe erblüht. Wenn aber in der Liebe letztlich und insgeheim das eigene Glück gesucht würde und der Geliebte nicht um seinetwillen geliebt würde, wenn der Dank der Liebe von der anderen Seite nicht als das uneinklagbare Wunder entgegengenommen würde, sondern insgeheim und uneingestanden das wäre, was man mit seiner Liebe ordentlich erreichen will, dann hätte diese Liebe ihr wahres Wesen schon verloren, wäre Egoismus geworden, so beglückend dieser auch noch empfunden werden würde. Wahre Liebe geht von sich weg, um nicht mehr zu sich zurückzukehren. An dieser Unumkehrbarkeit der Bewegung der Liebe wird dadurch nichts geändert, daß der Mensch das Wesen solcher Liebe sein kann und sein muß, und so sein eigenes wahres Wesen nur findet, indem er liebt, nur dann in seiner Wahrheit bei sich selber ist, wenn er sich liebend vergißt, nur in sein wirkliches Wesen einkehrt, indem ihm das Wunder einer Auskehr gelingt, die keine Rückkehr mehr kennt. Diese Paradoxie ist das wahre Wesen des Menschen. Er nimmt ein, indem er losläßt, er gewinnt Stand, indem er den Fall nicht scheut; seine Beglücktheit wird nur erreicht, indem er etwas anderes als sie sucht und findet; die Selbstlosigkeit ist der einzige Weg zur Selbstwerdung; die unheimlichste Versuchung des Menschen liegt darin, daß er die selbstlose Liebe insgeheim zum Mittel seines eigenen Seins allein zu machen sucht. Eine echte Existenzangst liegt in der reflex nie beantwortbaren Frage, die sich an einen selbst richtet, ob man im letzten in wirklicher Liebe sich selbst dem anderen ohne Rückversicherung anvertraut oder ihn zum Mittel des eigenen Glückes macht, das der einzig wirklich endgültig fixe Punkt der eigenen Existenz ist. Wie man das hier Gemeinte, für das wir nur ein, wenn auch nicht beliebiges, Beispiel angedeutet haben, allgemein nennen könnte, ist schließlich nicht so wichtig; ein allgemein und von vornherein verständliches Wort dafür ist mir nicht bekannt. Sagen wir einmal dafür: Prinzip der Unumkehrbarkeit einer Beziehung, der Nichtkongruenz gegenseitiger Beziehungen, oder (wenn die hier gemeinten Beziehungen so etwas wie eine Transzendenz auf einen anderen hin bedeuten) Prinzip der Unverbrauchbarkeit der Transzendenz.

Was hat das alles mit der Frage zu tun, die uns hier beschäftigt? Das normale, authentische Christentum verkündigt, daß das endgültige Heil des Menschen für alle Ewigkeit nur gewonnen werden könne in der einen Liebe zu Gott und den Menschen, wobei sich die Gottes- und die Nächstenliebe in je eigentümlicher Weise gegenseitig bedingen. Bei dieser Lehre des normalen und authentischen Christentums ist die wirkliche Liebe Gottes und des Nächsten um ihrer selbst willen gemeint, die in einer nicht umkehrbaren und unverbrauchbaren Transzendenz ohne Rückkehr zu sich selbst Gott und den Nächsten meint, und diese nicht als Mittel der eigenen Selbstverwirklichung depravieren darf, soll sie wirklich Liebe und diese heilschaffend sein. Welche Ungeheuerlichkeit ist eigentlich mit diesem abgenutzten Katechismussatz gesagt! Da sitzen die Menschheitsbeglücker mit den Futurologen, allen Wissenschaftlern zusammen und die Theologen mischen sich diskret und etwas verschüchtert dazwischen und alle fragen unter anderem auch, ob auch Gott ein unverzichtbarer Posten in der Rechnung der Welt sei, damit sie aufgehe, ob man Gott brauche oder nicht, damit man auf eine erträgliche Zukunft hoffen könne und eine apokalyptische Katastrophe vermeidbar sei. Und da kommt über diese ganze Beratung, in der sich die an sich durchaus verständlichen und legitimen Egoismen aller Menschen von heute zusammenballen, die Botschaft des Christentums: All eure Sorge, all eure Angst, all eure Anstrengung, euer futurologischer Optimismus *und* Pessimismus, eure Höhen und eure Abgründe, eure Triumphe und eure Niederlagen sind letztlich sinnlos und dem Verderben geweiht, wenn sich nicht in dieser ganzen Geschichte die eine Liebe ereignet, in der man sich selber über Gott vergißt, ihn um seiner selbst willen liebt, anbetet, wenn es nicht gelingt, in einer unumkehrbaren und unverbrauchbaren Transzendenz auf Gott hin ohne Rückkehr zu leben. Das Christentum verkündigt unerbittlich, daß Glück, Lebensqualität, bessere oder heile Zukunft der Welt, der Menschheit nicht die letzten, selbstverständlichen Richtwerte unseres Tuns sein können und uns, wenn sie es dennoch sind, in das ewige Verderben führen. Das Christentum weiß, daß es einen legitimen Willen zur eigenen Wirklichkeit, zur Selbstentfaltung und zum Glück gibt, daß solches Wollen, auch wenn es noch nicht im Durchgang der radikalen Liebe Gottes um seiner selbst willen verwandelt ist, nicht darum schon sündig und widergöttlich ist. Aber das Christentum besteht unerbittlich darauf, daß die Liebe zu Gott um seiner selbst willen das letztlich allein Rettende ist. Das Christentum weiß, daß seine Forderung den Menschen in einer absurden Weise zu überfordern scheint und es hat im Laufe der Geschichte des Christentums genügend Versuche gegeben, bewußt oder unbewußt, die Unerbittlichkeit der Liebe zu Gott, die den Menschen von sich wegreißt und in die Unbegreiflichkeit Gottes wie in einen unermeßlichen finsteren Abgrund hineinstürzt, umzudeuten in eine sublimere Weise der Selbstbehauptung, in der ein heiliger Egoismus glücklicherweise sich auch noch Gottes bedienen kann, um ewig sich behaupten zu können. Das Christentum weiß und sagt ausdrücklich, daß diese Liebe zu Gott, in der der Mensch sich selber verlieren muß, nur möglich ist, indem die Liebe Gottes dem Menschen entgegenkommt und von dessen innerster Mitte her sich selber als die Kraft *der* Liebe anbietet, in der der Mensch den Mut hat, sich selber loszulassen, sich aufzugeben als die einzige wirkliche Selbstverständlichkeit, sich fallenzulassen, das Geheimnis als das wahre Licht, das alles aufklärt, gelten zu lassen, zu wissen, daß der Tod das Tor zum Leben ist, und die Liebe, die nicht sich, sondern den geliebten Gott als solchen sucht, das wahre Leben und die Ewigkeit bedeutet.

Natürlich scheint der Mensch dadurch überfordert zu sein. Zwar kann man sich abstrakt metaphysisch damit helfen, daß man sagt, der Mensch sei von seinem Wesen her von vornherein das Seiende, das auf den anderen bezogen sei, aus sich herausgehen müsse, um sich zu finden, sich vergessen müsse, um wahrhaft bei sich selber zu sein. Aber was scheint dieser metaphysische Trost zu helfen angesichts des nur zu greifbaren massiven Egoismus, der die Herzen verhärtet, der selbstverständlich zu sein scheint in einem Kampf ums Dasein, in dem nur der Stärkere obsiegt und wo alle Ethik der Selbstlosigkeit und Liebe nur das Mittel zu sein scheint, diesen Egoismus im Grunde der Existenz zu verschleiern oder zu Kompromissen zwischen solchen Egoismen zu dienen, damit sie etwas erträglicher werden und mehr Individuen eine Überlebenschance gewähren. Was nützt solcher metaphysische Trost vor dieser radikalen Forderung des Christentums nach wirklicher Liebe, ohne die es kein Heil gibt, wenn man in den Alltag unseres irdischen Lebens blickt? Das Christentum kann und will uns das tödliche Erschrecken über diese Forderung auf Tod und Leben nicht abnehmen in einem billigen Optimismus, der, als ob es gar nicht anders sein könnte, Gute und Verbrecher, Mörder und Ermordete von vornherein gemeinsam in den Himmel zaubert. Aber das Christentum hat im Laufe seiner Geschichte mit Recht immer mehr verstanden, daß diese allein heilschaffende, unbegreifliche, den Menschen überfordernde Liebe doch in viel verschiedeneren Gestalten und auf scheinbar völlig unfruchtbarem Boden geheimnisvoll und wie unsichtbar aufwachsen kann, als das Christentum es sich selbst zu Beginn denken konnte. Diese Liebe kann Treue zum eigenen Gewissen sein, kann letzte einsame und unbelohnte Verantwortung für andere sein, kann vielleicht jene, eben im letzten doch still und unbedingt hoffende Gelassenheit bedeuten, in der einer im Sterben sich eben doch von einer unbegreiflichen Verfügung nehmen läßt und diese als bergend annimmt. Das Geheimnis der heilschaffenden Liebe, die uns in das bergende Geheimnis Gottes wegträgt, uns von uns selber befreit, um uns frei zu machen, kann unerwartete Gestalten annehmen und uns so hoffen lassen, daß mehr Liebe in der Welt am Werke ist, als wir zunächst von unserer eigenen Empirie her zu denken wagen, zumal diese Empirie selbst nochmals durch unseren eigenen Egoismus verdunkelt und verzerrt sein kann, wenn sie meint, es begegne ihr keine wahre Liebe. Aber es bleibt dabei: Nur diese Liebe schafft Heil und rettet den Menschen, die Liebe, die uns radikal zu überfordern scheint, und darum weiß das Christentum letztlich auf die schreckliche Frage, wie der Mensch in seinem Gefängnis des Egoismus in die rettende Freiheit hinausgelangen könne, nur die Antwort, daß Gott größer ist als unser Herz, daß seine Verheißung des siegreichen Kommens seines Reiches uns verheißen hat, daß seine Liebe in ihrer unbegreiflichen Entäußerung auch das Wunder *unserer* Liebe zu ihm zu vollbringen vermag.

Was bedeutet nun diese Botschaft des Christentums für die Frage, mit der diese Tagung befaßt ist? Diese Botschaft des Christentums liegt zunächst einmal völlig quer zu den Aufgaben und Sorgen eines solchen Humanismus, der in diesen Tagen sich hier zu Wort meldet. Man könnte zwar und natürlich mit vollem Recht sagen, daß diese Tagung getragen und erfüllt ist von jener Humanität, die das Christentum auch selbst unter dem Stichwort der echten Nächstenliebe proklamiert. Aber selbst wenn wir davon absehen, daß der Humanismus, die Nächstenliebe, die von ihm gefordert wird, verständlicherweise doch nur das rationale Übereinkommen von vielen Egoismen ist und die Nächstenliebe nur zu leicht mit den Argumenten des Egoismus arbeitet und zu demonstrieren sucht (wie einleuchtend ist es doch!), daß Nächstenliebe wohlverstandener Egoismus ist und wohlverstandene Nächstenliebe ganz gewiß nie den eigenen Interessen schadet, ein rationaler Ausgleich zwischen nur scheinbar sich widersprechenden Interessen durchaus machbar sei, so ist es auf jeden Fall so, daß die christliche Botschaft eine eigentliche und selbstlose Liebe zu Gott anbietet und fordert, bei der das humanitäre Kunststück des Interessenausgleichs von vornherein nicht in Frage kommt. Nein, die letzte Botschaft des Christentums liegt bei aller Anerkennung eines gegenseitigen Bedingungsverhältnisses zwischen Gottes- und Nächstenliebe quer zu einem innerweltlichen Humanismus, weil eine Liebe zu Gott in sich selbst und für ihn selbst gefordert wird, in der der Mensch gerade nicht seine eigenen Interessen und den gegenseitigen Ausgleich dieser Interessen verfolgt, sondern seine eigene Selbstbehauptung über Gott, seiner Herrlichkeit und seiner Ehre im letzten vergißt, weil eben nur so Gott selber in sich geliebt wird und der „Nutzen" dieser Liebe für uns nur sachliche Voraussetzung und faktische Konsequenz, nie aber das in dieser Liebe Gesuchte, nie ihr Motiv sein kann. Die Botschaft des Christentums mutet uns etwas, und zwar als die entscheidende Mitte unserer Existenz, zu, was mit einem noch so weisen und noch so die Würde des Menschen bedenkenden Humanismus im Ausgleich jedweder denkbaren primitiven und sublimen Interessen der Menschen nichts zu tun hat, und diese so schlechthin unvergleichliche, disparate Zumutung des Christentums an den Menschen ist nicht die Zumutung eines zusätzlichen Geschäftes, sondern verlangt, daß der Mensch sie zur innersten Mitte seiner ganzen Existenz mache, in dem Bewußtsein, daß, wenn das Reich Gottes zuerst gesucht wird, alles andere schließlich hinzugegeben werde, wie Jesus sagt, und daß, wenn dieses andere scheinbar nicht hinzugegeben werde, dies kein Argument dafür sei, daß man die Liebe zu Gott zu wichtig genommen habe. Müssen die Kirchen heute nicht darauf achten, daß in ihrer konkreten Verkündigung, in deren Dosierung und Stimmstärke nicht die erste und letzte Maxime untergehe, die sie verkünden müssen: Höre Israel, der Herr, unser Gott, ist ein einziger Herr und du sollst den Herrn, deinen Gott, aus deinem ganzen Herzen und aus deiner ganzen Seele und aus deinem ganzen Gemüt und aus deiner ganzen Kraft lieben (Mk 12,29). Es ist nichts einzuwenden gegen Weltverantwortung, gegen Eintreten für Gerechtigkeit in der Welt, für die Dritte Welt, für Verantwortung für die Umwelt, gegen Protest gegen alle Verletzungen der Menschenrechte und der Menschenwürde, für die Armen und Unterdrückten. Erklärungen wie „Gaudium et spes" sind gut, ja sogar eine Pflicht. Es mag Revolutionen geben, bei denen sogar harte Gewalt christlich verantwortbar ist. Die Theologie mag die innerste Verschränkung zwischen Gottes- und Menschenliebe immer deutlicher und unerbittlicher herausarbeiten, immer radikaler zeigen, daß das erste Gebot schon im zweiten steckt. Aber für das Christentum ist nun einmal unter Strafe, sonst im Endlichen zu ersticken, Gott und Welt nicht einfach in einer toten Selbigkeit zusammenfallend. Und darum gibt es Gottesliebe, die nicht einfach mit Menschenliebe identisch ist. Es darf nicht so getan werden, als ob der Tod Gottes den Menschen erst wirklich lebendig macht. Und darum gibt es die Botschaft von der unbedingten Liebe zu Gott aus ganzem Herzen und um Gottes selbst willen und diese Liebe ist nun einmal nicht identisch mit der Maxime: Rettet die Welt. Diese Liebe muß an erster Stelle vom Christentum und seinen Kirchen verkündet werden. Das Christentum gäbe sich selber auf, wenn es nicht mehr den Mut hätte, von dieser seligen Nutzlosigkeit der Liebe zu Gott zu künden, die insofern ja absolut „nutzlos" ist, weil sie ja gar nicht sie selber wäre, wenn der Mensch darin seinen eigenen Nutzen, seine Selbstbehauptung, seine eigene Vollendung suchen würde. Diese göttliche Nutzlosigkeit der Liebe zu Gott, ihre

Unverbrauchbarkeit, die Rückweglosigkeit der von Gott in seinem Geist ermöglichten Radikalität unserer Transzendenz auf Gott müssen das Christentum und seine Kirchen mitten hinein verkündigen in den stolzen und verzweifelten Dialog, den die Menschen über ihre gewiß verzweifelten Sorgen und Zukunftsängste führen. Wo sind heute die Propheten, die laut schreien: „Suchet zuerst das Reich Gottes", Propheten, die dieses Reich Gottes selber nicht noch einmal mit einer sublimeren Stufe des Glücks und der Wohlfahrt dieser Welt verwechseln, Propheten, die diese Verkündigung nicht darum sich leisten, weil es ihnen sowieso schon sehr erträglich in dieser Welt geht, sondern ihren Ruf erheben inmitten apokalyptischer Ängste?

So sehr die letzte Möglichkeit und die unabdingbare Aufgabe des Christen, ja jedes Menschen quer oder jenseits zu seiner eigenen Zukunftssorge und seinen eigenen Zukunftsängsten liegt, so haben bei der Einheit des Menschen *jene* Aufgabe und *diese* Sorgen doch etwas miteinander zu tun. Davon ist nun zu sprechen. Dabei ist es für die christliche Daseinsinterpretation von entscheidender Bedeutung, daß die unverbrauchbare Transzendenz des Menschen auf das unumfaßbare Geheimnis Gottes, seine Liebe Gottes um Gottes willen und nicht um des Menschen selber willen nicht doch wieder insgeheim uminterpretiert werden zu einer nützlichen, vielleicht unverzichtbaren und notwendigen Lebenshilfe für den Menschen selbst. Es ist zwar absolut wahr, daß der Mensch Gottes bedarf. Aber dieses Bedürfnis ist gerade nicht die Legitimation Gottes. Ja, wenn Gott so vom Menschen nur als Mittel und Garant seiner Sorge um sich selbst verstanden würde, würde Gott selbst unverständlich werden, würde gerade aufhören, die Legitimation und dieser Garant für die menschliche Humanität zu sein, würde mit Recht durch die Meinung Feuerbachs tödlich zu treffen sein, er sei doch nur die Projektion menschlicher Bedürfnisse und existiere darum gar nicht. Wenn wir also fragen, was die unverbrauchbare Transzendenz des Menschen auf Gott in seiner Liebe zu Gott um seiner selbst willen doch für den Menschen bedeute, dann ist immer gemeint, daß diese Bedeutung nur dann gegeben ist, wenn sie nicht um ihrer selbst willen gesucht wird, wenn in ihr der Mensch nicht Gott in seinen eigenen Dienst stellen will, wenn Gott nicht um dieser Bedeutung willen, sondern um seiner selbst willen geliebt wird, wenn das Wunder wirklicher Liebe geschieht, wenn ihre Bewegung auf Gott hin nicht noch einmal auf den Menschen zurückschnappt und nicht noch einmal im Menschen selbst ihren Endpunkt hat. Nur unter dieser Voraussetzung kann alles, was über die Bedeutung der Transzendenz auf Gott hin für den Menschen selbst gesagt wird, wahr und heilsam sein. So allerdings darf und muß von dieser Bedeutung geredet werden. Denn die Liebe zu Gott *ist*, da Gott ein Gott der Lebendigen und nicht der Toten ist, trotz der Unumkehrbarkeit ihrer Richtung auf Gott nicht eine Liebe, in der der endliche Mensch verbrennt und verzehrt wird, sondern eine Liebe, die lebendig macht, und den selbstlos Liebenden, ja gerade nur ihn bestätigt und rettet.

Diese Liebe zu Gott um seiner selbst willen, die natürlich immer auch den Glauben an die sich offenbarende Selbstmitteilung Gottes und die Hoffnung auf die Vollendung dieser Selbstmitteilung Gottes einschließt, die unverbrauchbare Transzendenz des Menschen auf Gott ohne Rückkehr bedeutet Freiheit und das, was die Schrift Trost zu nennen pflegt. Freiheit: Ich bin versichert, sagt Paulus (Röm 8,38), daß weder Tod noch Leben, weder Engel noch Gewalten, weder Gegenwärtiges noch Zukünftiges, weder Mächte, weder Höhe noch Tiefe noch irgend eine andere Wirklichkeit uns zu scheiden vermag von der Liebe Gottes, die da ist in Christus, unserem Herrn. Wenn diese Liebe da ist, dann ist dieser Satz des Apostels eigentlich selbstverständlich. Man ist in dieser Liebe durchgebrochen durch die unabsehbare Vielfalt und Bewegtheit der Mächte, die unser Leben tragen, bestimmen und bedrohen. Keine dieser Mächte und Gewalten, die in ihrer Unverfügbarkeit und Unvorhersehbarkeit unsere Existenz bedrohen, ist mehr das Erste und Letzte in unserem Leben; in dieser Liebe sind wir uns selber genommen, geborgen in dem unendlichen Gott ewiger Fülle und Sicherheit, in der Unendlichkeit ohne Namen, die nicht die Summe der uns unmittelbar begegnenden Wirklichkeiten ist. Wir sind frei, weil nichts mehr ist, das wir absolut setzen, weil weder ein Zukunftsoptimismus noch ein Zukunftspessimismus absolut gesetzt werden müssen. Die Frage ist nicht die, ob wir in dieser Liebe, die uns von allem und auch von einem angsthaften Selbstbesitz befreit, unendliche Freiheit in Gott haben, sondern nur, ob wir es tatsächlich *fertigbringen,* Gott so zu lieben. Aber eben diese Liebe zu Gott ist nur dann gegeben, wenn die Sorge der Liebe um sich selbst nochmals überholt und relativiert ist durch die Liebe zu Gott selbst, wenn diese Liebe Gott liebt und sich nicht um sich selber sorgt. Und weil in der innersten Mitte unserer Existenz im Heiligen Geist und in dem Wort der Offenbarung in Jesus Christus Gott uns geoffenbart hat, daß er immer bereit ist, selber diese Liebe zu ihm durch seinen eigenen Geist zu bewirken, lassen wir uns getrost auf die glaubende Hoffnung ein, daß wir Gott lieben, auch wenn die Erbärmlichkeit unseres Herzens selbst kaum etwas davon weiß und das Wunder solcher Liebe ewig unbegreiflich ist, glaubwürdig nur dem ist, der, wenn diese furchtbare Frage aufsteht, versucht zur Liebe Gottes selbst zu fliehen und den Mut hat, diese Frage letztlich unbeantwortet stehen zu lassen. Dann aber ist Freiheit und Frieden. Nicht als ob diese Freiheit in Frieden in diesem irdischen Leben jemals ein Zustand von zementierter Festigkeit werden könnte, mit dem man als ein für alle Mal gegebenem beruhigt rechnen könnte. Es ist da vielmehr wie mit einem Schwimmer, der den Kopf immer wieder über das Wasser bringt, das ihn zu verschlingen sucht. Aber in diesem immer neu sich ereignenden Vollzug der Liebe zu Gott um seiner selbst willen, in dem man sich selbst und die Gefährdetheit dieser Liebe letztlich doch vergißt, wird die Freiheit über alle Mächte und Gewalten immer neu geschenkt und nur so auch der eine, schweigende Trost, von dem das Neue Testament spricht. Der Mensch von heute ist versucht, Zerrissenheit, Unglück und Verzweiflung zu den wirklichen Höhepunkten seines Lebens umzustilisieren. Aber dort, wo Zerrissenheit und Unglück wirklich herrschen und nicht bloß ein Nebenphänomen in einem bürgerlich satten Leben sind, gelingt dies nicht mehr. Der, der sich bedingungslos in Liebe der Unbegreiflichkeit, die wir Gott nennen, immer neu anzuvertrauen sucht, kann dem, der dies wirklich nicht tut und nicht nur meint, es nicht zu tun, zwar Freiheit, Friede und Trost nicht als einen indiskutablen Besitz triumphalistisch vorweisen; aber er hat sie, weil er Gott gefunden hat, indem er sich in ihm verloren hat.

Hat diese unverbrauchbare Transzendenz des Menschen auf Gott eine Auswirkung auf das konkrete Leben in Raum und Zeit, in der Gesellschaft und erfahrbaren Geschichte? Das ist die letzte Frage, zu der wir eine kurze Bemerkung versuchen. Wiederum muß die Mahnung dieser Bemerkung vorausgeschickt werden, daß eine positive Antwort auf diese Frage nicht die Rechtfertigung für diese unverbrauchbare Transzendenz des Menschen auf Gott hin liefern soll. Wer die Transzendenz des Menschen auf Gott durch die positiven innerweltlichen und innergeschichtlichen Konsequenzen, die sie hat, rechtfertigen und im Handel der Welt anbringen wollte, der würde sie zerstören. Wahrheit ist nützlich; wer aber die Wahrheit unter dem Auswahlprinzip der Nützlichkeit suchen wollte, der würde *die* Wahrheit verfehlen, die am nützlichsten ist. Die Liebe macht glücklich; aber nur, wenn sie nicht ihr eigenes Glück sucht. Gott ist unser letzter Sinn, aber nur, wenn er selber um seiner selbst willen gesucht wird und nicht unsere Erfüllung als solche durch diesen Sinn. Nur unter dieser Bedingung kann, was noch gesagt werden soll, richtig getan und somit richtig verstanden werden.

Bevor aber dieses Ja zum „Nutzen" dieser unverbrauchbaren Transzendenz des Menschen auf Gott hin gesagt wird, muß noch eine weitere Vorbemerkung vorausgeschickt werden. Ich weiß nicht, ob die Weltgeschichte weiterginge, wie sie doch offenbar weitergehen soll, wenn die Gesamtmenschheit ausdrücklich und in radikalster Weise und durch alle ihre Dimensionen hindurch jene Liebe zu Gott, jene radikale Selbstübergabe an das unendliche Geheimnis voll vollziehen würde, die ihr an sich grundsätzlich abverlangt wird. Vielleicht wäre, wenn solches verwirklicht würde, das gegeben, was wir Christen das vollendete Reich Gottes nennen, das diese Geschichte in die Herrlichkeit Gottes hinein beschließt. Es ist also denkbar, daß der scheinbare oder offenkundige

Mangel, ja Schwund einer Transzendenz auf Gott hin in dieser Welt einen positiven Sinn für das Weitergehen einer irdischen Geschichte und die weitere Entfaltung der Menschheit und ihrer Potentialitäten hat, auch wenn bliebe oder bleibt, was vorhin schon angedeutet wurde, daß nämlich in dieser so gottlos scheinenden Welt in tausend Gestalten die Liebe zu Gott doch realisiert wird und das transzendente Heil der Menschheit als ganzer immer noch gehofft werden darf. Es bleibt natürlich immer auch, daß wer zu einer intensiven Liebe zu Gott gerufen und ermächtigt ist, sie nicht darum verweigern kann, weil vielleicht ein sinnhafter Gang der Weltgeschichte anderswo auch ohne solche ausdrückliche und intensive Liebe gegeben ist. Wenn somit eine positive Antwort auf die Bedeutsamkeit einer unverbrauchbaren Transzendenz auf Gott auch für die Welt und ihre Geschichte hier und jetzt gegeben werden soll, dann ist weder gesagt, es sei sicher, daß der Gang dieser Geschichte nur dann einigermaßen gut oder erträglich weitergehe, wenn diese Liebe zu Gott gerade in *den* Formen und Gestalten sich ereignet, die uns vor Augen stehen, wenn wir von Liebe zu Gott sprechen, und die uns selber in unserer eigensten Situation abverlangt werden. Es ist nicht einmal für die einzelnen Fälle und Möglichkeiten gesagt, daß die tatsächlichen Realisationen dieser transzendenten Liebe auf Gott als solchen hin in keinem Fall die Verwirklichung innerweltlicher Möglichkeiten beeinträchtigen. Wenn Pascal nicht nur gesund geblieben wäre, sondern auch auf seine Mystik und seine jansenistische Theologie verzichtet hätte, hätte er sicher in der Mathematik und anderen weltlichen Wissenschaften Ergebnisse erzielt, die er so der Menschheit schuldig geblieben ist. Es soll auch überdies nicht behauptet werden, daß die unverbrauchbare Transzendenz auf Gott, so sehr sie gerade heute für diese irdische Geschichte neu notwendig zu werden scheint, darum auch für sich allein alle jene innerweltlichen und gemeinsamen und neu zu findenden Zielsetzungen überflüssig machen könnte, deren Fehlen bei der heutigen, durch die technische Entwicklung bewirkten historischen Großwende wir beklagen. Das alles sei nüchtern und ehrlich zugegeben und muß respektiert werden, weil sonst alle Apologetik für die Notwendigkeit einer religiösen Sinngebung der menschlichen Existenz unehrlich würde.

Aber es kann und muß doch gesagt werden, daß dort, wo der Mensch seine unverbrauchbare Transzendenz auf Gott hin, ohne Lohn zu erwarten, lebt, er auch schon in diesem Leben „belohnt" wird, auch wenn ihm die bittere Tragik der individuellen und kollektiven Geschichte nicht geschenkt wird, die ja von Gerechten und Sündern in gleicher Weise ausgelitten werden muß. Erst durch die Liebe zu Gott erhalten die Normen innerweltlich sachgerechten Handelns praktisch und effizient die Würde eines Gebotes, das Ausdruck des göttlichen Willens ist, und erst so wird wirklich deutlich, daß die Respektierung solcher Gebote vor dem Gericht des Gottes von absoluter Heiligkeit verantwortet werden muß. Die innerweltliche Sachgemäßheit und die daraus schon entspringende Forderung ethischen Handelns darf gewiß nicht vernachlässigt oder übersprungen werden. Und es ist gewiß nicht sehr einfach zu erklären, warum und wie eine solche Forderung endlicher und bedingter Werte mit der Hoheit und Unerbittlichkeit der Äußerung eines göttlichen Willens von absoluter Verpflichtung auftreten könne. Aber da es solche endlichen und bedingten Werte, die den Menschen als göttliche Forderung erreichen, nun einmal gibt, erhält das innerweltlich sittliche Handeln dessen, der Gott liebt, für ihn eine Würde und Unerbittlichkeit, die zweifellos in einer spezifisch neuen Weise sein innerweltliches Handeln nach solchen Werten bestimmt mit einer Motivation und Verpflichtung, die für dieses Handeln nur segensreich sein kann. – Eine weitere Bedeutung kommt zu der eben nur angedeuteten aus der Transzendenz des Menschen auf Gott hin für sein innerweltliches Handeln hinzu: Die entgötzende Relativierung seiner unmittelbaren Ziele und Aufgaben. Wenn wir nüchtern und unbefangen in unsere Gegenwartsgeschichte hineinschauen, dann begegnen wir in der Theorie und in der Praxis einer entsetzlichen Verabsolutierung partikulärer Wirklichkeiten und Möglichkeiten, auch wenn dies nun hier nicht auch noch im einzelnen dargelegt werden kann. Aus dieser schrecklichen Tendenz, einzelne endliche Wirklichkeiten und Werte absolut zu setzen, zu vergöttlichen, zu vergötzen, um in der Leere heutiger Sinnverluste doch ein Absolutum zu haben, dem man sich aber nicht ergibt, sondern das man beherrschen will, um selber herrschen zu können, erwachsen dann der Fanatismus der Weltanschauungen, die entsetzliche Intoleranz der gesellschaftlichen Systeme, die tobende Lautstärke der Propaganda, die arrogante und entsetzlich dumme Schwarz-Weißmalerei in der Politik und so fort. Wo der Mensch keinen Gott hat, in dessen Unbegreiflichkeit er sich willig hineinfallen lassen kann, gerät er unter die Herrschaft partikulärer Götzen, in denen die rationale Kalkulation, die Technik, der Stolz, alles machen zu können, das perfekte Funktionieren eines Systems, der Sexus, die Macht und so fort absolut gesetzt, monoman zum einzigen Ausgangspunkt und zum je einzigen Richtmaß des Handelns und des Lebens gemacht werden. Wenn einer es nicht fertigbringt, nicht fertigbringen will, Gott um seiner selbst willen zu lieben, so, daß man scheinbar davon gar nichts hat, der muß eine partikuläre Wirklichkeit notwendig als einzelne verabsolutieren und zum letzten Richtmaß machen, muß ein Pantheon mit einem obersten Gott konstruieren, weil er sonst in der Vielfalt der Wirklichkeiten und Möglichkeiten, die sein Gott werden wollen, überhaupt richtungslos sich verwirren würde. Aber ein solcher einzelner Gott, auch wenn er zum obersten erklärt wird, ist ein einzelner, und der Kampf dieser Götter ginge friedlos bis zum Untergang aller weiter. Man darf nichts Einzelnes absolut setzen, auch sich selber nicht; man soll alles wichtignehmen und doch nichts so ganz wichtignehmen; man soll nicht meinen, alles zu wissen und alles beherrschen zu können; man muß sich loslassen können ohne vorausgehend nachgeprüfte Garantie, daß man ankommt und eben dies dennoch – man möchte fast sagen: kindlich einfältig – hoffen; man muß in die weglose Unbegreiflichkeit hinauswandern ohne Furcht, sich zu verlaufen; man muß wirklich von sich wegkommen. Wenn man dies tut, immer aufs neue sucht, immer neu daran glaubt, daß, was man sich so in einer unbegreiflichen Überforderung abverlangt, einem doch gegeben werde, dann liebt man Gott, dann erst versteht man, was mit diesem Wort überhaupt gemeint ist, dann fallen die Götzenbilder am Wege unseres Lebens, auch die Götzen, zu denen wir legitime Zukunftsplanung und nur zu verständliche Zukunftsangst gemacht haben. Wir wissen dann, daß wir in unserer eigenen Existenz und im Schicksal der Menschheit, ob durch Leben oder Tod, in die Hände des Gottes fallen, der alles in einem ist, den man namenlos lassen muß und von dem man doch sagen darf, daß er das ewige Licht, das ewige Leben, die unaussprechliche Herrlichkeit, der Friede ohne Ende und das für uns ist, weil er uns gegeben hat, uns selbst zu vergessen und für ihn zu sein.

Burghard Krause

Bibliographie Wilfried Joest

I. Monographien

Gesetz und Freiheit. Das Problem des tertius usus legis bei Luther und die neutestamentliche Parainese, Göttingen 1951, 2. Aufl. 1956, 3. Aufl. 1961, 4. Aufl. 1968
Ontologie der Person bei Luther, Göttingen 1967
Fundamentaltheologie. Theologische Grundlagen- und Methodenprobleme, Theologische Wissenschaft (Sammelwerk für Studium und Beruf), Hrsg. C. Andresen, W. Jetter, W. Joest, O. Kaiser, E. Lohse, Bd. 11, Stuttgart–Berlin–Köln–Mainz 1974
Gott will zum Menschen kommen. Zum Auftrag der Theologie im Horizont gegenwärtiger Fragen. Gesammelte Aufsätze, Göttingen 1977

II. Aufsätze

Die katholische Lehre von der Rechtfertigung und von der Gnade, ausgewählt und eingeleitet von Prof. D. W. Joest, Quellen zur Konfessionskunde, Reihe A (Röm.-kath. Quellen) Heft 2, Lüneburg 1954
Die Heilige Schrift und die Fülle des Wortes Gottes, in: Evangelisch-Lutherische Kirchenzeitung (hrsgg. im Auftrag der Vereinigten Ev.-Luth. Kirche Deutschlands. Hrsg. u. Schriftleiter: R. Eckstein), 8. Jg. Nr. 19, Oktober 1954, 290–293
Endgültigkeit und Unabgeschlossenheit des Dogmas, in: Theologische Literaturzeitung 1954, Nr. 7/8, Sp. 435–440
Paulus und das lutherische Simul Iustus et Peccator, in: Kerygma und Dogma, 1. Jg. 1955, 269–320
Sein und Akt in der Existenz des Menschen vor Gott. Zur Interpretation der reformatorischen Anthropologie, in: Studium Generale, 8. Jg., H. 11, 1955, 689–697
Über Sinn und Grenzen theologischer Erkenntnis, in: Das Wort Gottes in Geschichte und Gegenwart. Theologische Aufsätze von Mitarbeitern an der Augustana-Hochschule in Neuendettelsau, hrsgg. anläßlich d. 10. Jahrestages ihres Bestehens (10. 12. 1957) v. W. Andersen, München 1957, 117–131
Zum Problem der christokratischen Theologie, in: Korrespondenzblatt (hrsgg. vom Pfarrerverein in der Ev.-Luth. Kirche in Bayern), 73. Jg. 1958, Nr. 9, 2–5; Fortsetzung A, in: a.a.O., Nr. 10, 1–3; Fortsetzung B, in: a.a.O., Nr. 11, 2–5
Nochmals zum Problem der christokratischen Theologie des Politischen. Antwort auf Luttenbergers Rückfragen, in: Korrespondenzblatt, 75. Jg. 1960, Nr. 5, 1–4; Fortsetzung u. Schluß, in: a.a.O., Nr. 6, 1–3

Paul Althaus als Lutherforscher, in: Luther. Mitteilungen der Luthergesellschaft, Berlin 1958, H. 1, 1–11

Elternrecht in evangelisch-theologischer Sicht, in: E. Stein, W. Joest, H. Dombois, Elternrecht. Studien zu seiner rechtsphilosophischen und evangelisch-theologischen Grundlegung, Pädagogische Forschungen. Veröffentlichungen des Comenius-Instituts Nr. 7, Heidelberg 1958, 58–72

Das Verhältnis der Unterscheidung der beiden Regimente zu der Unterscheidung von Gesetz und Evangelium, in: Dank an Paul Althaus. Eine Festgabe zum 70. Geburtstag, dargebracht von Freunden, Kollegen und Schülern, Hrsg. W. Künneth u. W. Joest, Gütersloh 1958, 79–97

Wiederabdruck in: Reich Gottes und Welt. Die Lehre Luthers von den zwei Reichen, Wege der Forschung Bd. 107, Hrsgb. H.-H. Schrey, Darmstadt 1969, 196–220

Die Erfüllung des Menschen in der Gemeinde Jesu Christi, in: Lutherische Nachrichten (hrsgg. von der Lutherischen Arbeitsgemeinschaft in den Unionskirchen Deutschlands), 8. Jg. 1959, Nr. 45/46, 24–38

Offenbarungscharakter und Autorität der Heiligen Schrift, in: Die Zeichen der Zeit. Evangelische Monatsschrift für Mitarbeiter der Kirche, 15. Jg. 1961, H. 6, 201–208

Die Personalität des Glaubens, in: KuD, 7. Jg. 1961, H. 2, 36–53; Fortsetzung und Schluß, in: a.a.O., 152–171

Veränderter Wiederabdruck unter dem Titel: Das „Personale und der Glaube. Möglichkeiten und Grenzen einer theologischen Interpretationskategorie, in: W. Joest, Gott will zum Menschen kommen, a.a.O., 9–45

„Jesus, Paulus und wir". Antwort an E. Stauffer, in: Theologische Literaturzeitung, 86. Jg. 1961, Nr. 9, 641–650

Das Amt und die Einheit der Kirche, in: Una sancta. Zeitschrift für interkonfessionelle Begegnung, 16. Jg. 1961, H. 4, 236–249

Die tridentinische Rechtfertigungslehre, in: KuD, 9. Jg. 1963, H. 1, 41–69

Zur Frage des Paradoxen in der Theologie, in: Dogma und Denkstrukturen. Edmund Schlink in Verehrung und Dankbarkeit zum 60. Geburtstag, Hrsg. W. Joest u. W. Pannenberg, Göttingen 1963, 116–151

Menschenwürde nur mit Gott, in: Nachrichten der Evangelisch-Lutherischen Kirche in Bayern, 18. Jg. 1963, Nr. 18, 289f.

Die Kirche und die Parusie Jesu Christi, in: Gott in Welt. Festgabe für Karl Rahner zum 60. Geburtstag am 5. März 1964, Hrsg. J. B. Metz, W. Kern S. J., A. Darlupp, H. Vorgrimler, Freiburg–Basel–Wien 1964, 536–550

Raum, Zeit und Kausalität. Über den Glauben an Gott den Schöpfer und das naturwissenschaftliche Weltbild, in: Zeitwende – Die neue Furche, XXXV. Jg. 1964, H. 8, 522–536

Veränderter Wiederabdruck unter dem Titel: Gott der Schöpfer und der Kosmos. Zum Verhältnis von Theologie u. Naturwissenschaft, in: W. Joest, Gott will zum Menschen kommen, a.a.O., 108–123

Die Frage der Transzendenz Gottes in der gegenwärtigen Theologie, in: Humanismus und Christentum heute. Vorträge gehalten auf der Tagung evangelischer Philologen 1964, Hrsg. Dekan G. Lanzenstiel, München 1964, 7–18.

Veränderter Wiederabdruck unter dem Titel: Die Frage der Transzendenz Gottes, in: W. Joest, Gott will zum Menschen kommen, a.a.O., 97–107
Christliches Ethos und rechtlicher Sittenbegriff, in: Reformatio und Confessio. Festschrift für D. Wilhelm Maurer zum 65. Geburtstag am 7. Mai 1965, Hrsg. F. W. Kantzenbach u. G. Müller, Berlin–Hamburg 1965, 419–432
Ex fide vita – allein aus Glauben Gerechtfertigte werden leben, in: Zur Auferbauung des Leibes Christi. Festgabe zum 65. Geburtstag von Peter Brunner, Hrsg. E. Schlink u. A. Peters, Kassel 1965, 153–165
Erwägungen zur kanonischen Bedeutung des Neuen Testaments. Walter Künneth zum 65. Geburtstag, in: KuD, 12. Jg. 1966, H. 1, 27–47
Die Frage des Kanons in der heutigen evangelischen Theologie, in: W. Joest, F. Mußner, L. Scheffczyk, A. Vögtle, U. Wilckens, Was heißt Auslegung der Heiligen Schrift?, Regensburg 1966, 173–210
Gedanken zur institutionellen Struktur der Kirche in der Sicht evangelischer Theologie, in: Volk Gottes. Festgabe für Josef Höfer, Hrsg. R. Bäumer u. H. Dolch, Freiburg–Basel–Wien 1967, 178–186
In welchem Sinn wollen theologische Aussagen wahr sein?, in: Wahrheit und Verkündigung. Michael Schmaus zum 70. Geburtstag, Hrsg. L. Scheffczyk, W. Dettloff, R. Heinzmann, Paderborn–München–Wien 1967, 1339–1353
Die Rechtfertigungslehre Luthers in ihrer Bedeutung für den modernen Menschen, in: Reformation heute. Bibelarbeit und Referate der internationalen Theologentagung des Lutherischen Weltbundes (v. 29. 5. bis 2. 6. 1967), Hrsg. H. Foerster, Berlin 1967, 41–55
Das Heiligungsproblem nach Luthers Schrift „Wider die himmlischen Propheten", in: Kirche, Mystik, Heiligung und das Natürliche bei Luther. Vorträge des Dritten Internationalen Kongresses für Lutherforschung in Finnland (11.–16. 8. 1966), Hrsg. Ivar Asheim, Göttingen 1967, 189–193
Thesen zum Problem der existentialen Interpretation. Edmund Schlink zum 65. Geburtstag, in: KuD, 14. Jg. 1968, H. 2, 153–157
Veränderter Wiederabdruck in: W. Joest, Gott will zum Menschen kommen, a.a.O. 64–68
Adam und wir, in: Humanitas – Christianitas. Walther Loewenich zum 65. Geburtstag, Hrsg. K. Beyschlag, G. Maron, E. Wölfel, Witten 1968, 302–315.
Veränderter Wiederabdruck unter dem Titel: Adam und wir. Gedanken zum Verständnis der biblischen Urgeschichte, in: W. Joest, Gott will zum Menschen kommen, a.a.O., 124–139
Barth, Bultmann und die „existenziale Interpretation", in: Theologie zwischen Gestern und Morgen. Interpretationen und Anfragen zum Werk Karl Barths, Hrsg. W. Dantine u. K. Lüthi, München 1968, 69–87
Veränderter Wiederabdruck unter dem Titel: Zwischen Barth und Bultmann, in: W. Joest, Gott will zum Menschen kommen, a.a.O., 46–63
Zur Frage der Gottesanschauung bei Luther und Thomas von Aquino, in: Luther. Zeitschrift der Luther-Gesellschaft 1970, H. 1, 26–39
Überlegungen zum hermeneutischen Problem der Theologie, in: Praxis Ecclesiae. Praktische Theologie als Hermeneutik, Katechetik und Homiletik im Dienste der Kirche. Kurt Frör zum 65. Geburtstag am 10. Oktober 1970, Hrsg. D. Stollberg in Verbindung mit R. Bohren und M. Seitz, München 1970, 13–26

Veränderter Wiederabdruck unter dem Titel: Bewahren im Übersetzen. Zur hermeneutischen Aufgabe der Theologie, in: W. Joest, Gott will zum Menschen kommen, a.a.O., 69–81
Amt und Ordination – unüberholbare Strukturen?, in: KuD, 17. Jg. 1971, H. 1, 75–85
Zur Frage des katholisch-evangelischen Dialogs heute, in: Begegnung. Beiträge zu einer Hermeneutik des theologischen Gesprächs, Hrsg. M. Seckler, O. H. Pesch, J. Brosseder, W. Pannenberg, Graz–Wien–Köln 1972, 179–186
Zur Frage des christlichen Redens von Gott in der spätneuzeitlichen geistigen Situation; in: KuD, 19. Jg. 1973, H. 1, 10–21
Überlegungen zum Thema Theologie und Wissenschaft. Edmund Schlink zum 70. Geburtstag gewidmet, in: KuD, 19. Jg. 1973, H. 2, 150–156
38 Thesen zur Frage der Verbindlichkeit ethischer Normen, in: Christsein in einer pluralistischen Gesellschaft. 25 Beiträge aus evangelischer Sicht. Walter Künneth zum 70. Geburtstag gewidmet, Hrsg. H. Schulze und H. Schwarz, Hamburg 1971, 289–303
Veränderter Wiederabdruck unter dem Titel: Das Gebot und die Gebote. Thesen zur theologischen Begründung der Verbindlichkeit ethischer Normen, in: W. Joest, Gott will zum Menschen kommen, a.a.O., 82–96
Lebensschutz oder wirksame Abhilfe eines Notstandes?, in: Uni Kurier, Zeitschrift der Universität Erlangen–Nürnberg, 4. Jg. 1973, H. 12, 34f.
Das Thema „Aggression und Frieden" und die christliche Versöhnungsbotschaft, in: Das Wort und die Wörter. Festschrift f. Gerhard Friedrich zum 65. Geburtstag, Hrsg. H. Balz u. S. Schulz, Stuttgart–Berlin–Köln–Mainz 1973, 221–229
Theologische Perspektiven zur Passion und zur Passionspredigt, in: Festtage. Zur Praxis der christlichen Rede, Hrsg. H. Breit u. K.-D. Nörenberg, München 1975, 66–73
Friede auf Erden. Weitere Beiträge zu „Einladung zum Gespräch" in Nr. 4/77, in: Korrespondenzblatt (hrsgg. vom Pfarrerverein in der Ev.-Luth. Kirche in Bayern), 92. Jg. 1977, H. 10, 102–104
Karl Barth und das lutherische Verständnis von Gesetz und Evangelium. Gedanken und Fragen zur Wiederaufnahme einer stehengebliebenen Diskussion, in: KuD, 24. Jg. 1978, H. 2, 86–103

III. Lexikonartikel

Gesetz und Evangelium, dogmengeschichtlich, in: Evangelisches Kirchenlexikon, Bd. I, 1956, Sp. 1555–1562
Bekehrung, systematisch, in: RGG³, Bd. I, 1957, Sp. 980–981
Berufung, dogmatisch, in: RGG³, Bd. I, Sp. 1088–1089
Elternrecht I, in: RGG³, Bd. II, 1958, Sp. 444–446
Gerechtigkeit Gottes, dogmatisch, in: RGG³, Bd. II, Sp. 1407–1410
Gesetz und Evangelium, dogmatisch, in: RGG³, Bd. II, Sp. 1526–1531
Gnade Gottes, dogmatisch, in: RGG³, Bd. II, Sp. 1640–1645
Heiligung, dogmatisch, in: RGG³, Bd. III, 1959, Sp. 180–181
Imputatio, in: RGG³, Bd. III, Sp. 694–696

Rechtfertigung, dogmengeschichtlich I, in: RGG³, Bd. V, 1961, Sp. 828–834
Sünde und Schuld, dogmatisch, in: RGG³, Bd. VI, 1962, Sp. 494–500
Synergismus, in: RGG³, Bd. VI, Sp. 561–562
Versöhnung, dogmatisch, in: RGG³, Bd. VI, Sp. 1378–1379
Wiedergeburt, dogmatisch, in: RGG³, Bd. VI, Sp. 1699–1700
Person I. Theologisch, in: Evangelisches Staatslexikon, Hrsg. H. Kunst, S. Grundmann, Stuttgart–Berlin 1966, Sp. 1499–1501; 2. vollständig neu bearbeitete und erweiterte Aufl., Hrsg H. Kunst, R. Herzog, W. Schneemelcher, Stuttgart–Berlin 1975, Sp. 1801–1803

IV. Predigthilfen

Gottes Macht sprengt Jesu Grab – die Selbstbezeugung des Auferstandenen (Mt. 28, 1–10: Ostersonntag/Lk 24, 36–49: Ostermontag), in: Calwer Predigthilfen Bd. 7 (Neutest. Texte der 3. Reihe), Hrsg. H. Breit u. L. Goppelt, Stuttgart 1968, 204–219
Freiheit vom Gesetz (Gal. 2, 16–20: Septuagesimä/Röm. 7, 14–8, 2: Sonntag nach Trinitatis), in: Calwer Predigthilfen Bd. 8 (Neutest. Texte der 4. Reihe), Hrsg. H. Breit u. L. Goppelt, Stuttgart 1969, 106–121
Knechtschaft und Freiheit (Joh. 8,31–36: Reformationsfest), in: Calwer Predigthilfen Bd. 9 (Neutest. Texte der 5. Reihe), Hrsg. H. Breit u. L. Goppelt, Stuttgart 1970, 321–327
Die Zuverlässigkeit Gottes (Röm 3,19–28: Reformationsfest), in: Calwer Predigthilfen Bd. 10 (Neutest. Texte der 6. Reihe), Hrsg. H. Breit u. L. Goppelt, Stuttgart 1971, 320–327

V. Buchbesprechungen

Christlicher Humanismus (zu J. Sellmair, Humanitas christiana. Geschichte des christlichen Humanismus, 1950; H. W. Rüssel, Gestalt eines christlichen Humanismus; V. E. Frhr. v. Gebsattel, Christentum und Humanismus. Wege des menschlichen Selbstverständnisses, 1947), in: Verkündigung und Forschung. Theologischer Jahresbericht 1949/50, Hrsg. E. Wolf, München 1951/52, 146–156
Zur Auseinandersetzung mit Kierkegaard (vgl. die dort angegebenen Besprechungstitel), in: Verkündigung und Forschung. Theologischer Jahresbericht 1951/52, Hrsg. E. Wolf, München 1953/54, 225–244
„Verhängnis und Hoffnung der Neuzeit". Kritische Gedanken zu Friedrich Gogartens Buch, in: KuD, 1. Jg. 1955, H. 1, 70–83
L'Existence de Dieu. Tournai: Casterman 1961 = Cahiers de l'actualité religieuse, collection dirigée par le collège dominicain de théologie à La Sarte-Huy, in: Theologische Literaturzeitung, 88. Jg. 1963, Nr. 7, Sp. 532–534
G. Gloege, Heilsgeschehen und Welt. Theologische Traktate I, Göttingen, 1965, und ders., Verkündigung und Verantwortung. Theologische Traktate II, Göttingen 1967, in: Theologische Literaturzeitung, 96. Jg. 1971, Nr. 7, 534–540
(abgeschlossen September 1978)

Wilfried Joest · Gott will zum Menschen kommen

Zum Auftrag der Theologie im Horizont gegenwärtiger Fragen. Gesammelte Aufsätze. 1977. 169 Seiten, kartoniert.

Inhalt: I. PERSPEKTIVEN: Das "Personale" und der Glaube. Möglichkeit und Grenzen einer theologischen Interpretationskategorie / Zwischen Barth und Bultmann / Thesen zum Problem der existentialen Interpretation / Bewahren im Übersetzen. Zur hermeneutischen Aufgabe der Theologie / Das Gebot und die Gebote. Thesen zur theologischen Begründung der Verbindlichkeit ethischer Normen. II. KONKRETIONEN: Die Frage der Transzendenz Gottes / Gott der Schöpfer und der Kosmos. Zum Verhältnis von Theologie und Naturwissenschaft / Adam und wir. Gedanken zum Verständnis der biblischen Urgeschichte / Die Allmacht Gottes und das Leiden der Menschen / Die Gegenwart Gottes in dem Menschen Jesus.

Wilfried Joest · Gesetz und Freiheit

Das Problem des tertius usus legis bei Luther und in der neutestamentlichen Parainese. 4. Auflage 1968. 240 Seiten, broschiert.

„In gedrängter Kürze führt dieses hervorragend gründlich gearbeitete und weit horizontierte Werk zunächst in die Kernproblematik der Lehre Luthers ein. Joest gelingt es in einer überaus besonnenen Weise, die Einheit im Widerspruch des ntl. Zeugnisses zu erhellen und aus ihr fruchtbare Erkenntnisse für die Hermeneutik des NT abzugewinnen."

Evang.-Luth. Kirchenzeitung

Wilfried Joest · Ontologie der Person bei Luther

1967. 240 Seiten, Leinen.

„Sowohl von protestantischer als auch von katholischer Seite ist im Blick auf Luther und die Reformation eine ontologische Ausrichtung abgelehnt bzw. abgesprochen worden. Der Verfasser geht auf diese Interpretation ausführlich ein, erblickt aber im Personenbegriff und überhaupt in der Theologie Luthers eine Vielzahl ontologischer Strukturelemente, die bei Luther in einer christologischen Ausgangsbasis von jeder philosophischen Ontologie geschieden werden sollen. Die umfangreiche Untersuchung darf als einer der entscheidenden Wendepunkte innerhalb der neueren Luther-Literatur bezeichnet werden."

Jahrbuch für Liturgik und Hymnologie

Katholizität und Apostolizität · Hrsg. von Wilfried Joest

1971. 187 Seiten, engl. brosch. (Beiheft 2 zu KERYGMA UND DOGMA)

Inhalt: Kelly: Die Begriffe „katholisch" und „apostolisch" in den ersten Jahrhunderten / Bosc: Die Katholizität der Kirche / Zizioulas: Abendmahlsgemeinschaft und Katholizität der Kirche / Schnackenburg: Apostolizität - Stand der Forschung / Witte: Einige Thesen zur Sakramentalität der Kirche / Pannenberg: Die Bedeutung der Eschatologie für das Verständnis von Apostolizität und Katholizität der Kirche / Lanne: Vielfalt und Einheit: Die Möglichkeit verschiedener Gestaltung des kirchlichen Lebens im Rahmen der Zugehörigkeit zu der gleichen Kirche / Lanne: Die Ortskirche / Ganoczy: Amt, Episkopat, Primat.

VANDENHOECK & RUPRECHT · GÖTTINGEN UND ZÜRICH